공무원 시험,
가장 빠르게
합격하는
5단계 전략

95 100 100 95 90
5개월 단기
고득점 합격자의

공무원 시험, 가장 빠르게 합격하는 5단계 전략

이정아(공시청) 지음

위즈덤하우스

더 빠르게 합격하는 방법이 있습니다

안녕하세요. 공무원 시험공부 방법 유튜버 공시청입니다.

지금도 제 유튜브에는 합격에 도움을 받아서 감사하다는, 덕분에 합격했다는 구독자님들의 과분한 댓글들이 달리고 있습니다.

아침에 공부 시작 전에, 졸릴 때, 밥 먹을 때, 불안할 때, 자만하고 나태해질 때마다 항상 영상을 보며 마음을 다잡았다는 합격생부터 시험 날 집에 오면서 채점하다가 너무 잘 나와서 고속도로 갓길에 차를 세워두고 엄마와 둘이 안고 울었다는 합격생, 천장을 바라보며 심호흡을 하는 팁으로 안정권 점수를 받을 수 있었다는 합격생, 이미지 트레이닝 덕분에 460점이라는 고득점을 이뤄낸 합격생, 이중 회독법이 정말 도움되었다는 합격생, 시험 전날 잠을 거의 못 잤는데 마인드 컨트롤 팁으로 필기 점수를 잘 받았다는 합격생, 국가직과 지방직을 동시에 붙었다는 합격생, 5개월 만에 붙었다는 합격생 등 다양한 직렬에서 필기 합격을 전하는 구독자님들의 후기가 댓글로 계속 추가되고 있습니다. 실제로 필기시험에 합격할 수 있었던 이유는 열심히 공부했던 구독자님들의 피나는 노력 때문이겠지요.

저는 이 책을 쓰는 것이 정말 어려웠습니다. 제가 자격이 있는지 먼저 답해야 했기 때문입니다. 저는 공시생을 가르치는 1타 강사도, 글을 잘 쓰는 전문 작가도 아닙니다.

그럼에도 불구하고 이 책을 쓴 이유는, '더 빠르게 합격할 수 있는 비밀'을 꼭 전하고 싶었기 때문입니다. '더 빠르게 합격할 수 있는 비밀'은 '더 빠르게 합격할 수 있는 방법'이 있다는 것입니다.

방법은 개인마다 다를 수 있기에 옳고 그름을 따질 수 없겠지만, 저는 '방법이 존재한다'는 믿음을 드리고 싶었습니다. 우리가 1타 선생님의 유명한 강의를 듣고 교재를 보는 것도 그 방법의 하나이겠지요.

결과는 스스로의 몫이라는 추상적인 대답보다, 합격자들의 공부 방법에는 공통점이 존재한다는 것을 말씀드리고 싶었습니다.

합격자들의 공통점은 자신의 공부 방법, 태도를 돌아보며 비효율을 줄이고 효과를 극대화하기 위한 방법들을 찾아내고 적용하는 과정을 되풀이했다는 것입니다. '방법', '전략'은 목적과 효과를 전제한 단어들이기 때문입니다.

이 책의 전략들을 살펴보며, 논리적으로 동의하는 방법들을 정말 치열하게 따라 해서 합격하시길 바랍니다. 더 효율적인 방법을 찾아 합격하시면 나중에 자랑스럽게 후기를 들려주시길 바랍니다.

저의 역할은 이 책을 읽는 여러분의 경쟁자가 되는 것입니다. 지금도 40만 명이 넘는 공시생들이 1타 강사의 강의와 교재로 열심히 공부하고 있습니다. 더 효과적인 방법을 고민하며 공부하는 사람만이 더 빠르게 합격할 것입니다. 저를 경쟁자로 삼고, 합격으로 가는 방법에 대한 효율성을 검토하는 도구로 삼으시길 바랍니다.

이 책을 1년이 넘는 기간 동안 정말 고통스럽게, 열심히 썼습니다. 공부 방법이 도움이 된다고, 책을 기다리고 있다고 말씀하시는 분들 덕분에 마무리지을 수 있었습니다.

지금 이 순간 과거의 저처럼 독서실에 혼자 앉아 간절하게 공부하는 공시생들에게 확신의 위로를 전합니다.

가장 빠르게 합격하는 방법이 있다고.
당신은 반드시 더 빠르게 합격할 수 있다고.

목차

Chapter 2 단기 합격 5단계 전략

Chapter 3 필수과목 비밀 전략

Chapter 4 · D-DAY 맞춤 전략

Chapter 5 면접 준비 필수 전략

Chapter 1

가장 빠르게
합격하는
마인드 세팅

마인드

왜 공무원 시험을 보는가?

당신이 반드시 합격해야만 하는 이유

저녁이 있는 삶과 고용 안정을 간절히 바라다

공무원이 되기를 간절히 원하는 이유가 명확할수록 합격에 가까워진다. 목표가 분명하면 다른 유혹에 쉽게 빠지거나 흔들리지 않기 때문이다. 내가 공무원을 선택하게 된 가장 큰 이유는 저녁이 있는 삶을 갖고 싶었기 때문이다. 3년 남짓 여러 사기업에서 일하며, 일만 하는 기계가 아니라 퇴근하고 나서 나의 생활을 가질 수 있는 삶을 간절히 바라게 되었다. 너무 늦지 않게 퇴근을 한 후 가족이나 친구와 함께 식사하고, 운동이나 취미 생활을 할 수 있는 저녁 시간을 가

15

지는 '평범한 일상'이 알고 보니 정말 어려운 것이라는 것을 깨달았기 때문이다.

두 번째로 사기업의 불안정함을 보고 느꼈기 때문이다. 육아휴직을 신청하면 관련이 없는 업무를 주거나, 육아휴직을 사용하고 돌아오면 다른 부서로 발령을 내기도 하는 현실을 보고 들었다. 뉴스에서만 보았던 인사 차별이 먼 나라의 희귀한 일이 아니라는 것을 느꼈다. '눈치를 보지 않고 자유롭게 육아휴직을 신청할 수 있고 마음 편히 돌아올 수 있는 회사가 과연 얼마나 있을까?' 하는 의문이 들었다. '육아를 하지 않고 일만 한다면 과연 50세까지는 버틸 수 있을까?' 하는 걱정 역시 커졌다.

안정적으로 정년을 맞을 수 있는 고용보장, 저녁이 있는 삶, 3년 이내의 육아휴직, 자유로운 연차 사용 등 아주 기본적인 복지들… 그렇지만 대한민국의 어떤 사기업에서도 이런 복지를 모두 사용하는 것은 거의 불가능해 보였다. 너무 경쟁적인 사기업 분위기 속에서 몸과 마음이 아파왔다. "출근 대신 차라리 차에 치여 누워 있었으면…" 하는 직장인들의 자조 섞인 농담에 더 이상 웃음이 나지 않을 무렵 퇴사를 결심했다.

사기업 중 업무 강도가 높은 편에 속하는 광고회사에서, 그것도 악명 높기로 유명한 광고회사에서 일하면서 입사할 때의 자부심은 괴로움으로 바뀌었다. 평일 10시 야근은 기본이고, 밤을 새워 일하고 두 시간을 자고 일어나 미팅에 가고, 주말에도 일하고 공부하는 등 사기업의 끝판왕을 겪으면서 병이 나기 시작했다. 나는 변했다. 커리어보다, 돈보다 '저녁이 있는 삶'이 필요했다. 퇴사를 하고 건강을 회복하면서 결심했다. 공무원이 되기로.

공무원이 되면 최소한 고용보장은 지켜지겠다, 최소한의 법적인 규정이 잘 지켜져 법에 어긋나지 않는 선에서 야근을 하고 연차를 쓸 수 있겠다, 사익이 최우선 가치가 되어 경쟁적으로 이익을 쫓지만 않고 공익을 생각하며 일할 수 있겠다, 더 가치 있고 보람이 있겠다고 생각했다.

공무원 시험을 선택하기 전에 자신이 공무원이 되고 싶은 이유를 아주 명확하게 그릴 수 있어야 한다. "원하는 사기업에 합격하기 힘들어서" 혹은 "하고 싶은 것이 무엇인지 잘 모르지만, 공무원 시험 준비는 다들 하니까" 등 회피적인 이유로 공부를 시작한다면 공부를 하는 동안 계속 잡생각이 떠나지 않는다.

나는 다시는 사기업에 발을 들일 생각이 없어 공무원을 선택했다. 몇 년이 걸려도 합격할 때까지 계속할 생각으로 결정했다. 반드시 합격해야 할 이유가 분명한 사람은 공부에 대한 집중의 질이 다르다. 그렇기 때문에 결과 또한 다르다. 더 빠르게 합격하고 싶다면 합격하고 싶은 간절한 이유가 있어야 한다.

전략적 직렬 & 지역 선택

    내가 교육행정직을 선택한 가장 큰 이유는 8시 30분에 출근해서 4시 30분에 퇴근(9시 출근일 경우 5시 퇴근)하는 점, 민원 대상이 불특정 다수가 아닌 교사, 학생, 학부모라는 점에 끌려서다. 부모님이 교육행정직 공무원이었기 때문에 어떤 일을 하는지도 잘 알고 있었다. 부모님은 대부분 정시 퇴근을 하고 주말과 공휴일에 쉬며 평범한 일상을 누렸다. 어렸을 때는 공무원이 지루하고 따분하다는 생각을 한 적도 있다. 그러나 직장인이 되어 생각해보니 평범한 일상을 갖는 것은 평범하지 않고 굉장히 귀하고 감사한 일이었다.

    경기도에서 살고 있고, 장기적으로도 경기도 지역을 떠날 생각이 없었기 때문에 서울시 시험이나 국가직 시험은 처음부터 목표에서 배제했다. 선발 인원이 더 많은 지역으로 응시 원서를 넣거나 어떤 직렬이든 경쟁률이 낮으면 지원할 생각도 없었다. 원하는 바가 명확했기 때문에 목표를 교육행정 직렬로 정했고 내가 사는 경기 북부 지역으로 응시하는 것을 선택했다.

자신이 공무원이 되길 원하는 이유가 명확하다면 그 이유에 맞춰서 직렬과 지역을 선택하면 된다. 지역이 상관없다면 선발 인원을 더 많이 뽑는 곳으로 응시 원서를 넣는 것도 전략이다. 두 가지 직렬이 마음에 들면 상대적으로 더 경쟁률이 낮은 직렬로 지원하는 것도 방법이다. 직렬과 지역에 따라서 경쟁률이 상이하기 때문에 자신이 가장 원하는 직렬과 지역을 고민하고, 그 시험에 맞춰 합격하기 위한 공부를 시작하면 된다.

공무원은 무조건 칼퇴?

'진리의 케바케'라는 말이 있다. 'Case by case'가 진리라는 것인데, 모든 것은 상황마다 다르다는 뜻이다. 공무원도 상황마다, 부서마다 일하는 환경이 다 다를 수 있다. 예를 들어 정시 퇴근을 바라고 공무원을 선택했다면, 그렇지 않은 부서나 상황을 만날 경우 퇴직을 생각하게 될 수도 있다. 대개 정시 퇴근을 하는 직렬도 일이 바쁜 시기에는 야근을 할 수도 있고, 특별한 상황일 때는 주말에 일하기도 한다.

같은 직렬일지라도 야근을 더 하는 부서, 정시 퇴근을 하는 부서가 있을 수도 있다.

교육행정직의 경우 학교로 발령받은 사람들은 4시 30분에서 5시 사이가 퇴근 시간이지만(점심시간이 따로 없어 업무시간으로 포함됨), 교육청에서 근무한다면 6시가 정식 퇴근 시간이고 학교에 비해 야근이 훨씬 많다. 학교든 교육청이든 필요한 상황이면 주말에 출근해서 일을 하기도 한다. 나의 경우 예전에 야근이 매우 많은 광고회사에 다녔기 때문에 어느 정도의 야근과 주말 출근은 감내할 수 있었다.

야근이 잦은 공무원 직렬도 많으므로 자신이 공무원을 선택한 이유를 생각해보고, 하고 싶은 직렬에 대한 조사를 철저히 할 필요가 있다.

선택

당신이 포기하는 가치

당신은 무엇을 포기할 수 있는가? 공무원 시험 합격 후 첫 월급이 200만 원이 되지 않아도 괜찮은가? 공무원이 되어서 처음 월급을 받아보면 일반 회사의 인턴 월급과 비슷하게 느껴질 것이다. 짜디짜다는 공무원 월급으로 생활이 가능한가? 당신이 앞으로 돈을 많이 벌지 못해도 괜찮은가?

나는 일과 삶의 균형을 원했고 연봉을 포기했다. 성과급 별도인 연봉 4천만 원과 나에게 지급되었던 당시 4천만 원 정도의 회사 주식을 포기하고 최저시급과 비슷한 보수의 9급 공무원을 선택했다. 내가 받았던 월급에 더 좋은 조건으로 이직 제의를 받아도 흔들리지 않았다. 장기적으로 내가 원하는 일상을 제공할 수 있는 직업에 공무원이 가장 가까웠기 때문이다.

당신이 오랜 시간 공부했던 전공을 포기해도 괜찮은가? 공무원이 되면 자신의 적성과 흥미를 살려 일을 하기가 쉽지 않다. 공무원은 업무가 주어지면 법률과 업무 지침대로 일을 처리해야 하기 때문이다. 그뿐만 아니라 인사 발령으로 몇 년마다 매번 업무가 달라질 수도 있다. 공무원 시험 준비를 하면서도 자신의 진로에 대해서 갈팡질팡하는 공시생들이 매우 많다. 무엇을 선택하고 무엇을 포기할지 확실히 정해야 공부에 집중할 수 있다.

나는 대학 시절 공부했던 전공과 사기업에서 쌓았던 경력들을 모두 버리고 전혀 다른 업무를 하는 공무원을 선택했다. 사기업에서 하고 싶었던 업무를 충분히 해봤기 때문에 미련도 없었고 다시 돌아가지 않을 자신도 있었기 때문이다.

공무원 시험을 선택하기 전에 공무원 시험에 합격하고 싶은 이유와 포기할 수 있는 가치들을 놓고 치열하게 고민해보아야 한다. 그래야 공부를 하는 동안에도 흔들리지 않는다. 시험에 합격해서 일을 할 때도 퇴직을 떠올리지 않을 수 있다.

이 시험에 두 번이고 세 번이고 떨어져도 다시 공부해서 꼭 공무원이 될 것이라는 확고한 결심이 있어야 한다. 그래야 남들의 말에 흔들리지 않고 다른 곳에 눈 돌리지 않고 굳건하게 시험 준비를 할 수 있다.

기회
비용

불합격하면 감당할 괴로움

합격을 간절히 원하는 이유를 정리했다면, 불합격하면 감당해야 할 괴로움도 명확하게 정리해야 나태해지지 않을 수 있다.

내가 단기 합격을 꿈꿨던 첫 번째 이유는 돈이었다. 100만 원이 넘는 인터넷 강의 비용, 불합격하면 다시 사야 하는 책값, 독서실 비용, 식비 및 간식비, 노트 및 문구류 비용 등 공부를 하는 하루하루는 모두 돈을 쓰는 하루다. 계속 일을 하고 있다면 벌었을 돈까지 생각하면 적어도 매일 10만 원 넘게 돈을 쓰는 것이다.

그렇게 계산해보면, 이번 시험에 불합격할 경우 1천만 원이 넘는 돈이 날아가는 것과 마찬가지가 된다. 다들 취직해서 돈을 벌고 저축하는 시간에 1천만 원이 넘는 큰돈을 날리게 된다니 정말 아까웠다.

이 계산을 마친 다음에는 하루를 10만 원보다 귀하고 가치 있는 시간이 되도록 아껴 썼다. 10만 원을 바닥에 버리는 사람이 없는 것처럼, 하루를 허공에 날려버리지 않도록 주의했다.

두 번째 이유는 나이였다. 공무원 시험공부를 시작할 때 나는 바로 30대를 앞두고 있었다. 만약 불합격해서 사기업으로 돌아간다면 신입의 나이도 아니고, 공백 때문에 경력직으로 들어가기도 어정쩡한 나이다. 낙동강 오리알처럼 갈 곳이 없는 것이다. 직장에 계속 다닌 친구들은 점점 연차가 쌓여 승진을 하고, 연봉도 오르고, 결혼도 준비할 텐데, 나는 불합격해서 혼자 계속 공부를 해야 한다고 상상하니 앞이 캄캄했다. 합격하지 못하면 오도 가도 못하는 공시 낭인이 될 것 같아 정말 끔찍했다.

마지막 이유는 고통이다. 공부를 독하게 하는 것은 괴롭다. 책상 앞에 앉기 싫은 날에도 꾹 참고 공부해야 한다. 공부한 것을 틀리는 날, 암기한 것을 잊어버리는 날, 집중이 안 되는 날도 버텨야 한다. 정말 독하고 괴롭게 공부하고 있었기에 다시는 이것을 반복하고 싶지 않았다. 수험 기간 동안의 체력적 소모와 정신적 스트레스는 한 번이면 족했다.

공무원 시험에 반드시 합격해야 하는 이유, 지금 포기하고 있는 것, 감당해야 할 괴로움을 구체적으로 정리했다면 그렇지 않은 사람보다 반드시 더 빠르게 합격할 수 있다. '더 빠르게 합격할 수 있는 마인드'를 가진 사람은 간절하게 합격해야 하는 이유가 있는 사람이다. 무엇을 포기하고 있는지 아는 사람이다. 불합격할 경우 감당해야 할 괴로움을 선명하게 느낄 수 있는 사람이다. 이런 마인드가 있다면 당신은 합격에 한 걸음 더 가까이 있다.

이런 생각을 해보지 않았다면 마음가짐을 '더 빠르게 합격할 수 있는 마인드'로 만들어야 한다. 간절하게 합격할 이유를 말하지 못하는 사람에게, 무엇을 포기할 수 있는지 다짐하지 못하는 사람에게, 불합격 이후의 괴로움을 선명하게 상상할 수 없는 사람에게는 합격의 비밀이 효과를 발휘할 수 없다.

사람들은 종종 나에게 5개월 만에 9급 공무원에 합격했으니 이 방법으로 7급을 준비하면 또 빠르게 합격하지 않겠냐고 묻기도 한다. 그렇지 않다. 지금 나에게는 합격할 수 있는 마인드가 없기 때문이다. 나는 뚜렷한 이유로 교직원이 되는 것을 선택했고 내가 사는 곳에서 일할 수 있는 지방직을 원했다. 7급 지방직 교행 직렬은 없기에 나에게는 7급을 선택해서 공부할 이유가 하나도 없었다. 그러니 나는 어떤 방법으로 공부해도 그 시험에 합격하지 못할 것이다.

마음의 준비가 안 된 채 대책 없이 영혼 없이 공부하고 있다면, 자신이 정말 원하는 것을 다시 생각해보고 마음이 원하는 방향으로 다른 길을 선택하기를 추천한다. 마음이 원하지 않는데 열심히 공부해야 하는 상황은 괴롭기만 할 뿐이다. 마인드가 없는 사람을 합격하게 하는 비법은 이 책에 없다. 지금 자신의 마인드를 찬찬히 점검해보자. 합격하는 사람의 온도에 맞춰진 사람만이 합격의 전략을 적용해 가장 빠르게 합격할 수 있다.

단기 합격자들의
다른 공부법

공부 계획을 세우기 전에 어떤 사람들이 빠르게 합격하는지 알고 싶었다. 그래서 공무원 관련 커뮤니티를 뒤지며 단기 합격 수기들을 샅샅이 찾아보았다. 먼저 내가 선택한 직렬에서 5~8개월 기간으로 단기 합격한 수기들을 검색했다. 단기 합격 수기들을 읽으며 따라할 모델을 골랐다. 수기 중 가장 배울 점이 있거나 공부에 자극되는 수기를 세 개 골라 프린트했다. 수기들을 보면서 개월별로 공부 계획을 어떻게 세워야 할지 감을 잡을 수 있었고 강사, 강의 및 교재를 선택하는 데 도움을 받을 수 있었다. 특히 단기 합격자의 과목별 공부 후기를 보면서 과목별 접근법을 파악할 수 있어서 좋았다.

나의 수험 기간과 똑같은 기간에 합격한 단기 합격자의 수기를 출력해서 보는 것이 굉장히 도움이 되었다. 초조해질 때마다 나와 같은 기간 동안 공부해서 합격한 사람이 있다는 것이 위안이 되었다. 단기 합격자의 희로애락이 드러난 후기를 보면 힘든 마음을 조금이나마 공감 받고 위로를 얻을 수 있었다. 공부해야 할 양은 많은데 시간이 없어 막막한 느낌이 들 때면, 단기 합격자를 떠올리며 나도 똑같이 할 수 있다는 자극을 받고 자신감을 얻었다. 게을러지려고 할 때마다 단기 합격자들을 생각했고 단기 합격을 꿈꿨다. 그리고 그대로 되었다.

당신도 똑같이 합격할 수 있다. 빠르게 합격한 사람들을 살펴보고 그들을 쫓아 빠르게 합격할 수 있는 방법들을 적용한다면.

학원 vs 독서실 vs 집

    단기 합격자들은 주로 어디서 공부를 했을까? 노량진에서 방을 얻고 새벽부터 줄을 서서 유명 학원의 현장 강의를 들으면 합격할 확률이 올라가는 것일까?

    내가 찾아본 단기 합격자들의 공부 장소는 다양했다. 학원을 다니기도 하고 혼자 독서실이나 집에서 인강을 들으며 공부하기도 했다. 공부하는 장소는 다양했지만 그들에게는 한 가지 공통점이 있었다. 자신의 특성을 잘 파악해서 공부가 더 잘되는 장소를 찾았고 공부를 방해하는 요인을 차단하려 노력했다는 것이다.

    공부 환경 선택은 매우 중요하다. 학원, 독서실, 집에서 공부하는 것의 장단점을 비교해서 가장 잘 맞는 장소를 선택해야 한다.

구분	학원	독서실	집
경쟁심 자극	상	중	하
게을러짐	하	중	상
정보 공유	상	중	하
소요 시간 및 비용	상	중	하

나는 혼자 독서실에서 인터넷 강의를 들으며 공부하는 방법을 선택했다. 실제 학원에서 수업한 내용을 녹화한 것이 인터넷 강의니까 인터넷 강의만으로도 혼자 공부하기엔 충분하다고 생각했다. 노량진에 있는 학원에 다니면 집과 멀어서 이동 시간으로 길에서 흘려보내는 시간이 너무 많다. 이동하는 시간에 틈틈이 공부를 한다고 해도 질 높은 공부를 하기는 힘들 것이다. 학원비 자체도 인터넷 강의를 듣는 것보다 비싸고 학원 가까이에 방을 얻어 자취를 하는 데도 비용이 많이 든다.

학원에 다니지 않고 독서실에서 혼자 공부하면 학원에서 공부하는 것보다 경쟁심리가 덜 자극되기도 하고, 공부와 관련된 유용한 정보를 공유받기 어려울 수도 있다. 이를 보완하기 위해서 짬짬이 공무원 카페에 들어가 열심히 공부하는 사람들의 하루 공부 일기를 보며 자극을 받았고, 유용한 정보를 검색하거나 궁금한 것들을 질문했다. 나태해지지 않기 위해 아침에 일어나는 시간, 독서실에 가는 시간, 집에 돌아오는 시간을 정했고, 꼭 지킬 수 있도록 벌칙도 만들었다.

독서실에서 공부를 하는 것보다 집에서 공부하는 게 더 편하고 시간을 아낄 수도 있을 것이다. 그러나 아침에 침대를 박차고 일어나서 내 방 책상에 앉아서 공부를 시작하는 것은 나에게 불가능에 가깝다는 것을 잘 알고 있었다. 그래서 독서실에 있기로 정한 시간 외에는 절대로 집에서 공부할 생각을 하지 않겠다고 다짐했다. 집에 가면 더 공부가 잘될 것 같은 유혹이 들어도 절대 집에 가지 않았다.

독서실 공부의 장점은 많다. 그러나 옆에 함께 공부하는 학생들이 있어야 자극을 받고, 실제로 선생님과 눈을 맞추며 공부해야 의지가 생기는 사람이라면 학원에 가서 공부하기를 추천한다. 의지가 아주 강해서 집에서 혼자 공부를 잘할 수 있는 사람은 집에서 하면 된다. 공부법과 마찬가지로 공부 장소를 정하는 것도 자신에게 부족한 부분을 보완하기 위한 선택 사항이다. 자신의 성향이나 습관을 잘 파악해서 공부 장소를 정하자.

효율

스터디는 필수일까?

합격자들은 다양한 스터디에 열심히 참여했을까? 공시판에는 출석 체크 스터디, 공부 시간 인증 스터디, 캠 스터디, 영어 단어 스터디, 한자 스터디, 한국사 스터디 등등 정말 많은 스터디가 있다. 과연 모든 스터디를 다 할 필요가 있을까? 스터디를 할까 말까 선택하기 전에 스터디로 인해서 내가 얻을 수 있는 것을 생각해보아야 한다. 혼자서 공부하는 것보다 투입 시간 대비 효율이 좋고 공부 효과가 탁월하다고 판단될 때만 스터디를 하는 것이 좋다.

나는 혼자 독서실에서 공부하는 것을 선택했다. 그러나 내 의지는 작심삼일을 벗어나지 못할 정도로 약하고, 나는 쉽게 게을러진다는 것을 정말 잘 알고 있었다. 공부를 시작할 때도 역시 그랬다. 처음 인터넷 강의를 결제하고 일주일은 공부를 제대로 하지 못했다. 쉬면서 밤낮이 바뀐 생활을 해왔고, 아침에 정해진 시간에 일어날 수 없었기 때문이다.

아침에 늦잠을 자서, 독서실에 가기로 한 시간까지 도착하지 못한 날은 계획이 점점 더 틀어졌다. 이왕 집에 있는 김에 집에서 점심을 먹고 가고 싶고, 점심을 먹으면 배가 불러서 가기 싫었다. 오후 늦게 독서실을 가게 되면 하루를 망친 것 같아서 기분이 좋지 않았고 이는 다음 날의 공부 의지까지 저하시키는 악순환을 만들었다.

첫 일주일 동안 내 의지가 얼마나 약한지 다시 한 번 절절하게 확인할 수 있었다. 정해진 시간에 독서실에 갈 수 있도록 만드는 방법이 필요했다. 내 주변에는 공무원 시험을 준비하는 친구가 없어서 노무사를 준비하는 친구와 카카오톡으로 독서실 도착을 인증하는 생활 스터디를 시작했다. 기상 시간보다 책상 앞에 앉는 시간을 확인하는 것이 더 중요하다고 생각했기 때문에 독서실 책상 앞에 도착한 사진을 찍어 인증했다.

나는 특히 아침 시간을 날리면 우울한 기분이 들어서 오후까지 몽땅 버려버리는 습관이 있었기 때문에 정해진 시간에 독서실에 도착하는 게 매우 중요했다. 정해진 시간보다 늦더라도 무조건 오전에는 독서실에 도착해야 하루 일과를 지킬 수 있었기에 9시 넘어서 도착하면 친구에게 커피 기프티콘을 주고, 10시까지 도착을 못 하면 더 비싼 것을 주고, 11시까지도 도착하지 못하면 더 비싼 것을 사주는 벌칙을 정했다. 나에게는 아침 시간을 지키는 것이 매우 중요했기 때문이다.

내 하루 공부의 가치는 10만 원보다 비싸고, 하루를 버리면 그 돈을 버리는 것이라 생각했다. 약속을 못 지킬 것을 대비해서 벌칙을 약하게 정하면, 내가 나를 봐준 만큼 게을러진다는 것을 알았다. 그래서 반드시 약속을 지킬 수 있도록 벌칙을 정했다.

예를 들어 하루 지각 요금이 1천 원이라면 한 번쯤 쉽게 지각한다. 3천 원이라면 3천 원을 날릴 만큼 늦잠 자고 싶은 날 지각할 것이다. 그런데 하루 벌금이 3만 원이라면 쉽게 지각할 수 있을까? 벌금으로 낼 돈이 아까워도 합격하고 싶다면 벌칙을 강하게 정해야 한다. 벌금을 강하게 정한 이후로 나는 5개월 동안 초반 두세 번의 지각 빼고는 약속을 모두 지킬 수 있었다. 생활 스터디 덕분에 공부하는 기간 동안 오전 시간을 전부 날렸던 날은 하루도 없었다.

생활 스터디 외에 암기한 내용에 대한 퀴즈를 내는 식의 공부 스터디는 하지 않았다. 혼자서 책을 가리면서 공부를 하면 된다고 생각했기 때문이다. 다른 사람이 퀴즈를 내는 스터디를 하면 틀린 기억이 생생해서 기억이 잘되고 더 잘 외워지기도 하겠지만, 그 스터디를 준비하는 시간이 아까웠다. 내가 부족한 부분에 시간을 집중적으로 쏟지 못할 것 같았기 때문이다.

암기 스터디를 대신할 다른 방법도 많다. 국어 암기는 스터디 대신에 '우리말 공부'라는 어플을 사용했다. 이 어플을 사용하면 맞춤법, 표준 발음, 띄어쓰기, 우리말 어휘, 외래어 표기 등 주제별 퀴즈를 통해 자신의 암기 수준을 확인할 수 있다. 특히 시험 출제빈도가 높지만 잘 외워지지 않는 주제를 어플로 자투리 시간에 외우니 효과가 좋았다. 스토어에 '우리말 공부' 어플을 검색하면 관련된 다른 좋은 어플도 추천되니 더 좋아 보이는 것을 이용하면 된다.

영어 단어 역시 스터디를 하지 않고 한 손으로 영어 단어를 가리고 뜻을 보고 단어를 떠올리며 혼자서 외웠다. 그렇게 하면 암기가 더 어렵지만 문제를 풀 때 덜 헷갈릴 수 있도록 확실하게 외울 수 있기 때문이다. 잘 안 외워지는 단어는 포스트잇에 적어 시간이 날 때마다 보면서 외웠다.

'플래시 카드'라는 어플도 추천한다. 잘 안 외워지는 어떤 단어나 내용이 있으면 플래시 카드에 적어놓고 시간 날 때마다 보면 된다. 정말 외우고 싶고 중요한데 암기가 안 되는 것들을 적어두면 어디서든 핸드폰만 있으면 외울 수 있어서 편리하다.

이처럼 스터디 효과를 낼 수 있는 방법이 있다면 혼자서 공부를 하는 것을 추천한다. 스터디는 여럿이서 하기 때문에 누군가가 빠져서 방해를 받거나 한 사람에 의해 공부 분위기가 흐트러질 수도 있다. 스터디를 할까 말까 고민이 될 때는 과연 이 스터디가 시간적인 측면에서 더 효율적이고 나에게 부족한 부분을 채우는 데 가장 효과적일지 생각해보아야 한다. 대체할 수 있는 방법이 없다면 선택하고, 들이는 시간에 비해 효과가 미미하다면 혼자서도 할 수 있는 다른 방법을 찾아야 한다.

루틴

불합격자 vs 합격자

1. 뼈 때리는 불합격 패턴

공시를 확실하게 망치는 아침 루틴이 있다. 당신의 아침이 이런 패턴으로 흘러가고 있다면 정신을 차려야 한다. 불합격하게 될 가능성이 99퍼센트이기 때문이다. 공시 생활을 망치는 루틴은 아침의 늦잠부터 시작된다.

아침 10시나 11시에 눈을 뜨면 기분이 매우 좋지 않다. 아침 시간을 날려 버렸다는 후회 때문이다. 어차피 밥을 먹어야 하니까 독서실에 가는 대신 꿀꿀한 기분으로 집에서 밥을 먹는다. 만약 부모님과 함께 살고 있다면 "또 늦잠 잤니?" 하는 잔소리를 들으며 눈칫밥도 함

35

께 먹게 된다. 민망함에 "내가 알아서 해!"라고 대답하면서 기분이 한 층 더 나빠진다.

밥을 먹고 씻고 나가려고 시계를 보면 벌써 한두 시가 넘었다. '이렇게 된 거 나가는 시간을 아낄 겸 집에서 공부할까?' 하면서 집에서 공부하게 되면 그날 하루는 정말 망한다. 책은 대부분 독서실에 있기 때문에 계획한 분량을 공부하지 못한다. 환경이 바뀐 탓에 집중력도 떨어진다.

씻고 독서실에 가도 상황은 마찬가지다. 독서실에 도착했는데 오후 두세 시라면 공부를 시작해도 기분이 굉장히 나쁘다. 오전에 인강을 들으려는 계획이 있었는데, 한참 지난 오후에 밀린 인강을 들으면 '아 오전 시간을 다 날렸네?' 하면서 공부 의욕이 반으로 떨어진다.

공부하기도 싫고 집중도 되지 않아 대충 끄적이다 보면, 벌써 저녁 6시가 되어 또 밥 먹을 시간이다. 집에 돌아와서 밥을 먹으면 다시 독서실에 가기 싫다. 저녁 시간은 그냥 집에서 편하게 공부하고 싶다. 그러나 독서실에서 공부하던 사람이 집에서 공부하게 되면 정말 공부가 되지 않는다.

밖에서 저녁을 먹어도 여전히 상황은 비슷하다. 오전 계획이 틀어졌기 때문에 오늘은 그냥 집에 빨리 가고 싶다. 독서실에서도 공부가 머리에 들어오지 않았는데, 집에서 공부한다고 해서 상황이 달라질까? 집에서도 여전히 공부할 내용이 머리에 들어오지 않는다. 오늘 하루를 망쳤다는 자괴감에서 빠져나오기 쉽지 않기 때문이다.

일찍 자려고 누워도 아침에 늦잠을 잤기 때문에 잠이 오지 않는다.

누워서 핸드폰을 하다 보면 금방 새벽 2시가 된다. 다음 날 아침에 벌떡 일어나면 좋겠지만, 전날 늦게 잤기 때문에 일어나기 쉽지 않고 피곤하다. 결국 또 늦잠을 자기 쉽다. 다시 늦잠을 자면 어제 망쳤던 하루가 오늘도 똑같이 반복된다. 가까스로 다시 책상에 앉아도 전날 하루의 공부 계획을 제대로 지키지 못했기 때문에 밀린 공부는 많고 기분이 좋지 않다.

이런 하루가 두 번, 세 번 쌓이면 일주일을 날리게 되고, 일주일을 날리면 2~3주를 날려버리는 슬럼프가 온다. 슬럼프에 빠지면 다시 마음을 잡고 의욕적으로 공부하기가 쉽지 않다.

합격하기 위해서는 아침 시간을 잘 보내야 한다. 최소한 아침에 늦잠만 자지 않아도 자괴감에 의한 자기비하, 자책을 덜하게 된다. 아침에 일찍 일어나서 계획했던 공부를 하면 하루를 알차게 보냈다는 생각에 뿌듯하고 자존감도 올라간다.

어차피 시험 당일에는 아침에 일찍 일어나야 한다. 시험을 아침에 보기 때문이다. 집에서 먼 시험장으로 배정을 받으면 아침 6시에 일어나야 할 수도 있다. 대중교통편이 애매하면 시험 전날 시험장 주변의 숙소에서 자야 할 수도 있다. 평소에 늦게 잤다면 잠자리가 바뀌었을 때 더 잠이 들기 힘들 것이다.

새벽까지 공부하고 늦잠 자는 게 너무 효율적이고 시험 당일 아침에도 좋은 컨디션을 유지할 거라고 확신한다면 무조건 아침에 일찍 일어나라고 강요할 수는 없다. 하지만 평소처럼 새벽 2~3시에 잠이 든 후, 아침 6시에 일어나 시험장에 가는 경우 몽롱하지 않을 수 있는지 진지하게 고민해보았으면 좋겠다.

아침 늦잠의 여부가 자신의 수험생활에 엄청나게 부정적인 영향을 미친다면 정말 목숨 걸고 아침에 일찍 일어나야 한다. 아침 시간을 지켜야 하루의 공부 계획을 지키기 쉽기 때문이다.

(*책에 등장하는 말풍선은 실제 구독자의 댓글을 바탕으로 편집하였습니다.)

> 한 번 늦잠 자고 패턴 깨지면 그대로 슬럼프 오던데 오만 잡생각 때문에...ㅠㅠ

2. 구독자 합격 패턴

나의 공부 전략을 따라 했던 합격자들의 수기를 살펴보자. 합격자들이 공유하는 합격 패턴을 철저히 따라 하자. 합격자들의 공부 방법에는 합격할 수밖에 없는 합격 패턴이 분명히 존재한다.

"공시청님 덕분에 최소 25점을 더 받을 수 있었어요."

-SJ님(2021년 지방직, 국가직 필기 합격)

안녕하세요, 공시청님!

저는 이번에 지방직 최종 합격했고 국가직 면접 준비하고 있는 공시생이에요. 공시청님 영상 보고 정말 좋은 팁도 많이 알고 자신감도

가질 수 있었기 때문에 감사한 마음을 담아 적어요:)

우선은 저도 공시청님과 같이 직장을 다니다가 관두고 공부를 했는데 저는 정확하게 2년 2개월 걸렸어요. 처음에는 1년 안에 무조건 붙을 수 있을 거라고 생각했는데 그렇지 못했던 이유는 3가지였어요.

1. 공시 영어를 너무 만만하게 봤어요

저는 대학에서 영어학을 전공했고 교환학생도 다녀왔고 사기업에서는 다국적 팀에서 해외 영업을 하면서 항상 영어를 써왔기 때문에 영어는 자신이 있었어요. 하지만 공시 영어를 만만하게 봤다가 작년 지방직에서 35점을 받고 과락으로 떨어졌어요.

2. 언어 베이스가 좋지 못해요

수능 공부를 할 때도 항상 언어영역이 점수가 나오지 않아서 대학교 때도 교차지원을 해서 대학을 갔고, 텍스트가 길면 숨이 턱 막혀서 일을 할 때도 항상 몇 줄 복사해서 따로 볼 정도였습니다. 그래서인지 영어도 긴 텍스트를 읽고 답을 찾으려면 내용이 뒤죽박죽되어서 답을 찾을 수가 없었어요. 국어는 말할 것도 없이 이번에도 국가직, 지방직 둘 다 80점밖에 못 받았어요.

3. 유명 강사의 커리를 다 따라갔어요

1타 강사님들의 기본서, 기출, 요약집, 마무리, 모의고사 책을 다 구매해서 강의를 다 들으려고 하다 보니 정작 시험을 앞에 두고도 기출도 못 끝낸 과목이 있었어요.

이랬던 제가 이번에 국가직·지방직 둘 다 필기 합격을 할 수 있었던 이유는 아래와 같습니다.

1. 모르는 것에 집중했어요

공시청님 영상에도 있는 색깔펜을 활용한 방법과 비슷한데, 저는 제가 회독을 하는 순서대로 펜의 색을 정했어요. 샤프→까만펜→파란펜→노랑 형광펜→핑크 형광펜 순으로 쓰면서 내가 모르는 것에만 체크를 하면서 봤고, 오렌지 형광펜(노랑 형광펜+핑크 형광펜)이 보이면 아직까지 모르는 것이니까 그것만 외우려고 했어요.

2. 이론서+기출만 무조건 보려고 했어요

첫해에 모든 커리를 따라가다가 망해서 기본서+기출만 공부했고 모의고사는 영어랑 공단기에서 제공하는 모의고사 말고는 전혀 보지 않았어요. 계속 보던 것을 보다 보니 틀리는 부분을 더 집중해서 볼 수가 있었어요.

3. 공시청님의 매력적인 오답 만들기 영상을 봤지요

제가 공시청님을 믿고 시험 마지막날까지 의지하게 된 결정적인 영상입니다. 저는 영어 하프 모의고사는 2년을 했고, 막판에는 영어 모의고사를 하루에 1개씩 풀었는데도 점수가 잘 나오지 않았어요. 못나올 때는 50점도 나온 적이 있었어요.

국어는 더 심했어요…. 그 영상을 지방직 시험 치기 1~2주 전? 완전 막판에 올리셨는데, 집에 가는 길에 옥수역 플랫폼에서 봤던 걸 아직도 기억해요! 정말 많은 공무원 관련 유튜버들이 있고 공시청님 영상도 많지만 저는 그 영상만큼 도움이 되는 영상을 본 적이 없었고 앞으로도 없다고 생각해요.

정말 신기한 게 이 영상을 2번 정도 보고 그 다음 날 영어, 국어 모의고사를 푸는데 추론 문제가 다 풀리는 거예요. 국어, 영어 말고도 행정법, 한국사에도 적용이 되더라구요? 출제하시는 분이 어떻게 매력적인 오답을 만드실까를 제가 생각하니까 정답이 보이는 게 너무 신기했어요. 심지어 저랑 같이 공부한 친구도 이번 지방직에서 410점이 넘었는데 틀린 영어 추론 문제 답이 왜 그런지 모르겠다고 했는데, 저는 쉽게 풀었어요.

제가 작년에 시험에 떨어져서 재시를 준비할 때 공시청님이 유튜브를 시작하셨고 처음에는 5개월 단기 합격에 대해 베이스가 좋으니까 붙었겠거니 생각을 했는데, 흔히 말하는 베이스가 좋아서 합격했다는 말은 반은 맞고 반은 틀렸다고 생각해요. 공시청님은 베이스를 떠나서 어떻게 공부를 효율적으로 해야 하는지를 정말 잘 알고 계시는 분이에요. 공시청님 노하우를 공부 시작 전에 알았다면 작년에 합격했을 것 같아요.

영상에서 현재 공부법에 관련해서 원고를 집필 중이신 걸 봤어요! 정말로 사탕발림이나 무조건적인 찬양이 아니고 제가 공시청님 영상하나 덕분에 최소 25점 정도를 더 받을 수 있었기 때문에 단연코 말할 수 있어요!

제가 공시청님 덕분에 25점 이상을 더 받고 합격했기 때문에 정말많은 사람이 공시청님 영상을 보고 공시청님이 내신 책도 읽으셨으면 좋겠어요! 감사하다는 말씀을 드려도 드려도 지나치지 않아요. 항상 건강하시고 계속해서 수험생들에게 도움이 되어주세요!

감사합니다^_^

"2개월 만에 43점이 올랐습니다!"
- 조OO님(2021년 지방직 필기 합격)

안녕하세요, 공시청님. 2021년 일반 행정직에 합격한 26살 조OO입니다. 우선, 제가 합격하는 데 있어서 공시청님의 전자책이 가장 큰 영향을 끼쳤습니다. 잘 기억은 안 나지만, 제 책상에 붙여놨던 포스트잇에 이렇게 적어놨었어요. "출제자님, 나는 당신의 의도를 파악할 거예요. 나랑 대결해요." 이런 구절이었던 것 같아요. 공시청님의 전자책에서 가장 인상깊어서 시험 보기 전까지 이 구절을 되새기면서 공부했습니다.

초시생 때는 공시청님이 올려주신 동영상 보면서 공부했었는데, 제가 제대로 체화가 안돼서 그런지 10개월 정도 아주 열심히 공부했지만 355점 맞고 불합격했습니다. 이때는 공시청님의 공부 방법을 따라 하지 않고, 제멋대로 공부했었어요. 그래서 이런 점수를 맞은 것 같아요.

재시 때는 공시청님의 전자책을 샀어요. 그 책을 2주에 한 번은 꼭 봤던 것 같아요. 공부의 방향이라고 해야 할까…? 공시청님 책이 공부의 방향을 제시했어요. 그래서 평일에 열심히 공부하고, 내가 올바른 방향으로 공부하고 있는지를 확인하기 위해서 주말에는 꼭 공시청님 자료를 다시 봤어요.

체화하려고 노력을 많이 했습니다. 저의 안 좋은 습관 중 하나가 "모든 범위를 다 공부하자. 완벽하게 하자"였어요. 기출문제보다는 기본서를 더 중요시했어요. 저의 이런 안 좋은 습관을 알았기 때문에, 기출문제를 더욱 중요시하는 공시청님의 책이 저에게는 너무 필요했습니다.

합격 수기에서 가장 도움이 됐던 방법은, 시험에 자주 나오는 부분을 먼저 공략하는 거였어요. 저는 사실 이 말이 너무 의심이 됐어요 (흑흑). 이해가 안 됐어요. '자주 나오는 부분을 또 낸다고? 오히려 새로운 곳에서 문제를 내는 게 낫지 않나?' 이러면서…. 제가 기출을 공부를 잘 안 하고 이론 노트만 달달 암기하는 습관이 있어서 더 의심을 했던 것 같아요. 이게 가장 체화하기 힘들었어요.

사실 2021년 국가직에서의 점수가 355점이었어요. 2020년 시험 때 맞은 점수랑 똑같았습니다. 정말 절망스러웠어요. '난 안되는 사람인가?' 하면서 좌절을 많이 했어요. 국가직 시험 본 당일에 맥주 한 캔을 사와서 마시면서 국가직 시험지를 작년 시험지와 비교해봤어요. 보니까 정말 작년에 나온 문제 유형이 그대로 나온 게 너무 많은 거예요. 그리고 저는 그걸 그대로 똑같이 틀렸더라구요….

그때 공시청님이 말씀하셨던 "시험에 자주 나오는 부분을 공략하라"라는 부분을 내가 제대로 못했다는 걸 깨달았어요. 그래서 지방직까지 남은 2개월 동안 다시 새로운 마음으로 공부했어요. 결과적으로 지방직에서는 398점을 맞고 합격할 수 있었습니다. 그래서 제가 어떻게 공부했는지, 공시청님의 방향을 어떻게 습득했는지 알려드리려고 합니다!

우선, 국어는 제가 문학이 약하다는 걸 알았고, 지금까지 지방직에서 출제됐던 문학 문제들을 반복해서 계속 풀었어요. 그냥 푸는 게 아니라, 이 문제에서 출제자가 오답을 어떻게 꼬아서 냈는지, 정답은 어떤 포인트에서 나왔는지를 계속 분석했어요. 다행히도 이번 지방직에서 제가 분석했던 유형과 똑같은 문제가 나왔고, 오답을 지워내고 정답을 찾을 수 있었습니다.

시험 보면서 깜짝 놀랐어요. '진짜 출제됐던 유형이 또 나오는구나'라고 생각했습니다. 비문학도 〈선재국어 나침반〉에 있는 모든 문제들을 다 분석했어요. 지문을 읽을 때는 문단별로 주제를 적고, 문단 간의 관계를 파악하고, 어디가 중심 문장인지 파악했어요. 그리고 선지도 정답인 이유, 오답인 이유를 철저하게 분석했어요. 출제자의 입장에서 문제를 보려고 많이 노력했습니다. 그래서 이번 국어는 95점을 맞을 수 있었어요. 국가직 때는 75점이었는데, 지방직 때는 95점으로 오른 거죠.

영어도 2021년 국가직에서 제가 틀린 걸 보니까, 2020년 국가직에서 틀렸던 주제 유형을 또 틀렸더라구요. 그때 제가 주제 유형이 약하다는 걸 처음 알았습니다. 그래서 남은 2개월 동안 주제 유형을 깊이 파고들었어요. 그래서 다행히도 2021년 지방직에서는 주제 유형을 맞힐 수 있었어요.

행정학은 2021년 국가직 때 65점이었고, 지방직 때 95점으로 올랐습니다. 제가 가장 약한 과목이 행정학이었고, '내가 불합격한다면 그 이유는 행정학이다' 할 정도로 행정학이 무서웠습니다…. 그래서 남은 2개월 동안 공부 방향을 다시 정비해야 했어요. 그래서 공시청님이 말씀해주신 대로, 중요한 부분을 공략했어요.

국가직 이후에 기출에서 A급, B급 문제(빈출 주제 순서를 A, B, C급으로 표현)를 다시 풀어봤는데 제가 또 틀리는 거예요…. 정말 깜짝 놀랐어요. 다 아는 줄 알았는데, 그게 아니었더라구요. A급, B급도 틀리면서 C급, D급도 다 보고 있었어요. 기출을 7회독을 하고 국가직을 봤는데도 65점이었어요. 그래서 모의고사를 반복해서 풀면서 A급, B급 문제를 풀어가고, 신유형 문제에도 익숙해지려고 노력했어요. 그래서 다행히도 95점을 맞을 수 있었습니다.

마지막으로 한국사는, 제가 2020년 지방직 때 95점을 맞았어요. 그래서 자만을 했는지 재시 때는 한국사에 적은 시간을 투자했어요. 재시 때는 문동균 선생님 핵지총을 샀어요. 이게 너무너무 좋지만, 단점이 있다면 사료를 볼 수 없다는 점이에요(흑흑). 제가 사료도 같이 공부했어야 했는데 선지 공부만 했고, 그래서 이번 2021년 지방직 때는 사료를 잘못 파악해서 2문제나 틀렸습니다(흑흑). 그래서 90점 맞았어요….

국가직 이후에 지방직까지 남은 2개월 동안 공시청님의 공부 방법을 다시 저에게 접목해보면서 많이 노력했던 것 같아요. 정말 많은 도움이 됐어요. 감사해요, 공시청님(흑흑)….

저는 공부에 있어서 가장 중요한 게 공부 방법이라고 생각해요. 그래서 재시 시작할 때는 공부 방법을 많이많이 찾아봤어요. 근데 공시청님의 자료가 가장 좋았고, 정말 정석이라고 생각해요. 공시청님의 방법을 이해하고 체화하면 합격이지만, 그게 어렵기 때문에 본인이 이걸 습득하려고 하는 노력이 가장 중요한 것 같아요. 이렇게 좋은 책 써주셔서 너무 감사하고, 제 합격에 큰 영향을 끼쳐주셨습니다. 감사해요, 공시청님. 저 그리고 공시청님 기상 미션도 했었어요. 2주 정도 참여했었던 것 같아요, 헤헤. 동기부여하는 데 아주 좋았던 기억이! 공시청님, 너무 감사합니다~ 몸 건강하게 지내세요!!

"역대급으로 지엽적으로 출제됐지만 합격했어요."

- 이〇〇님(2020 경찰시험 합격)

공시청님 안녕하세요! 저는 경찰공무원 수험생이었습니다! 며칠 전 시험을 봤는데 운 좋게 필기 합격할 수 있었습니다! 제가 저번 시험에 긴장을 많이 해서 시험을 못 봤는데 이번에 본 공시청님의 '시험 전 이미지 트레이닝'과 '시험 당일 온 편지'라는 영상이 정말 도움이 많이 됐어요!

머릿속으로 상황을 생각하고 통제할 수 없는 상황에서 그나마 내가 통제할 수 있는 상황을 만드니까 마음이 편하더라고요. 진짜 살면서 가장 가벼운 마음으로 시험을 볼 수 있었고 논란(역대급으로 지엽적으로 문제가 나와 난이도 논란이 있었음)을 딛고 어떻게 합격을 할 수 있었네요. 처음 필기 합격이라 이제 실기 면접, 새로운 과정에 대한 설렘과 긴장이 가득합니다. 공시청님의 영상들에서 혼자서는 생각하지 못할 부분을 알려주셔서 도움이 많이 되었습니다.

경찰 시험이 개편을 앞두고 많이 바뀌고 있지만, 그럼에도 불구하고 모든 문제는 기출에서 시작하고 끝난다는 말이 맞는 거 같습니다. 각 과목에 목차를 생각하고 그 목차에 주로 빈출되는 주제와 오답을 시험 마지막날 정리했었는데 법 과목에서 70~80%는 예상했던 게 문제로 나와서 신기했어요.

그리고 시험이 시험공부만으로 끝나는 게 아니라 시험장에서 그걸 뽑아낼 수 있는 능력도 필요한데, 내가 맞혀야 하는 문제와 그냥 버려도 되는 문제를 정할 수 있는 마음을 가지니까 지엽적인 문제를 봐도 긴장이 안 되더라고요!! 어차피 이걸 틀려도 남들도 못 맞히고 그러면 제 시험에 지장이 없으니까요!!

아, 그리고 평소에 모의고사를 보면서 자기가 자주 실수하는 부분(시간 체크, 마킹 실수 등)이 있잖아요? 저 같은 경우에는 못 푸는 문제를 질질 끄는 경향이 있었는데, 각 과목별 푸는 시간을 정해놓아서 문제 회독을 시간 내에 끝냈고요. 마킹 실수 같은 경우 저는 모르는 것과 틀린 것 체크를 애매하게 해서 자주 틀리는데, 그 부분을 문제 풀고 1초 정도 인식해서 보니 실수를 안 할 수 있었습니다. 그래서 시험장에서 제가 풀 수 있었던 문제에서는 실수를 한 게 없었습니다. 공시청님, 정말 도움을 주셔서 감사합니다.

Chapter 2

단기 합격
5단계 전략

기본 인강을 듣기 전
시험에 나오는 비중부터 파악한다

공부해야 할 양이 너무 많고 시간이 부족한데 무엇부터 공부해야
할까?

→ 이 질문으로 단기 합격 1전략이 도출되었다.

대다수 공시생은

>> 일단 기본서를 펴서 인강을 듣기 시작하고 누구나 듣는 강사별 강의 커
리큘럼을 열심히 따라간다.

더 빠르게 합격하는 공시생은

>> 최근 출제 경향을 보면서 시험에 자주 나오는 비중부터 파악하고 중요
한 것부터 차례로 집중해서 공부한다.

→ 공부의 우선순위를 파악하며 공부할 수 있기 때문에 방대한 내용들이 정복해나갈 만한 내용으로 보이고 부담감을 덜 수 있다.

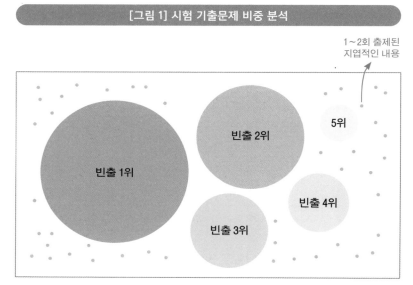

[그림 1] 시험 기출문제 비중 분석

1~2회 출제된
지엽적인 내용

빈출 1위

빈출 2위

5위

빈출 4위

빈출 3위

▷ 시험 기출은 빈출 1위 내용부터 1~2회 출제된 지엽적인 내용으로 나눌 수 있다.

시간이 부족할수록 체크할 것

시험에는 분명히 빈출되는 내용이 있다

몇 백 페이지가 넘는 두꺼운 기본서 내용 중에는 분명히 시험에 더 자주 출제되는 내용이 있다. 모든 내용이 모두 같은 비중으로 중요한 것이 아니다. 시험에 더 자주 등장하는 내용을 날카롭게 인식하면서 공부해야 한다. 시험이 가까워질수록 머릿속에 기본서의 내용들이 [그림 1]과 같이 정리되어야 한다.

기본 강의를 듣기 전에 시험 출제 비중부터 파악해야 한다

무턱대고 공부를 하다 보면 광활한 범위 때문에 무엇이 중요한지 보는 눈이 뜨이지 않는다. 국어, 영어, 한국사의 기본 이론 강의는 보통 100강 내외다. 40만 명이 넘는 공시생 중 대다수는 기본 이론 강의 듣기를 시작하는 단계에서 언제까지 이론 강의를 다 들을 수 있을지 다음과 같이 계산하여 계획을 세운다.

>> 기본 이론 강의를 모두 들을 수 있는 기간
=기본 강의 전체 수×한 강의를 듣는 평균 소요 시간/하루 해당 과목 공부 시간

이렇게 첫 공부 계획을 세우면 점점 조바심이 생긴다. 기본 강의 이외에도 심화, 기출, 압축 강의 등 들어야 할 강의가 산더미이기 때문이다. 공부의 초점은 들어야 하는 강의의 개수가 되어버린다. 즉 수험 기간의 계획은 기본 강의 100개+심화 강의 30개+압축 강의 50개+기출 강의 70개+모의고사 강의 20개+좋다고 추천받은 추천강의 대략 50개를 추가하여 200~300개의 강의를 모두 완강(전체 강의를 모두 듣는 것)하는 것으로 세워진다.

1타 강사의 커리큘럼을 타긴 했는데, 나는 지금 어디로 가고 있는 것일까?

남들 다 듣는다는 대략 200개가 넘는 1타 강사의 강의 커리큘럼을 따라가려 생각하면 벌써부터 버거움에 눈물이 고인다. 김연우 '이별택시'의 노래 가사처럼 어디로 가야 하는지 모른 채, 눈물을 흘리며 택시기사가 차를 모는 곳으로 가야 한다. 그러나 1타 강사의 강의를 타고 도착하는 종착지는 완강일 뿐이다.

어디로 가고 있는지 알기 위해서는 완강을 향해 달려가기 전 적어도 최근 3개년 해당 직렬의 과목별 시험지를 뽑아 출제 비중을 파악해야 한다. 500페이지가 넘는 여러 권의 기본서에서 딱 20개의 문제가 나온다는데, 그게 어디에 있는 내용에서 나왔는지 궁금하지 않은가?

아무런 내용도 모르는 초시생인데 시험 비중을 어떻게 분석할 수 있을까 걱정할 필요는 없다. 공시 인강 사이트에서 무료로 제공되는 연도별 시험 해설 강의를 찾아보면 된다. 해설 강의 초반 부분에서 과목별 기출문제와 문항별 출제 비중을 확인할 수 있다. 또는 따로 올리는 해설지에서 출제 비중 분석 내용을 찾을 수도 있다. 인터넷 검색창에서 공무원 시험지와 해설지를 검색해도 된다.

당장 시험지와 해설지를 보고 모든 내용을 이해할 필요도 없다. 그저 어느 단원에서 몇 문제 정도가 나오는지만 인식해도 된다. 이를 통해서 공부할수록 자연스럽게 머릿속에 목차를 그려나갈 수 있기 때문이다. 이렇게 하면 지엽적인 어느 몇 페이지들에 파묻혀서 스트레스를 잔뜩 받고 공부하기 싫어지는 마음에 괴로워하지 않게 된다. 한정된 나의 시간을 조금 더 중요한 내용에 더 투자하면서 차별적으로 공부하면 되기 때문이다.

시험에 나오는 내용을 잡아내는 '그물': 시험지

최근 기출 시험지는 광활한 바다에서 꼭 낚아야만 하는 물고기를 건질 수 있게 해주는 그물이라고 할 수 있다. 한국사를 예로 들어보자. 한국사 공부를 시작하는 단계에서는 1,000페이지가 넘는 한국사 기본 이론 교재로 100강에 가까운 이론 강의를 들어야 한다.

완강을 목표로 강의를 들어나가면 강의를 들었다는 뿌듯함은 있지만, 암기해야 할 내용이 쏟아지는 탓에 며칠 전 어떤 강의를 들었는지도 기억하기가 힘들다. 오늘까지 들은 강의가 42강, 내일까지 들어야 하는 강의가 46강이라는 숫자 외에는 어디에 있는 내용을 알아가고 있는지, 얼마큼 중요한 내용인지 전체적인 흐름을 파악할 수가 없다.

하지만 최근 시험지를 분석해보면 전체적인 흐름과 중요하게 보아야 하는 부분을 우선적으로 파악할 수 있다. 시험지와 기출문제집은 다르다. 1권의 기출문제집이 아니라, 딱 20개의 문제가 뽑힌 시험지를 먼저 보면 지엽적인 암기 문제가 그렇게 많지 않다는 것을 확인할 수 있다. 100분에 100문제를 풀고 마킹까지 모두 해야 하는 시험에서는 너무 어렵고 복잡해서 시간이 오래 걸리는 문제를 많이 낼 수 없다. 기출문제집에는 담겨 있는 문제들이 워낙 많기 때문에 지엽적인 문제들에 매몰되어 버리기 쉽지만, 3~4개년 시험지를 확인한다면 방향성을 확인할 수 있다.

2021년 지방직 9급 한국사의 시대별 출제 비율은 아래와 같다.

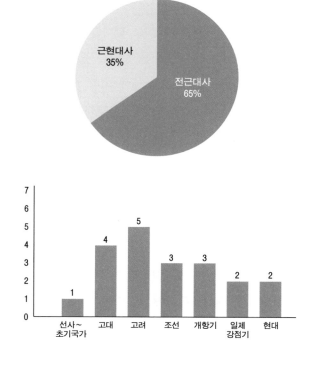

전근대사				근현대사		
13				7		
선사~초기국가	고대	고려	조선	개항기	일제 강점기	현대
1	3	5	3	3	2	2

2021년 지방직 9급 한국사의 출제 내용 비율은 아래와 같다.

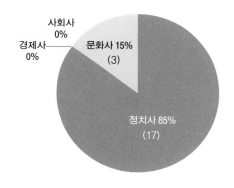

2021 9급 공무원 지방직 한국사 출제 내용 비율

사회사 0%
경제사 0%
문화사 15% (3)
정치사 85% (17)

▷ 내용으로 보면 정치사는 85%로 문화사, 경제사, 사회사보다 월등히 많다.

가장 빠르게 합격하기 위해서는 기본 이론 인강으로 공부를 시작할 때부터 정말로 시험에 비중 있게 나오는 부분이 어디인지 날카롭게 인식하고 있어야 한다. 기본서에 있는 내용을 모두 외워야 하는 시험이지만 그 내용들을 처음부터 모두 다 100의 집중도로 시간을 균등하게 투자해서 암기할 수는 없기 때문이다. 적어도 최근 3~4년

57

의 시험지를 뽑아서 출제 비중을 파악하면, 기본서의 광활하고 지엽적인 내용에 함몰되지 않고 꼭 알아야 할 부분이 어디인지 전체적인 그림을 파악할 수 있다.

먼저 시험지를 통해 출제 비중과 출제 빈도를 대략적으로 파악하여 목차에 표시한다. 그리고 공부를 하면서 강사가 빈출된다고 하는 주제나 기출문제집에서 나오는 빈출 문제를 체크하여 목차에 추가한다. 이런 식으로 출제 빈도가 높은 내용을 체크하며 우선순위를 매겨 공부하고, 빈출은 아니지만 종종 출제되는 내용도 함께 체크해나가는 식으로 공부를 한다면 기본서를 바라보는 자신만의 눈이 생긴다.

최근 출제 내용들을 알고 있으면 공부량이 어느 정도 쌓였을 때, 다음에는 어떤 내용이 출제될지도 추측하면서 공부를 할 수 있다. 전년도와 똑같은 단원에서 똑같은 내용의 문제가 나올 가능성이 희박하기 때문이다. 그러므로 그다음 순위로 출제 비중이 큰 내용들을 주의깊게 살펴보며 공부하면 된다. 이렇게 공부하면 시험문제를 예측할 수 있다.

이러한 작업이 없으면 기본 인강을 모두 들은 후에도, 기출문제집 한 권을 다 푼 이후에도 시험에 출제되는 비중이 높은 내용의 우선순위를 파악할 수 없다. 하지만 시험지에 출제된 20개의 문제가 전체 목차 구성 중 어디에 속하는지 인식하면서 공부하면, 단원별로 공부의 집중도를 높여야 할 부분을 빠르게 확인할 수 있다.

물론 해마다 출제 비율이 달라질 수도 있다. 그러나 시험지를 통해서 중요한 내용을 먼저 볼 수 있는 눈을 가지게 된다면 무턱대고 완강을 향해 달려가는 대다수의 공시생들보다 반드시 더 빠르게 합격할 수 있다. 우선순위 비중에 대한 명확한 인식 없이 2회독, 3회독 등 반복된 회독을 통해 중요 부분을 찾아가는 대다수의 공시생들보다 시간을 효율적으로 쓸 수 있다.

우선순위 비중에 신경 쓰지 않고 처음부터 덜 중요하거나 지엽적인 내용에도 똑같은 시간과 집중력을 투자하면 수험 기간이 정말 길어질 수 있다. 당락을 가르는 지엽적인 문제 하나는 우선순위 내용부터 차곡차곡 공부한 사람에게나 중요한 문제일 뿐이다. 먼저 채워야 할 것을 확인하고 쌓아야 한다. 전체에서 중요한 부분을 바라볼 수 있는 안목 없이 진도 나가기에만 급급해지면, 진도를 모두 나갔을 때 아무것도 남지 않는다.

다음 시험에서 갑자기 문제의 출제 비중이 확 달라진다고 해도, 지엽적인 문제가 너무 많이 나온다고 해도 이를 대비할 수 있는 공부 방법은 없다. 시험 출제가 유력한 내용부터 정복하는 공부가 우선이다. 기본틀이 탄탄해야 지엽적인 내용들도 더 빠르게 암기할 수 있다. 지엽적인 암기를 버리는 것이 아니라 우선순위 내용부터 하이라이트를 치면서 정복해나간다고 생각하면 된다. 처음부터 모든 내용을 100의 집중력으로 하나하나 외우는 것은 효율적인 공부 방법이 아니기 때문이다. 처음부터 모든 내용을 세세하게 머릿속에 암기할 수도 없다. 우선순위 내용을 구별할 줄 아는 사람은 반드시 더 빠르게 합격할 수 있다.

팁: 기출문제 자료, 해설 강의, 출제 비중 확인

시중에 나와 있는 공무원 기출문제집은 단원별로 문제가 모여 있다. 앞에서 이야기한 것처럼 출제 비중을 파악하고 싶다면 1권의 기출문제집이 아니라 최근 3~4개년 시험지를 찾아서 출력하고 전체적인 비중을 그려볼 줄 알아야 한다.

공무원 시험지는 어디에서 받을 수 있고, 출제 비중은 어떻게 분석할 수 있을까? '전체 범위를 완벽하게 공부하지도 못했는데, 출제 비중을 분석하는 데에 시간이 너무 오래 걸리지 않을까?' 하는 고민이 들 수도 있다. 1회독도 하지 못한 초시생이라도 출제 비중을 간단하게 분석하고 정리할 수 있는 사이트가 있다. 10년 이상의 직렬별·과목별 시험지를 한 번에 찾아볼 수 있는 사이트도 있다.

먼저 공무원 시험 연도별 문제지는 '공기출'이라는 사이트에서 다운받을 수 있다(https://0gichul.com/). 연도별, 직렬별, 과목별로 시험지가 정리되어 있다. 시험지뿐만 아니라 문제지, 해설지도 강사별로 정리되어 있다.

해설지를 다운받아 보면 각 문제별로 정답과 설명이 정리되어 있다. 그리고 각 문제가 어느 단원에서 출제되었는지 설명이 되어 있기 때문에 출제 비중 파악을 쉽게 할 수 있다. 시험지에 나온 20문제가 어느 단원에서 출제되었는지 적고 내가 갖고 있는 기본서의 목차를 펼쳐보면 특히 더 중요한 단원이 한눈에 파악된다. 3~4개년 시험의 출제 경향을 파악하면서 공부를 하다 보면, 다음 해에는 어떤 문제가 나올 차례인지 예측도 할 수 있게 된다.

공단기 사이트에서도 시험 해설 강의를 통해 출제 비중을 쉽게 파악할 수 있다(https://gong.conects.com/gong/teacher/v2/preview). 공단기 사이트에서 '교수님'을 클릭하면 과목별로 여러 선생님의 시험 해설 강의를 무료로 들을 수 있다. 과목별 선생님을 클릭한 후 '기출 해설 강의'를 클릭하면 최근 시험문제 해설 강의도 들을 수 있고 시험지도 다운받을 수 있다. 공단기 사이트뿐만 아니라 대부분의 공무원 시험 강의 사이트에서 시험 해설 강의를 무료로 업로드해 놓으니 잘 찾아서 참고하길 바란다. 특히 해설의 처음 시작 부분에서 시험 총평을 하면서 전체 문제의 출제 비중을 한눈에 보기 쉽게 정리해주는 선생님들도 있으니 여러 선생님의 강의를 클릭해서 초반부를 주의깊게 살펴보자.

'기본서 내용 중 출제되지 않은 부분, 출제율이 낮은 부분을 걸러내고 빈출부터 집중한다.'
'단원, 주제별 출제 비율을 파악한다.'
이 두 가지 개념을 항상 머리에 새기고 공부했어요.
말씀하신 마인드 셋이 단기 고득점으로 이끌어준 것 같아요. 실제로 시험장에서도 모르는 문제는 10초 만에 넘기고, '이건 아무도 못 맞히지ㅋㅋ' 하며 정신승리 했습니다. 정말 감사해요!!

2전략

[기본 개념 암기+문제 유형 파악]
세트로 접근한다

시험에 나오는 문제를 맞힐 수 있도록 공부를 하려면 어떻게 해야 할까?

➡️ 이 질문으로 단기 합격 2전략이 도출되었다.

대다수 공시생은

>> 지엽적인 내용이 시험문제로 나올 수 있기 때문에 1부터 200페이지까지 압축 노트 모든 내용을 하나하나 100의 집중력으로 외워나간다.

➡️ 하나하나 열심히 외운 후 까먹는다.

더 **빠르게** 합격하는 공시생은

>> 공부하는 내용이 시험에 문제로 어떻게 나오는지 확인하여 '문제화 포

인트'로 내용을 외운다.

>> 단답형의 유형으로 내용을 세부적으로 무조건 암기해야만 맞힐 수 있
는 문제 유형은 자투리 시간을 활용하여 확실하게 외우고 한 번 외웠다
면 잊지 않도록 반복한다.

→ 기본서 회독 따로, 기출 회독 따로의 방식으로 공부하는 것이
아니라 기본 내용을 보고 어떤 문제를 뽑을까 고민하는 '출제
자의 시선'으로 공부할 수 있다.

세트로 접근해야 하는 이유

시험에 출제되는 내용을 자신이 제대로 알고 있는지 아닌지에 대
해 판단할 수 있는 기준은 두 가지이다. 첫 번째는 해당 내용에 대한
기본 개념을 스스로 암기하여 설명할 수 있는지 여부이고, 두 번째는
기본 개념에 대한 문제 유형 파악 여부이다. 시험에서 정답을 맞힐
수 있을 만큼 알기 위해서는 책을 보지 않고도 스스로 기본 개념의
내용을 설명할 수 있어야 하고(백지에 전부 쓰면서 공부하라는 것이 아니다.
설명할 수 있을 정도로는 알아야 한다.) 동시에 해당 개념에 대한 문제 유형
도 미리 파악하고 있어야 한다.

예를 들어 중학교 때부터 고등학교 영어 수업시간까지 to부정사에
대한 수업을 여러 번 들었어도 많은 학생이 to부정사 문제를 완벽하
게 풀어내는 데에 어려움을 겪는다. to부정사가 to+동사원형이라는

형태를 알고 있고 예문을 여러 번 봤음에도 불구하고 문제를 푸는 것이 어렵기는 마찬가지다. 문제 유형까지 세트로 챙겨서 공부하지 않았기 때문이다. to부정사의 개념에 대해 제대로 암기하는 것에서 더 나아가 어떤 유형들이 문제로 나오는지도 파악하여 공부해야만 정답을 맞힐 수 있는 확률이 훨씬 높아진다.

to부정사의 용법에 대해서 스스로 설명할 수 있고 to부정사만을 목적어로 취하는 동사, to부정사를 썼을 때 의미가 달라지는 경우, to부정사가 절대 목적격 보어로 오지 못하는 경우 등의 문제 유형 틀을 머릿속으로 차례대로 떠올릴 수 있어야 시험에서 문제를 빠르게 맞힐 수 있을 만큼 제대로 공부했다고 말할 수 있다.

100문제를 100분 안에 풀고 마킹까지 해야 하는 시험이기 때문에 문제를 보고 생각할 수 있는 시간은 1분조차 되지 않는다. 그래서 스스로 개념을 설명할 수 있고, 그 개념이 문제화되는 유형을 순서대로 떠올릴 수 있어야 제시간 안에 문제를 풀 수 있다. 즉, 공부한 개념을 암기했다면 이를 설명할 수 있어야 하고, 문제 유형도 차례로 떠올릴 수 있어야 그 내용을 '시험에서 맞힐 수 있을 정도로 알고 있다'라고 말할 수 있다.

개념 지식에 대한 암기뿐만 아니라 자주 나오는 문제 유형까지 기억하고 넘어가야 제대로 공부를 했다고 말할 수 있는 것이다. 대다수의 공시생은 기본서에서 개념을 배운 후 대표 기출문제를 풀 때, 배운 내용을 확인하는 차원에서 문제를 푼다. 내용을 확인하는 차원이 아니라 내가 공부하는 내용이 문제로 어떻게 출제되고 있는지 유형까지 순서대로 기억하고 넘어가야 시험에서 정답을 맞힐 수 있는 정도로 제대로 공부하고 있는 것이다. 이렇게 기본 개념과 문제 유형을 세트로 공부한 공시생들은 그렇지 않은 학생보다 반드시 더 빠르게 합격할 수 있다.

빈출 문제 유형 파악

공무원 시험은 어떤 개념 지식에 대한 모든 내용을 서술해야 하는 주관식 시험이 아니다. 한 단원을 공부하고 있는데 외워야 하는 양이 너무 많고 어떻게 공부해야 할지 막막할 때 이 말을 기억하자. 공부해야 할 내용이 너무 방대해서 막막할 때 최근 기출문제가 어떤 부분을 묻고 있는지 확인하면, 무엇부터 외워야 할지 감을 잡을 수 있다. 어떤 주제에 대해 외워야 할 항목이 너무 많아도 부담감에 미리 지치지 말자. 특히 자주 나오는 문제 유형부터 확실히 공부하면서 넘어가면 되기 때문이다.

어떤 개념 지식에 대해 문제로 나올 수 있는 유형은 개념 지식에 대한 예시, 조건, 예외, 결과, 구별, 방법, 순서, 종류 등이 있다. 이렇게 문제 유형을 파악하고 어떤 유형이 자주 출제되는지 알아보는 힘이 생기면 수험생의 입장에서 막막하게 공부를 하는 것이 아니라, 출제자의 시선에서 날카롭게 시험문제를 예상하며 공부할 수 있다.

기출문제집을 풀 때마다 문제 유형을 파악하며 공부했기 때문에

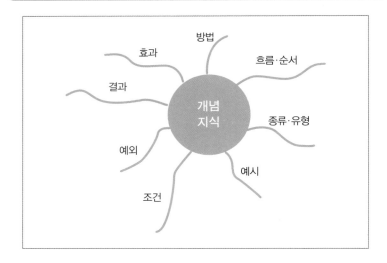

'이 개념 지식에 대해서는 이런 유형이 많이 나왔으니까, 다음 시험에서는 두 번째로 출제가 많이 되는 유형도 나올 수 있겠다' 생각하며 시험문제를 예상할 수 있었다.

　1전략을 통해서 시험에 자주 출제되는 단원의 비중을 파악한 상태였기 때문에 최근 시험지를 분석하면서 전년도에는 3단원의 2번째 소주제가 나왔으니까 다음으로 출제 비중이 높은 2단원의 1번째 소주제가 시험에 나오기 유력하겠다고 추측할 수도 있었다. 출제 비중을 머릿속에 그리고 자주 나오는 문제 유형까지 파악하며 공부했던 것이 5개월이라는 짧은 시간 동안 95, 100, 100, 95, 90점이라는 고득점 점수를 얻는 데 큰 도움이 되었다.

방대한 양의 지엽적인 내용들을 공부할 때도 문제 유형을 생각해 본다면 매우 효율적으로 공부할 수 있다. 시험에 출제된 적이 거의 없어서 중요해 보이지는 않는데, 그냥 넘어가기는 찝찝하고 외워야 하는 양도 많은 내용을 공부할 때는 여기에서 문제로 만들 수 있는 포인트가 무엇인지 생각하며 공부해보자. 내용을 구성하는 항목을 보면서 문제로 만들기 좋은 포인트가 항목별 종류를 가려내는 것일지, 예시를 구분하는 것일지, 조건을 파악하는 것인지 등등 문제로 만들기 좋은 포인트를 생각하면서 공부하면 마구잡이로 외우는 것보다 암기 효과가 좋다.

물론 처음부터 출제 비중이 현저히 낮은 지엽적인 내용은 너무 세세하게 파고들어 외우지 말자. 우선순위를 구별한 후 우선순위 공부량을 집중적으로 채운 뒤에 출제 비중이 낮은 지엽적인 내용을 다루면 된다. 지엽적인 내용을 다룰 때도 문제화 포인트를 생각하면서 영리하게 공부하자. 공무원 시험은 사지선다의 객관식 시험이다. 문제에서 묻는 것을 선지에서 가려내기만 하면 된다.

어떻게 문제로 만들지 생각하면서 공부하자. 어떤 유형으로 출제될 수 있을지 생각해보고 선지로 만들 수 있을 만한 내용을 두문자 암기나 연상 암기 등을 사용해서 기억에 남기고 넘어가면 된다. 선지에서 골라낼 수 있을 정도로만 외워 놓으면, 출제되었을 때 문제를 맞혀 합격할 수 있는 확률을 높일 수 있다. 똑같은 집중 강도와 시간 배분으로 책에 나오는 모든 내용을 살살이 다루며 외우면 좋겠지만, 그렇게 하면 더 빠르게 합격할 수 있는 길은 멀어지기 때문이다.

얻어걸리길 바라면서 무식하게 양치기 하던 나... 반성합니다.
조급함에 유형 파악 안 하고 공부하면 다 틀려요. 그동안 헛공부하고 있었네요.

기본서 완벽 회독 후 기출을 풀어야 할까?

보통 공무원 시험을 준비 커리큘럼은 아래의 4단계로 구성된다.

1. 기본서 강의 듣기
2. 압축 강의 듣기
3. 기출문제 풀기
4. 모의고사 풀기

그런데 기본서 강의를 들은 후 압축 강의를 더 들어보아도 기본서의 내용 숙지가 잘 되지 않는다. 내용이 워낙 방대하기 때문이다. 그래서 한 번 더 강의를 들어야 할지, 혼자서 기본서 공부를 더 해야 할지 고민하는 경우가 많다. 그러나 기출문제집을 푸는 단계로 넘어가지 않은 채 다시 한 번 기본서 강의를 더 듣거나 혼자서 기본서를 붙들고 공부하면 시간이 너무 많이 걸린다.

'기본서의 내용을 잘 숙지했다'의 기준이 무엇일까? 기본서를 보지 않고 모든 내용을 줄줄 암기해내거나 기본서에서 모르는 내용이 하나도 없을 때 기본서를 잘 숙지했다고 말할 수 있을 것이다. 그러나 그 정도로 기본서를 숙지하기까지는 시간이 너무 오래 걸린다. 우리의 목적은 객관식 시험을 푸는 것이다. 그 정도로 기본서 내용이 숙지가 될 때까지 붙잡고 있을 수 없다.(책을 안 보고 '모든 내용을 암기'해내는 것과, 앞에서 언급한 '중요 내용을 설명'할 수 있는 정도로 공부하는 것은 다르다.)

우리가 풀어야 할 문제는 서술형이 아니라 5과목에 대한 객관식 문제 총 100개이다. 기본서로 인강을 들으면서 처음 공부를 할 때 내용에만 집중하는 것은 50점짜리 공부 방법이다. 기본 개념 옆에 나오는 대표 기출문제까지 기억해야 한다. 공부하고 있는 내용이 어떻게 문제로 나오는지 확인하고 문제 유형까지 기억해야만 객관식 시험이라는 특성에 맞춰서 제대로 준비하며 공부하고 있는 것이다.

기본 이론을 공부하는 시간과 기출문제집을 푸는 시간을 따로 생각해서는 안 된다. 기본 이론에서 꼭 알아야 할 내용을 제대로 알고 있는지 확인하기 위해 문제를 만드는 것이기 때문에 문제 유형을 통해서 기본 이론을 기억해야 한다. 마찬가지로 나중에 기출문제집을 풀 때는 틀릴 때마다 기본서로 돌아와 이 개념에서 어떤 유형의 문제가 나왔는지 체크해야 한다.

개념과 문제화 포인트를 하나의 세트라고 생각하면서 공부하면 무작정 내용을 외우는 것보다 집중도가 높아지고 기억에도 훨씬 오래 남는다. 또한 기출문제들을 풀면서 자주 틀리는 문제를 기본서에 함께 적어 놓으면 나중에는 기본서를 보는 것만으로 기출문제집을 회독하는 것을 대신할 수 있다.

기본 개념+문제를 세트로 생각하고 빈출 문제를 통해서 공부의 우선순위를 인식하며 공부할 때, 머릿속으로 꼭 기본서의 목차도 함께 그리자. 목차의 단원, 소주제를 머릿속에 그리며 빈출 주제가 어디서 나오는지 떠올리면 우선순위 내용에 집중할 수 있고 너무 지엽적인 내용에 매몰되지 않을 수 있기 때문이다.

1+2전략의 구체적 적용

실전 공부에서 1, 2전략을 적용하여 아래와 같이 4단계의 과정으로 공부한다.

1. 우선하여 암기할 개념 지식을 구별한다.
2. 우선하여 암기할 내용의 분량과 그 분량을 외우는 데 소요되는 시간을 파악한다.
3. 암기 내용에 따라 외울 시간을 배분한다.
4. 안 외워지는 내용을 체크하고 잊지 않도록 끈끈하게 암기하여 강화한다.

1. 우선하여 암기할 개념 지식을 구별한다

암기할 내용들 중에서 우선적으로 먼저 외우고 넘어갈 부분을 구별할 수 있는가?

공부를 할 때 우선하여 암기할 내용들이 무엇인지 생각하는 것에 집착할수록 더 빠르게 합격할 수 있다. 시험에 자주 나오는 빈출 내용부터 우선하여 공부해야 하기 때문이다. 시험을 보기 전까지 남은 시간과 몰입할 수 있는 집중력은 한정적이다. 더 중요한 것에 시간을 더 쓰고 더 집중해야 한다. 그러기 위해서는 시험에 자주 출제되는 내용부터 파악해야 한다.

먼저 대략적인 출제 비중은 앞에서 다룬 것처럼 자신이 보려는 직렬의 최근 3~4년 시험지 해설 영상이나 해설지를 찾아서 파악할 수 있다. 그 이후에는 강의를 들을 때 선생님이 꼭 시험에 나온다고 한 내용을 체크하거나 대표 유형, 대표 예제 문제를 통해서 파악한다. 기출문제집을 풀 때도 어느 내용의 문제가 더 빈출되는지 인식하면서 공부한다.

시험에 자주 나오는 순서대로 우선하여 암기할 것을 구별하라는 말은 시험에 자주 출제되는 내용만 달달 외우라는 말이 아니다. 시험에 잘 나오지 않는 내용은 전혀 주의를 기울이지 말라는 말도 아니다. 시험에 중요하게 다뤄지는 부분부터 비중을 두고 채워나가되, 시험에 자주 나오지 않아 생소한 내용이나 암기하기에 산만한 부분들은 나중에 점차적으로 채워나가야 한다는 뜻이다. 집을 지을 때 뼈대를 먼저 짓는 것처럼 우선적으로 공부해야 할 부분을 명확히 구별하면서 토대를 세우고 나머지 지엽적인 내용들은 점차적으로 붙여나가야 한다.

2. 암기할 내용의 분량과 그 분량을 외우는 데 소요되는 시간을 파악한다

우선하여 암기할 내용을 체크했다면 그 분량을 외우는 데 걸리는 시간을 파악해야 한다. 꼭 외워야 할 분량과 다 외우는 데 소요되는 시간을 정해야 효율적으로 공부할 수 있다. 분량과 시간을 정해 놓으면 암기할 내용에 대해 멍하니 한정 없이 외우느라 시간을 과잉 투자하는 것을 방지해준다. 그리고 정해진 시간 안에 꼭 외우기로 정하면 더 집중하고 몰입해서 암기하게 되는 마감 효과를 얻을 수 있다.

꼭 외워야 하는 내용을 구별해서 확실히 외우고 넘어가는 시간 없이, 잡히는 대로 대충 공부하다 보면 시험을 대비할 수 있는 지식이 머릿속에 쌓이지 않는다. 책을 보았을 때는 대충 알지만 스스로 철저히 암기한 내용이 아니기에 시험을 볼 때는 지식을 활용할 수 없다. 우선순위에 따라 외워야 하는 내용들을 하나하나 격파한다고 생각하고 공부를 해야 시험문제를 맞힐 수 있는 지식이 쌓인다.

중요한 내용부터 집중하며 정한 시간 동안 외우고 넘어가야 다음 회독 때 추가적으로 머릿속에 집어넣어야 할 내용을 구체적으로 계획할 수 있다. 그래야만 시험이 가까워질수록 어느 내용을 공부해야 할지 머릿속에 그리며 시험을 준비할 수 있다. 중요한 것은 우선순위 내용을 암기하는 데 걸리는 시간을 파악하고 그 시간을 썼으면 제대로 외운 상태가 되어야 한다는 것이다. 그래야 시험을 향해 흘러가는 시간이 내 편이 된다.

국어를 예로 들어보자. 2021년 9급 공무원 지방직 국어 출제 비중을 살펴보면 지문 제시 및 독해형 문제가 14문제, 암기형 문제는 6문제 출제되었다. 공무원 국어에서 암기 문제가 아무리 중요하다고 해도 지문 제시 및 독해형 문제의 공부를 소홀히 하면 좋은 점수를 받기 어렵다는 말이다. 암기형 문제와 독해형 문제를 푸는 시간을 자신의 실력에 따라 전략적으로 배분해야 할 것이다.

암기형 문제를 살펴보면 국어 문법, 규범과 어휘, 한자 문제가 비슷한 비중으로 나왔다. 각각 외울 양이 많지만 전체 20문제를 놓고 보면 3문제씩 출제되었다. 난이도 조절에 실패한 정말 지엽적인 시험이 아니라면 항상 자주 나오는 파트에서 문제가 출제된다. 예를 들어 국어 문법, 규범 파트에서는 출제 비중이 높은 내용(표준어 규정, 맞춤법 규정, 외래어 표기 등)부터 확실히 공부해야 할 것이다. 한정된 시간 속에서 더 집중해서 시간을 투자할 내용을 파악하는 공시생은 그렇지 않은 공시생보다 더 빠르게 합격하기 때문이다.

2021 9급 공무원 지방직 국어 출제 내용 비율

지문 제시 및 독해형			암기형	
14			6	
독해	현대문학	고전문학	국어 문법, 규범	어휘, 한자
12	1	1	3	3

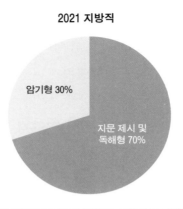

2021 지방직

암기형 30%

지문 제시 및
독해형 70%

3. 암기 내용에 따라 외울 시간을 배분한다

시험에 자주 나오는 내용을 구별할 수 있는 눈이 생겼다면 어떻게 더 효율적으로 암기할 수 있을지 전략을 짜야 한다. 그래서 나는 내 시간을 책상에 앉아서 공부하는 시간과 책상을 벗어나는 시간으로 나눴다. 책상 앞에 앉아 집중할 시간이 필요한 암기 내용과, 책상을 벗어나 돌아다니면서 마구 암기해도 되는 내용이 있기 때문이다. 하루 24시간 중 오롯이 책상 앞에 앉아서 공부할 수 있는 시간이 생각보다 얼마 되지 않는다. 그러므로 책상을 벗어난 자투리 시간들을 제대로 파악해서 시험에 꼭 나오는 내용들을 외우는 시간으로 쓴다면 반드시 더 빠르게 합격할 수 있다.

　책상을 벗어난 자투리 시간에 외울 내용

책상을 벗어난 자투리 시간에는 하나씩 따로따로 외워도 상관없는 내용들을 외우는 것이 좋다. 이렇게 마구 외워도 되는 내용은 영

암기 방법 구별

1. 개별적으로 암기해도 되는 내용
   ex) 영어 단어

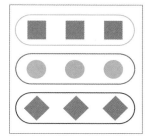

2. 원칙 · 범주 · 내용 정리 후
   암기해야 되는 내용
   ex) 사잇소리 규칙

어 단어나 고사성어, 한자 같은 것들이 있다. 단편적인 암기 내용은 개념이해나 문제 풀이처럼 지속적인 집중력과 시간이 필요 없기 때문에, 책상을 벗어난 자투리 시간에 외우면 시간을 효율적으로 사용할 수 있다. 영어 단어처럼 상대적으로 분석하고 집중할 필요 없이 단편적으로 마구 암기해도 되는 내용은, 이동하는 시간 같은 자투리 시간을 활용해서 외워야 공부할 시간을 늘릴 수 있다.

책상 앞에 앉아 집중해서 외우는 시간이 필요한 내용

내용에 따라 차분하게 책상 앞에 앉아 집중해서 정리하는 시간이 필요한 것들이 있다. 원칙이나 조건, 범주에 따라 정리한 후 외워야 하는 내용들이다. 예를 들어서 국어의 사이시옷 규칙은 예시를 하나씩 따로따로 외워나가는 것이 효율적이지 않다.

조건에 집중해서 예시를 확인하지 않고 예시만 마구 외우면 내용

75

들이 섞이고 헷갈리기 쉽기 때문이다. 그래서 먼저 책상 앞에 앉아 사잇소리 표기의 조건들을 구분해서 정리하는 시간이 별도로 필요하다. 집중해서 내용을 정리하는 시간을 가진 후에 관련된 예시들을 외워야 내용들이 섞이거나 헷갈리지 않는다.

단편적이지 않은 암기 내용들은 원칙이나 조건, 범주에 따라 정리해서 이해하고 암기해야 한다. 책상 앞에 앉아 암기할 내용들을 집중해서 정리한 후, 책상을 벗어난 자투리 시간에 외워야 더 효과적으로 시간을 활용할 수 있다. 책상 앞에서 집중하는 시간을 보내고 난 뒤에, 잘 안 외워지는 부분들은 따로 뽑아 책상을 벗어난 자투리 시간에 외운다. 암기 내용에 따라 외울 시간을 구별해서 공부하면 훨씬 더 효율적으로 공부할 수 있다. 나는 강의를 듣거나 문제를 푸는 시간을 제외하고 암기에만 투자할 시간을 따로 구별하여 공부했다.

책상에서 집중해서 암기할 시간	아침 독서실 도착 후 30분
	점심, 저녁 식사 전 30분
	독서실 공부 마무리 후 30분
책상을 벗어나 암기할 자투리 시간	이동 시간(아침, 점심, 저녁, 귀가)
	식사시간
	귀로 들어도 되는 시간(운동, 세수)

4. 안 외워지는 내용을 체크하고 잊지 않도록 끈끈하게 암기하여 강화한다

다른 공시생들보다 더 빠르게 합격하기 위해서는 투입 시간 대비 효율성을 극대화해야 한다. 에빙하우스의 망각곡선에 따르면 사람의 기억력은 시간이 지날수록 점점 떨어진다. 에빙하우스는 한 번 기억한 내용도 한 시간이 지나면 50퍼센트 정도밖에 기억하지 못하고, 하루가 지나면 외운 내용의 70퍼센트를 잊어버린다는 걸 실험으로 밝혀냈다.

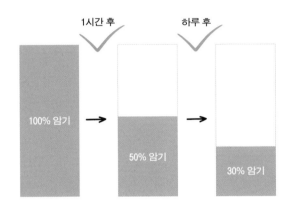

에빙하우스의 망각 곡선

1시간 후

하루 후

100% 암기

50% 암기

30% 암기

우리가 시간을 들여 확실히 외운 내용도 시간이 지나면 외웠던 내용임에도 불구하고 또렷하게 떠오르지 않는다. 그래서 한 번 외운 내용도 까먹게 되면 다시 시간을 들여 외워야 한다. 암기했던 내용을 잊어버려서 다시 시간을 들여 외워야 하는 것은 매우 비효율적이다. 그러나 주기적으로 복습을 하면 외운 내용이 장기기억으로 넘어가서 학습한 내용을 기억할 수 있다. 에빙하우스는 최소 네 번의 복습을 해야 학습한 내용이 장기기억으로 넘어간다는 것을 밝혀냈다.

한 번 완벽하게 공부했다고 자부하고 지나간 내용도 시간이 지나면 기억이 흐려진다. 나는 100퍼센트 확실하게 외운 내용도 시간이 지나면 무조건 까먹는다는 이 당연하고 가슴 아픈 사실을 마음속으로 철저히 받아들였다. 대신 한 번 외운 내용은 절대로 잊어버리지 않겠다고 목표를 세웠다.

그래서 한 번 외운 내용을 다시 시간을 들여 외워야 하는 비효율을 발생시키지 않겠다고 다짐했다. 한 번 외운 내용은 까먹지 않도록 끈끈하게 외워서 시험에 나오면 누구보다 생생하게 기억해서 무조건 맞히겠다고 생각했다. 시험에서 높은 점수를 얻는 사람은 공부한 기간이 긴 사람이 아니라 외워야 할 내용을 생생하게 머릿속에 기억하고 있는 사람이다.

외웠던 내용을 잊지 않도록 끈끈하게 암기한 방법은 다음과 같다. 오늘 하루 암기한 내용이 있다면 공부를 마치고 집에 가기 전에 어느 정도 기억하는지 체크한다. 외운 내용을 가리고 핵심 내용들을 기억할 수 있는지 떠올려본다. 이때 제대로 못 외운 부분들을 발견하면 다시 외울 수 있도록 체크한다. 잘 외워지지 않았어도 스트레스 받지 않는다. 반복해서 기억을 강화하면 되기 때문이다.

다음 날 아침 독서실에 도착하면 어제 외운 내용을 30분 동안 다시 본다. 특히 잘 외워지지 않았던 부분을 눈여겨보면서 암기한다. 그래도 잘 외워지지 않는 부분은 자투리 시간을 투자해 외운다. 잘 안 외워지는 내용은 앞으로도 잘 잊어버릴 가능성이 큰 내용이기 때문에 주기적으로 반복해서 계속 머릿속에 새겨야 한다. 그리고 하루 공부를 마치고 집에 가기 전에 어제 했던 작업을 한 번 더 반복한다. 그 다음에는 3일, 5일, 일주일처럼 적당한 간격을 설정해서 반복적으로 끊임없이 본다.

그런데 이렇게 공부하는 것은 정말 괴롭고 힘들다. 한 번 외운 내용을 시간 사이사이에 배치해서 틈날 때마다 잊지 않게 외우고 다음 날도 보고, 이틀 지났을 때도 한 번 또 보고 그다음 날에도 또 보는 작업은 굉장히 귀찮고 지겹다. 그러나 이렇게 기억을 끈끈하게 유지하는 작업은 공부할 시간과 양을 확 줄여준다. 한 번 외울 때 3시간이 걸렸어도 그날 밤에 집에 갈 때 다시 보면 복습에 1시간도 안 걸린다.

다음 날에 다시 복습한다면 자투리 시간 30분 만으로도 전체 내용을 다 볼 수 있다. 이틀 뒤엔 같은 양을 15분 안에 다 볼 수 있다. 이 내용을 한 주 마무리할 때 또 보고 적정한 간격으로 배치해서 다시 반복하면 처음에 3시간 걸려서 외웠던 내용을 나중에는 자투리 시간 3분만 투자하면 다 훑어볼 수 있다. 머릿속에서 단권화가 되는 것이다.

이렇게 하면 다른 공시생들이 시간 들여서 공부했던 내용을 까먹고 다시 또 외우는 시간에 나는 같은 내용을 3분 만에 다 볼 수 있게 된다. 어떤 내용을 암기하고 넘어갔다는 것으로 만족하면 안 된다. 적절한 복습 기간을 설정해서 머릿속에서 지워지지 않도록 반복하고 강화하는 작업을 한다면 반드시 더 빠르게 합격할 수 있다.

회독에 집착하지 말고
부족한 부분부터 채운다

열심히 공부했는데 불합격할 수 있을까?: 그렇다!

"오늘 목표한 시간을 넘게 채워서 열심히 공부했어."

"오늘 하나도 졸지 않고 열심히 공부했어."

"오늘 핸드폰 게임을 하고 싶었지만 참고 열심히 공부했어."

"오늘 잡생각을 하지 않고 열심히 공부했어."

"오늘 들어야 하는 인강을 12개 다 들으면서 열심히 공부했어."

"오늘 공부하려고 했던 양을 다 보면서 열심히 공부했어."

"오늘 이만큼이나 열심히 외웠어."

"오늘 공부를 죽도록 하기 싫었는데 참고 열심히 공부했어."

열심히 공부했다면 과연 무조건 효과적일까? 공무원 시험에 합격하기 위해서 누구나 다 열심히 공부한다고 하는데 과연 '열심히 공부했다'의 의미가 무엇일지 제대로 생각해보고 넘어가야 한다. '열심히 공부했다'의 의미가 단순히 책상 앞에 앉아 '공부한 시간'이라면, 초시생은 장수생을 이길 수 없다. '열심히 공부했다'는 의미가 그저 자신이 오늘 하루 동안 계획한 '공부의 양'을 채우는 것이라면 초시생은 장수생을 이기고 시험에 합격할 수 없다. 장수생들이 열심히 공부한 시간과 양에 비해 초시생들이 공부한 시간과 양은 훨씬 모자라기 때문이다.

목표한 시간을 채워서 열심히 공부했다거나, 목표한 양을 모두 암기하면서 열심히 공부했다거나, 졸지 않고 잡생각도 하지 않고 열심히 공부했다는 말 속에서 과연 내가 무엇을 어떻게 공부한 것인지 면밀하게 살펴보아야 한다.

공부할 때 목표한 시간과 양을 채웠다고 뿌듯해 하면서 열심히 공부했다는 착각을 하기 쉽다. 그러나 우리의 목표는 공부를 하는 시간과 양이 아니다. 양적인 수치에 치우쳐 공부하는 것이 아니라 질적으로 뛰어난 공부를 해야 더 빠르게 합격할 수 있다. 시험에 출제될 수 있는 부분들 중에서 자신이 잘 모르는 내용을 채워가는 것을 목표로 삼고 공부를 해야 한다. 정말 열심히는 공부하는데 성적이 오르지 않아서 답답한 공시생들은 이 부분을 확실하게 짚고 넘어가야 한다.

'열심히 공부한다'의 기준을 어떻게 세우느냐에 따라서 공부의 질이 달라진다. 공부하는 방법에 대한 명확한 기준이 없고 공부 방향에 대한 확신이 없다면, 공부를 열심히 했음에도 불구하고 시험이 다가올수록 막막하고 불안해진다. 시험에 나올 만한 중요한 내용을(1전략) 문제로 만드는 포인트를 확인하면서(2전략) 내가 부족한 부분을 채우는 공부(3전략)를 할 수 있도록 시간과 집중력을 배분해서 공부해야 '열심히 공부했다'고 말할 수 있다. 점점 실력이 쌓여 발전할 수 있기 때문이다. 그렇게 열심히 공부해야만 더 빠르게 합격할 수 있다.

더 빠르게 합격하는 복습, 회독법

어떻게 복습하고 회독해야 더 빠르게 합격할 수 있을까?
➡ 이 질문으로 단기 합격 3전략이 도출되었다.

대다수 공시생은
>> 처음부터 끝까지 세세하게 복습하는 과정을 반복하며 회독 수를 늘린다.
➡ 무엇을 알고 무엇을 잘 모르는지는 중요하지 않다. 어차피 또 회독할 것이기 때문에 회독을 끝내는 것에 집중한다.

더 빠르게 합격하는 공시생은
>> 자신이 알고 있는 부분과 모르는 부분을 확인하며 부족한 부분을 채워가면서 회독한다.
➡ 모르는 부분을 채워가면서 공부하기 때문에 한 번 회독할 때마다, 회독하는 데 걸리는 시간은 점점 줄어든다.

부족한 부분부터 채우기

공무원 공부를 시작하는 누구나 인터넷 강의를 통해서 양질의 자료를 구할 수 있다. 시험에 나올 부분을 찍어주는 1타 강사들과 잘 정리된 교재들, 반복해서 듣기만 하면 암기해야 할 내용을 저절로 외울 수 있게 도와주는 강의들까지 합격을 도와주는 자료들이 무한하다. 노량진에 있는 학원을 다니지 않아도 인터넷을 통해 누구나 집에서도 좋은 자료들로 공부를 할 수 있는 상황이다.

그런데 대부분의 공시생들이 유명하고 좋다고 소문난 자료들을 찾아서 공부를 하는데 왜 누구는 합격하고 누구는 불합격하는 것일까? 똑같은 기간, 비슷한 베이스로 공부를 한 사람이라도 왜 누구는 더 빠르게 합격하고 누구는 불합격할까? 더 빠르게 합격하는 방법이 있을까?

단기 합격의 핵심 키워드는 자신에게 부족한 부분을 채우는 것이다. 부족한 부분을 파악하고 채워가는 공부를 해야 합격을 위해서 무엇을 더 채워야 하는지 방향을 잡으며 공부할 수 있다. 자신에게 부족한 부분을 채우려면 먼저 무엇을 잘 모르는지 체크하면서 공부해야 한다. 나는 수험 기간 5개월 동안 어떤 것이 부족한지 확인하고 부족한 부분을 채워가기 위한 공부를 했다.

공부를 할 때 부족한 부분은 두 가지로 나눌 수 있다. 첫째는 아직 암기가 되지 않은 부분이다. 외워야 하는 내용이라는 것을 알고 있어도 암기를 하지 않는다면 시험에 나올 때 틀릴 수밖에 없다. 그래서 나는 복습을 하면서 아직 암기되지 않은 부분을 마주칠 때면 다음에 볼 때 다시 외우겠다며 미루지 않았다. 오늘 못 외우면 내일도 실력이 같을 것이기 때문이다. 공부를 한다고 앉아 있어도 암기해야 할 것을 미루면서 지식을 채우지 않고 넘어가면 실력이 쌓이지 않는다.

두 번째는 내용이 어렵거나 복잡해서 잘 모르는 부분이다. 아는 부분을 복습하며 넘어가는 것은 쉽고 재밌다. 그러나 모르는 부분을 이해하며 공부하는 것은 어렵고 힘들기 때문에 다음으로 미루고 대충 지나가기 쉽다. 잘 모르는 부분을 확실히 해결하지 않고 넘어가면 다음에 다시 봐도 모른다. 특히 문제를 틀렸는데도 대충 답만 확인하고 넘어가면 다음에 그 문제를 다시 풀 때 또 틀린다. 모르는 부분을 공부하여 자신의 것으로 만들어 나가야만 실력이 쌓인다.

회독의 횟수가 중요한 것이 아니라 배운 내용을 어떻게 복습하며 회독을 했는지가 중요하다. 6회독, 7회독을 해도 부족한 부분을 확실히 채우지 않고 넘어가면 틀리는 문제는 항상 틀리게 되어 있다. 회독의 횟수에만 집착하면 안 된다. 회독의 질이 훨씬 중요하다.

암기가 되어 있지 않은 부분을 제대로 암기하며 넘어가고 모르는 부분을 이해하면서 넘어가면 처음에는 시간이 매우 오래 걸린다. 그러나 불안해할 필요는 없다. 시간이 지나면 회독에 가속도가 붙기 때문에 이전보다 훨씬 빠르게 회독할 수 있다.

"아! 이쯤 되면 몇 회독했어야 하는데"라든지 "남들은 벌써 몇 회독 했다던데" 하면서 너무 스트레스 받지 않았으면 좋겠다. 부족한 점을 채우면서 회독해나가야만 반드시 더 빠르게 합격할 수 있다.

효율이 2배, 이중 회독법

몇 번 회독해야 합격할 수 있을까? 최소 4회독? 아니면 5회독? 혹시 6회독 이상을 한다면 무조건 합격할 수 있을까? '회독 수'만 목표로 잡고 공부하면, 지금 공부를 시작하는 어떤 사람도 장수생을 절대 이길 수 없다. 장수생들이 초시생들보다 회독을 먼저 시작했기 때문이다. 그렇다면 어떻게 회독해야 합격할 수 있을지 고민해야 한다.

나는 기본 내용과 기출문제를 오가는 '이중 회독법'을 통해서 합격할 수 있었다. 기본서에서 내용을 볼 때 문제 유형을 확인하며 내용을 기억하고, 기출문제집에서 문제를 풀 때 기본서의 내용을 떠올리는 것을 '이중 회독법'이라 이름 붙였다. 배우는 내용이 어떻게 문제화 되는지 파악하고 문제 포인트로 내용을 기억하는 것이 이중 회독법의 핵심이다.

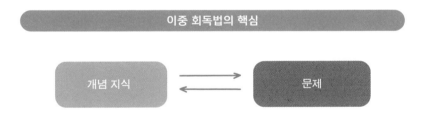

처음 기본서 인강을 들을 때 1회독이 시작된다. 공시생들은 보통 강의를 듣고 진도를 쭉쭉 빼서 완강하면 1회독을 한 것으로 착각한

다. 그러나 그렇게 공부하면 100강이 넘는 강의를 모두 들어도 기억에 남는 것이 없다. 그래서 강의를 완강하고 나서도 머릿속에 남는 것이 없는데 기출문제집을 들어가도 될지, 강의를 한 번 더 들어야 할지, 기본서를 혼자서 1회독 한 후에 기출문제집을 풀어야 할지 고민하는 질문을 많이 한다.

인강을 들을 때 구경만 해서는 안 된다. 기본서에 나오는 대표 유형, 대표 예제를 통해 내가 배웠던 내용에서 어떤 것을 묻는지 문제화 포인트에 초점을 맞추어 내용을 기억하며 넘어가야 한다. 그렇게 하면 처음 배우는 내용일지라도 무엇이 문제로 나오는 중요한 내용인지(1전략), 배우는 내용이 어떻게 문제화되는지(2전략) 파악하며 공부할 수 있다. 이렇게 인강을 들어야 1회독을 했다고 말할 수 있다.

인강을 들을 때 모든 내용을 너무 세세하게 공부하면 인강을 듣는 시간보다 더 많은 복습 시간이 필요하다. 그러나 세세하게 복습해도 나중에 기억나는 내용은 매우 소수이다. 그러므로 대표 유형 문제들을 통해서 핵심만 짤막하게 기억하면서 1회독을 하는 것이 훨씬 효과적이다. 나중에 2회독, 3회독을 하면서 점점 더 기억하는 내용을 늘려나가면 된다. 처음에는 대표 문제를 통해서 핵심만 기억하며 넘어가자.

기출문제집을 풀기 시작할 때 2회독이 시작된다. 기출은 배웠던 개념의 적용을 토대로 내용을 정교화하는 작업이다. 기본서 따로, 기출 따로 공부하는 것이 아니다. 기본서의 내용을 볼 때면 출제 포인트를 떠올리며 암기해야 하고 기출을 볼 때는 기본서의 어느 부분에서 나왔는지 전체적인 흐름과 항목을 체크하며 공부해야 한다.

개념 지식과 문제는 하나의 세트라고 인식하며 공부했던 2전략을 토대로 기본서와 기출문제집을 쌍방향으로 연계해서 이중 회독을 해야 한다. 기본서를 보면서 기출문제를 떠올릴 수 있고 기출문제집을 볼 때는 기본서의 문제화 포인트를 생각할 수 있어야 한다.

이중 회독법으로 공부를 하면 '기본 이론 따로, 기출문제집 따로'라고 생각하며 공부하는 다른 공시생들보다 2배로 회독하는 효과를 누릴 수 있다. 기본서 내용을 보면서 문제화되는 포인트가 무엇일까 생각하고, 기출문제집을 풀면서 빈출 개념을 정리하면 출제자의 시선으로 공부할 수 있기 때문이다.

기본 개념과 문제 유형을 세트로 인식하는 2전략을 토대로, 기출문제집에서 빈출되는 문제를 중요하게 인식하고(1전략) 자주 출제되는 부분들 중 내가 제대로 알지 못하는 부족한 부분을 정복해가면서 공부하면(3전략) 회독 속도가 점점 빨라진다. 1~2번 회독에 모든 내용과 문제를 다 흡수할 수 없다. 무조건 확실히 출제되는 주제부터 우선적으로 이중 회독하면서 부족한 부분들을 차근차근 채워나가면 된다.

시험에 떨어지는 이유

공무원 공부를 하다 보면 지엽적이고 어려운 문제에 집착하기 쉽다. 그래야 100점을 받을 수 있는 확률이 높아질 것이라고 생각하기 때문이다. 지엽적이고 어려운 문제가 합격 불합격의 당락을 가르는 가장 큰 요인일까? 공무원 공부 관련 사이트 게시판에서 시험이 끝난 직후 올라온 글들을 찾아보자. 합격을 가르는 변수 중에 가장 많이 언급된 단어가 '실수'라는 것을 발견할 수 있다.

시험이 치러진 뒤 게시판에는 너무 어렵고 모르는 내용이어서 불합격했다는 글은 많지 않다. 시험이 너무 어렵고 지엽적인 문제가 많이 나와서 틀렸다는 글들이 많이 올라오면 그 시험은 난이도 조절에 실패한 시험이다. 난이도 조절에 실패한 시험은 누구도 미리 준비할 수 없다. 심지어 1타 선생님들조차도 난이도 조절에 실패한 시험을 비판한다. 이렇게 시험문제를 내면 공시생들의 노력은 물거품이 되는 것이라고. 이렇게 출제가 되면 누구도 공부해서 대비할 수 없는 시험이라고.

지엽적이고 어려운 시험은 현실적으로 대비하기 힘들다. 지엽적이고 어려운 시험을 대비해서 준비할지라도 출제 비중이 큰 우선순위 내용부터 준비하는 게 효율적이다. 다시 1전략으로 돌아가는 것이다. 내가 준비하는 시험이 평균 난이도이든 정말 어려운 난이도이든 상관없이 출제 비중이 큰 우선순위 내용부터 공부해야 한다. 보통의 공무원 시험에서는 정말 지엽적이고 어려운 문제가 소수이다. 너무 어렵고 모르는 문제는 대다수가 틀리기 때문에 합격과 불합격을 가르는 정말 큰 변수가 되지 않는다.

시험이 끝난 후 가채점을 해본 공시생들이 올린 글들을 보면 정말 지엽적인 문제보다 '자신이 맞힐 수도 있었던 실수한 문제'들을 탓하는 글들이 대다수이다.

"이 문제는 원래 아는 문제인데 실수해서 떨어졌어.ㅠㅠㅠ"

"틀린 것을 고르는 문제인데 옳은 것을 고르고 넘어가는 실수를 해서 떨어졌어.ㅠㅠㅠ"

"실수로 선지를 잘못 봐서 떨어졌어.ㅠㅠㅠ"

"실수로 이 단어 뜻을 잘못 생각해서 떨어졌어.ㅠㅠㅠ"

"딱 하나 실수로 당락이 결정되는 시험이 말이 돼?ㅠㅠㅠ"

"정답을 골랐는데 마킹 실수로 떨어졌어.ㅠㅠㅠ"

"실수 때문에 1년 더 한다고 생각하니 내 자신이 원망스럽고 자괴감 들어.ㅠㅠㅠ"

위와 같이 실수 때문에 불합격했다는 내용의 글이 정말 많이 보인다. 그래서 생각했다. '아, 실수를 하지 않도록 공부하면 붙을 수 있겠구나!' '합격의 당락을 가르는 것은 지엽적으로 출제된 문제 한두 개가 아니라, 실수로 틀리는 문제들이구나!'

그래서 실제 시험에서 실수하지 않도록 실수를 잡는 공부를 했다. 어떤 문제를 풀었는데 실수를 해서 틀렸다고 생각하면 그 실수의 유형을 모두 다 분석해서 옆에 적어 놓았다. 예를 들어서 옳은 것을 고르는 문제인지 틀린 것을 고르는 문제인지 실수로 문제를 잘못 읽어서 틀리는 경우가 종종 있었다.

같은 실수를 하지 않기 위해서, 틀린 것을 고르는 문제에는 세모 표시를 하고 옳은 것을 고르는 문제에는 동그라미 표시를 했다. 이외에도 선지나 보기로 주어진 조건을 잘못 읽는 실수를 할 때마다 실수의 유형을 확인해서 옆에 적고, 실수를 방지하기 위한 대책도 고안해서 같이 적어 놓았다.

문제를 잘못 읽고 틀리는 바보가 어디에 있겠냐고 생각할 수 있겠지만, 정말 100퍼센트 확신한다. 지금부터 시험기간까지 문제를 푸는 동안 분명히 바보 같은 실수를 무조건 한다. 그때 내 말을 기억하고 소름 끼치게 놀라줬으면 좋겠다. 왜냐면 시험 때도 똑같이 실수를 할 가능성이 90퍼센트 이상이기 때문이다. 시험 전 모의고사로 연습을 할 때 이 말을 눈물 나게 실감할 것이다.

공무원 시험은 100분 동안 100문제를 모두 풀고 마킹까지 해야 한다. 초긴장 상태에서 시간이 촉박하게 문제를 풀다 보면 반드시 실수로 문제를 틀린다. 그래서 평소에 문제를 풀 때 실수로 문제를 틀리게 되면, 대수롭지 않게 생각하고 넘어가면 안 된다. 평소에도 시험을 보는 것처럼 문제를 풀어야 한다. 평소에 실수를 하지 않도록 예민하게 문제를 푸는 훈련을 해야 실제 시험에서도 같은 실수를 반복하지 않을 확률이 높아진다.

그러나 평소에 실수를 대비하며 실수를 잡는 공부를 해도 문제를 풀다 보면 실수하기 쉽다. 시험 준비 마무리 단계에서 시간을 재서 모의고사를 풀면 분명히, 100퍼센트!!! 실수로 틀리는 문제가 발생한다. 초긴장 상태에서 시간을 재면서 모의고사를 풀어보면, 마치 귀신이라도 들린 것처럼, 내 정신이 아니게 푸는지 실수를 하고 만다.

모의고사를 푸는 막바지 기간 동안에도 끊임없이 실수를 하는 나 때문에 괴로웠다. '시험 때도 이렇게 실수하면 어떡하지?'라는 생각이 들면서 불안하고 두려웠다. 그런데 실수는 누구나 한다. 인간이기 때문에 어쩔 수 없는 것 같다.

공무원 시험을 어느 정도 준비한 공시생들이 이전에 출제됐던 공무원 시험문제를 천천히 풀어보면 생각보다 어렵지 않다고 느낄 수 있다. 최근 시험문제들은 공부를 하는 과정에서 대표 기출문제로 익숙하게 봤기 때문이다. 시간적 여유를 가지고 천천히 풀어보면 어려움 없이 정답을 맞힐 수 있을 것이다. 그러나 실제 시험에서는 새로운 문제 유형이 나올 수도 있고, 익숙하지 않은 느낌으로 개념 지식이 변형되어 나올 수 있다. 이러한 상황에서 100문제를 100분 동안 풀고 마킹까지 해내며 실수하지 않는 것은 정말 쉽지 않다.

그러므로 만약 내가 하나를 실수로 틀려서 아깝게 80점을 받았다고 해도 분하다고 생각하거나 억울해하지 말자고 다짐했다. 왜냐하면 85점을 받은 사람도 분명히 하나는 실수를 했을 것이고, 90점을 받은 사람 중에도 그런 사람이 있을 테니까. 95점을 받은 사람도 하나를 실수해서 100점을 받지 못했다고 울상 지을 것이다.

실수를 정말 경계하고 대비하며 공부했지만 나도 시험에서 실수로 틀린 문제가 몇 개 있다. 정말 모르고 어려워서 틀린 문제는 거의 없었다. 틀린 문제는 대부분 문제의 지시문이나 선지를 제대로 보지 못한 문제였다. 채점을 하면서 여유 있게 문제를 다시 보니, 시간이 조금만 더 있었다면 실수하지 않고 맞힐 수 있는 문제였다. 실제 시험에서 실수를 하지 않는 것은 단언컨대 정말 어렵다!

　그래도 최대한 실수하지 않기 위해 전략적으로 공부했던 방법이 통했다고 위로했다. 실수를 하지 않기 위해 실수 유형을 분석하고 대비법을 생각하면서 공부했기 때문에 시험에서 실수로 틀릴 뻔했던 문제를 맞혀 15점을 벌 수 있었다. 시험에서는 실수로 문제를 틀릴 확률이 매우 높다. 실수로 떨어지는 시험임을 충분히 인식하자! 실수를 줄이면 더 빠르게 합격할 수 있는 확률이 높아진다.

한국사에서 '공민왕 이후에 일어난 일'을 골라야하는데 '공민왕 대에 일어난 일'을 골랐어요ㅠㅠ

너무 쉬운 문제들을 틀렸어요... 예를 들어 틀린 거 골라야 하는데 순간 지문에 틀린 지문이 '옳다'로 보이는 거예요... 긴장해서 지문을 매직아이처럼 대충 읽어서 너무 쉬운 문제들만 과목마다 실수했어요.

다시 틀리지 않게 공부하는 방법

우리가 자주 틀리는 문제는 내용을 잘 몰랐기 때문에 틀리는 것일까? 그렇지 않다. 아예 내용을 몰랐던 문제보다 이미 공부했었던 내용의 문제임에도 틀릴 때가 많다. 확실히 외우고 넘어갔던 내용이거나, 이해했다고 생각한 내용인데도 문제를 풀어보면 다 맞지 않고 틀린다. 그렇다면 틀린 문제를 발견했을 때 무엇이 부족하기 때문에 틀린 것인지 확인하고 이 부분을 채우고 넘어가야 한다.

부족한 부분을 채우는 공부를 하기 위해서는 아는 것과 모르는 것을 구분하면서 공부해야 한다. 특히 내가 안다고 생각하는 내용들을 정말 제대로 알고 있는지 확인할 필요가 있다. 왜냐하면 합격과 불합격을 가르는 문제들은 대부분 정말 모르는 문제가 아니라 안다고 생각했는데 틀리는 문제이기 때문이다. 공무원 카페에 들어가 불합격한 사람들이 쓴 글을 살펴보면, 아는 내용인데 틀려서 정말 아쉽다고 하는 글들을 쉽게 찾을 수 있다.

기출문제를 풀 때 공부해서 알고 있다고 생각한 내용인데 틀렸다면, 반드시 옆에 왜 틀렸는지를 적어 놓아야 한다. 문제를 틀리면 어려워서 애매하게 알고 있는 부분이었는지, 암기하기 까다로워서 대충 외웠던 부분인지 등 틀린 이유를 구체적으로 정리해야 한다. 나는 안다고 생각한 내용이었는데 문제를 틀렸을 때 다시 틀리지 않기 위해서 아래와 같이 이유를 분석했다.

93

1. 어떤 개념에 대해 묻는 방식이 항상 정해져 있어서 이 문제도 그 사례일 것이고, 답도 늘 나오는 그 답이라고 생각하며 선지를 골랐는데 실은 그 유형이 아니어서 틀린 문제
2. 내가 파악한 개념에 대한 분류는 3가지였는데 사실 분류가 4가지여서 틀린 문제
3. 개념에 대한 정의를 알고 있었지만 그 정의에 어떤 예시가 있는지 모른 채 겉핥기식으로만 알아서 틀린 문제
4. 강의를 듣거나 책에서 볼 때는 아는 내용이지만, 혼자 문제를 풀 때 스스로 떠올리지 못해서 틀린 문제

알고 있는데 헷갈려서 틀렸다는 흔하고 뭉툭한 대답으로 얼버무리면 다음에 그 문제를 또 틀리기 쉽다. 틀린 문제에 대한 분석 없이 공부하면 다른 문제를 풀 때도 허술하게 풀 수밖에 없다. 아는 문제인데 틀렸다는 식으로 대충 공부하게 되는 것이다. 공부를 할 때는 정말 정확하게 알고 있는지 스스로의 상태를 확인해보아야 한다.

위와 같이 자신이 문제를 틀릴 때마다 왜 틀렸는지 분석하며 문제를 푼다면 실력이 차곡차곡 쌓이게 된다. 아는 것과 모르는 것을 구별할 수 있기 때문이다. 안다고 생각했는데 제대로 알지 못했다면 지금부터 다시 확실히 아는 내용으로 만들면 된다. 몰랐던 내용이면 알기 위해 공부하면 된다.

가장 빠르게 합격하기 위해서 아는 것과 모르는 것을 구분하고 모르는 것을 채워나가는 공부를 해야 한다. 막연하게 책을 펴고 순서대

로 끝까지 보는 것은 아무 의미가 없다. 공부의 초점을 나에게 부족한 것, 내가 아직 모르는 것을 정복하려는 데 맞춰야 한다. 문제를 풀면서 확실히 아는 부분은 상대적으로 빠르게 넘어가고 모르는 부분을 채우기 위해 시간을 투자해야 성적이 오른다.

확실히 아는 내용인데도 제대로 모르는 내용을 공부할 때처럼 똑같은 집중력과 똑같은 시간을 투자하는 것은 효율적인 공부 방법이 아니다. 무작정 열심히만 공부하는 사람은 전략적으로 공부하는 사람을 이기지 못한다. 나에게 부족한 부분이 무엇인지 끊임없이 확인하고 그 부분을 채워나가는 공부를 해야만 더 빠르게 합격할 수 있다.

출제자가 오답을 만드는 방법

출제자가 오답을 만드는 방법이 있다. 시험 문제를 살펴보면 매력적인 오답, 틀리게 만드는 함정, 경쟁하는 선지가 있다. 함정은 특히 국어, 영어와 같은 언어 과목에서 만들기 더 좋다. 물론 다른 암기 과목에서도 분명히 문제에 함정들이 존재한다. 출제자는 공시생들이 헷갈려 하는 내용들을 잘 알고 있다. 어떤 선지를 추가하면 정답을 고르기 힘든지 잘 알고 있다.

중요한 것은 이 사실은 인지하는 것이다. 공부를 하다가 문제를 틀리면 단답형의 암기 문제가 아닌 이상 출제자의 의도를 확인해보아야 한다. 아니 단답형의 문제였어도 혹시 다른 것과 착각할 수 있을 만한 내용이었는지 확인해보자.

출제자는 공시생들이 어떤 내용을 헷갈려 하거나 착각하는지 잘 알고 있다. 수험 기간 동안 열심히 공부했어도 시험 당일 여차해서 틀리게 하는 그런 문제가 반드시 있다. 평소 문제를 틀릴 때마다 왜 틀렸는지 신경을 곤두세우지 않으면 시험에서도 그냥 실수로 문제를 틀려버리기 쉽다.

그렇다면 출제자는 주로 오답이나 함정을 어떻게 만들까?

1. 포함 관계

문제의 주제와 선지의 포함 관계로 오답을 만드는 경우가 있다. 예를 들어 '이 지문의 내용에 대해서 옳은 것은?'이라는 문제를 풀 때 지문의 내용을 토대로 선지를 보면 정답이지만, 선지를 보고 지문의 내용을 보면 틀릴 때가 있다.

지문의 주제가 동그라미라고 하자. 그런데 1번 선지가 동그라미 개념을 포함한 좀 더 큰 개념인 세모를 설명하고 있다면 지문의 주제를 보면서 선지를 볼 때 1번은 틀린 지문이다. 그런데 선지의 내용이 어려울 때 선지를 계속 보다가 다시 지문을 보는 경우가 있다. 그럴 때 1번 선지에 초점을 맞춰서 지문을 보면 1번을 정답으로 골라서 틀리기 쉽다. 포함 관계, 개념의 크기 구별은 출제자가 아주 만들기 쉬운 함정이다.

출제자가 조금 더 매력적인 오답을 만들고 싶으면 선지에 지문에 쓰인 것과 똑같은 단어를 넣는다. 그리고 진짜 정답인 2번 선지는 지문에는 나오는 단어를 하나도 넣지 않고 '다른 말로 바꾸어 표현'한다. 정답 선지는 '패러프레이징(paraphrasing)'하고, 오답 선지는 지문에 나오는 단어를 넣는 함정을 파놓고 난이도를 높인다. 출제자는 이런 함정을 넣어 경쟁하는 선지를 만든다.

함정을 인식하지 못하면 멘붕에 빠져서 시간이 마구 흐를 수 있다. 지문의 주제보다 살짝 큰 내용에 지문과 똑같은 단어를 넣어서 선지를 만들면 오답이 정말 매력적이다. 평소에 이런 상황에서 정답을 찾는 연습을 하지 않았다면 매력적인 오답을 고르고 싶은 마음을 버리기 쉽지 않다. 헷갈려 하면서 1~2분 고민하면 다른 문제 2개를 더 풀 수 있는 시간도 빼앗긴다.

2. 퍼센트

경쟁하는 선지를 보며 정답을 선택하는 힘을 키우기 위해서는 선지를 볼 때 퍼센트를 따지는 연습을 해야 한다. 기본적으로 선지가 '주어는 ~다' 이런 식으로 한 문장만 서술되면 쉽다. 이 한 문장에 함정을 파보자. '주어가 2개'이거나, '주어 뒤 조사에 ~만'을 붙여 한정하거나 '주어 앞에서 모든~이라고 일반화'하거나(예외가 있으면 틀린다), '서술어가 ~하기 위해 ~했다'거나(목적 일치 확인 필요), '~ 때문에 ~했다'거나(인과관계 확인 필요), '~해야 한다'(당위는 '~할 수 있다'의 가능과 다름)라는 식으로 내용들을 붙여서 출제자들이 함정을 판다.

그러므로 선지를 볼 때는 그냥 줄을 치면서 읽는 게 아니라 함정들도 함께 봐야 하는 것이다. 함정을 잘 체크하기 위해서는 / 표시를 사용해 구분하거나 ✔ 표시를 하는 등 한 번 더 확인할 필요가 있다는 의미의 체크 표시를 해놓자. 함정일 수 있는 포인트를 체크했다면 경쟁하는 선지를 보며 어느 게 더 정답일 확률이 높은지 퍼센트를 따져봐야 한다.

선지를 크게 주어 서술어로 나누어 예를 들어보자. 첫 번째 문장은 주어와 서술어에 수식어와 목적의 내용이 첨가된 선지이다. 두 번째 문장은 앞에 인과관계의 안긴문장이 들어 있는 선지이다.

(수식어)주어/(목적 첨가)서술어→모든 사과는 판매하기 위해 생산되었다.

[주어(인과관계)서술어]/서술어→사과 판매량이 늘었기 때문에 부자가 되었다.

이때 '/' 표시를 한 부분을 기준으로 나눠서 앞부분과 뒷부분이 모두 맞는지 확인해야 한다.

첫 번째 문장의 앞부분이 100퍼센트 맞는 것 같은데 뒤가 50퍼센트밖에 맞는 것 같지 않다면, 동그라미와 세모로 표시할 수 있다. → ○ / △

그런데 두 번째 문장의 앞부분과 뒷부분이 모두 다 헷갈려서 50퍼센트, 40퍼센트밖에 맞지 않는 것 같다면 세모와 세모로 표시할 수 있다. → △ / △ (너무 헷갈리면 확신의 퍼센트를 적는다.)

→ ○ / △선지와 △ / △ 선지가 경쟁한다면 당연히 정답은 ○ / △ 선지로 골라야 한다.

그냥 더 맞는 것 같은 느낌으로 찍으면 되지 이렇게까지 해야 할까? 해야 한다. 이렇게 구체적으로 수치화하면서 선지를 판단하는 연습을 해야 느낌으로 문제를 풀지 않는다. 느낌으로 문제를 풀면 판단에 대한 근거 없이 시간이 흐르기 쉽다. 또한 문제를 틀렸을 때 반성하고 더 발전시켜야 할 부분을 찾지 못한다.

평소 문제를 풀고 틀린 것들을 분석할 때 이런 식으로 선지를 판단하는 연습을 하지 않으면 문제 풀이 실력이 정교해지지 않는다. 이렇게 분석해보는 것을 복잡하다고, 시간이 너무 오래 걸린다고 하지 않으면 출제자가 선지로 조금만 장난을 쳐도 실수로 틀리게 된다.

시험 전까지 자신이 반복적으로 틀리는 문제들을 살펴보면서 어떤 함정 때문에 틀렸는지 정교하게 다듬어야 한다. 이 연습을 계속하면 시험장에서 출제자가 낸 함정을 마주쳐도 자신 있게 풀 수 있다. 함정을 체크하는 방법으로 매력적인 오답을 피해가길 바란다. 그렇다면 반드시 더 빠르게 합격할 수 있다.

시간 절약 압축법: '단권화'

공부 내용을 효과적으로 압축하는 방법에 대해서 고민했다. 시험 당일에 들고 가서 마지막 순간까지 볼 자료를 정리해야 했기 때문이다. 기본서와 기출문제를 중심으로 공부했지만 시험 당일에는 기본서도 보고 기출문제도 볼 시간이 없다. 그래서 이를 한 권으로 요약하는 단권화된 교재가 필요했다.

기본서는 내용이 문장형으로 쓰여 있어서 책 자체가 두껍다. 그래서 기본서를 축약한 강사별 압축 필기노트를 활용했다. 언어 과목인 국어, 영어를 제외한 한국사와 나머지 과목들은 압축 필기노트를 단권화 교재로 이용했다. 압축 필기노트를 보면서 설명이 부족하다고 느껴지거나 이해가 잘 되지 않는 부분은 기본서를 찾아보면서 압축 필기노트에 설명을 추가했다.

기출문제집을 풀 때 틀리는 문제들은 오답노트로 따로 만들지 않았다. 내 목표는 공부하는 시간을 줄여서 최대한 빠르게 합격하는 것이었기 때문에 오답노트를 만드는 것이 사치였다. 오답노트에 틀린 문제를 오려 붙이고 틀린 이유, 해설을 적어가며 보기 좋게 정리를 하면 좋겠지만, 그렇게 만들면 시간이 너무 오래 걸린다.

물론 시간이 충분히 있는 사람은 오답노트를 만들면서 정리를 하면, 정리를 하는 시간 동안 틀린 문제가 잘 각인되어서 더 빨리 외우는 데에 도움이 될 수도 있을 것이다. 그러나 나는 오답노트를 만드는 시간과 단권화된 교재 외에 오답노트까지 함께 봐야 하는 시간이 추가되는 것이 부담스러웠기 때문에 오답노트를 만들지 않았다.

대신 기출문제를 풀면서 잘 정리하고 이를 단권화 노트에 옮겨 적었다. 먼저 기출문제집을 풀 때 문제집에 답을 표시하지 않고 따로

메모지에 정답을 적어서 채점했다. 문제를 틀리면 문제 번호 옆에 틀린 횟수를 바를 정(正) 한자로 체크해가며 자주 틀리는 부분을 표시했다. 그리고 문제 밑에 틀렸던 이유를 연필로 작게 적고 다음에 다시 풀 때 그 이유를 가리고 풀었다. 그리고 또 틀리면 틀린 횟수를 추가하고 지난번과 같은 이유로 틀렸는지 확인한 후 다른 이유로 틀렸으면 또 그 이유를 추가하여 적었다.

기출문제집을 반복해서 풀 때 처음 두 번은 모든 문제를 다 풀고 세 번째는 2번 이상 틀린 문제만 풀었다. 네 번째 풀 때는 3번 이상 틀린 문제와 3번 미만 틀린 문제 중 홀수 번만 푸는 식으로 문제의 균형을 맞추며 풀었다. 3번 이상 틀린 문제 중 100점을 방지하기 위한 너무 지엽적인 암기 문제는 적당히 답만 외우고 지나가며 크게 스트레스 받지 않도록 노력했다.

그러나 지엽적인 문제가 아닌데 자주 틀리는 문제는 나중에 시험을 볼 때 실수할 확률이 가장 큰 문제이기 때문에, 압축 필기노트에 문제와 선택지를 적어놓고 어떤 함정으로 틀리게 만드는지를 함께 적어 정리했다. 이렇게 하면 오답노트를 정리하는 시간도 줄이고 단권화 교재 외에 오답노트까지 추가적으로 봐야 하는 시간을 줄일 수 있다.

공부한 내용을 압축하기 위해서 오답노트를 만들지 않았을 뿐만 아니라, 필기한 내용이나 개념을 정리하는 노트도 만들지 않았다. 오답노트와 마찬가지로 따로 정리 노트를 만드는 것은 봐야 할 책이 하나 더 생기는 것과 마찬가지이다. 노트 정리를 통해서 스스로 공부한 내용을 효율적으로 암기하고 정리하는 도구로 사용해도 좋겠지만, 그렇게 하면 너무나 시간이 많이 든다.

특히 노트에 공부한 내용을 요약해서 정리할 때는 글씨도 예쁘게 쓰려 하고 눈에 잘 띄도록 색깔도 알록달록 쓰면서 꾸미고 싶은 욕심이 생긴다. 그러나 이렇게 시간을 들여 노트를 만들면, 투자한 시간만큼 기본서를 숙지하거나 기출문제를 푸는 시간을 버리는 것 같아서 시간이 아까웠다. 그래서 처음에 개념 정리 노트를 만들다가 포기했다.

대신 스스로 정리가 필요하다고 느낀 내용은 회독하기로 결정한 기본서나 압축 필기노트에 포스트잇으로 붙여서 정리하는 방식으로 단권화했다. 압축 필기노트는 강사들이 많은 시간과 노하우를 쏟아서 꼭 들어가야 할 내용들을 보기 좋게 정리한 것이기에, 내가 그보다 더 뛰어난 퀄리티로 정리 노트를 만들기 힘들 것이다. 그 정도의 퀄리티로 스스로 내용을 정리해서 노트를 만들면 시간이 너무 오래 걸린다.

그래서 그들이 만들어 놓은 틀 위에 잘 안 외워지거나 나의 논리로 정리가 필요한 부분만 포스트잇으로 내용을 정리해서 붙였다. 스스로 정리하고 요약하는 방식이 효과적인 사람이라면 조금 큰 포스트잇에 요약 내용을 정리하고, 교재의 해당 내용에 붙이는 방식으로 단권화하는 것이 정리하는 시간을 줄이는 방법이 될 수 있을 것이다.

공부하는 내용을 압축하기 위해서 무엇보다 스스로 공부하는 시간을 최대한 가질 수 있도록 노력했다. 기본서 강의와 압축 필기노트 강의 외에는 추가로 강의를 늘리지 않으려고 노력했다. 유명한 강사의 모든 교재를 풀거나 모든 강의 커리큘럼을 듣는 것이 목적이 아니었기 때문이다. 기출문제를 풀고 나서도 기출문제 해설지에 설명이 정말 자세하게 되어 있었기 때문에 해설 강의를 따로 듣지 않았다.

대신 해설지 내용을 보면서 왜 틀렸는지 확인하고 기본 내용을 제대로 못 외우고 있거나 놓친 부분이 있으면 기본서로 돌아가서 내용을 체크하며 정리했다. 해설지와 기본서를 보아도 이해가 가지 않는 정말 어려운 문제를 마주치거나, 기본 내용을 강사가 어떻게 설명했는지 기억이 나지 않을 때만 해설 강의를 들었다. 그리고 나중에 꼭 봐야 할 내용이라 생각되면 압축 노트에 체크하고 정리했다.

기본서 강의와 압축 강의를 충실히 들었다면 공부한 내용을 압축하고 정리하기 위해서 스스로 공부하는 시간을 확보해야 한다. 남들이 좋다는 강의를 모두 다 들으려는 공부 계획을 짜면 스스로 내용을 정리하고 자신의 것으로 만드는 시간을 잃는다. 물론 자신의 약한 부분을 채우기 위한 목적으로 그 부분을 찾아서 강의를 듣는 것과 교재를 사서 푸는 것은 효율적일 수 있다.

그러나 추가적으로 강의나 교재를 선택해서 부족한 부분을 채운 뒤에는, 전체를 다 봐야 한다는 스트레스를 받지 않고 나머지 부분을 버릴 수 있어야 한다. 강사의 모든 강의를 들으려 한다면 공부를 해야 하는 시간이 2배로 늘어날 것이다. 공부한 내용을 잘 정리하기 위해서는 스스로 어떻게 단권화하는 것이 가장 효율적일지 고민해보아야 한다.

팁: 시간을 단축하는 필기 방법

　회독을 하기로 결정한 기본서나 압축 필기노트는 여러 번 보아야 하는데, 교재에 너무 알록달록하게 표시를 하면 정말 중요한 내용이 무엇이었는지 파악하는 데 방해가 된다. 그래서 사용하는 펜의 색깔을 검은색, 초록색, 파란색, 빨간색 네 가지로 최소화했다.

　먼저 초록색 펜은 강사가 지적해주는 내용에 사용하는 색깔이다. 밑줄이나 동그라미를 치라고 알려주는 내용, 옆에 따로 필기하라고 적어주는 내용은 초록색 펜을 사용했다. 시험에 자주 나온다고 하거나 중요하니까 별표를 치라고 하는 부분은 빨간색 펜을 사용했다. 초록색, 빨간색 펜은 강사가 주도해서 알려주는 내용, 즉 내가 알아야 할 내용에 대한 색깔이다.

　필기할 때 가장 중요한 색깔은 파란색이었다. 파란색 펜은 나의 기준에서 사용했다. 강의를 듣거나 공부를 하다가 궁금한 부분이 생기거나, 이해가 가지 않고 설명이 더 필요한 부분에 파란색 펜을 사용했다. 파란색으로 체크 표시를 하고 의문점을 적어놓은 내용은 당일 공부를 할 때 꼭 해결했다. 파란색 펜을 사용한 부분을 추가적으로 공부하면서 내용을 채워야만, 자신이 부족한 점을 채우는 공부를 했다고 말할 수 있기 때문이다.

　검은색 펜이나 연필은 '강의를 듣는 중'이나 '혼자서 공부를 하면서 쉬는 시간을 갖기 전'에 공부한 내용을 혼자 귀퉁이에 요약하는 데 사용했다. 다음에 편하게 복습할 수 있도록 정리하는 작업을 하는 것이다. 예를 들어 공부한 주제에 대한 항목이나 종류를 마인드맵처럼 그려 놓거나 해당 부분이 중요한 이유를 요약해서 적는다. 암기가 필요한 부분은 앞 문자를 따거나 연상 암기를 할 수 있도록 암기하기 쉽게 만들어 놓는다. 검은색 펜이나 연필을 사용해 귀퉁이에 정리를 해놓음으로써, 다음에 다시 내용을 볼 때 기억하기 쉬웠고 이해하는 시간을 절약할 수 있었다.

형광펜은 나중에 빠르게 다시 볼 때 꼭 읽고 넘어가야 하는 부분을 체크하기 위한 목적으로 사용했다. 시험 전일 노란색 형광펜으로 친 내용은 무조건 읽고 간다는 생각으로 꼭 보아야 할 핵심 내용을 체크했다. 이때 한 페이지를 거의 다 형광펜으로 색칠하게 된다거나 한눈에 보기에 너무 번잡해지지 않도록 주의하면서 체크했다. 빨간색 형광펜으로는 시험에 나왔을 때 헷갈릴 수 있는 부분이나 주의깊게 보지 않으면 실수로 틀릴 수 있는 내용을 칠했다.

펜을 사용할 때 글씨를 최대한 예쁘게 쓴다든가, 오늘은 초록색 펜으로 필기를 했으니 내일은 보라색 펜으로 펜을 사용해야지 하면서 알록달록 교재를 꾸미는 것에는 전혀 관심이 없었다. 내 모든 교재에는 검정, 초록, 파랑, 빨강 4가지 기본색과 형광펜으로 통일된 색깔을 사용했다.

강사가 지적해주는 내용, 내가 모르는 부분, 스스로 정리하고 요약한 부분을 구별하기 위해서다. 이렇게 통일된 관점으로 펜을 사용하면 자기 주도적으로 공부를 할 수 있기 때문에 기억에도 잘 남고 복습을 할 때도 시간을 아낄 수 있다.

1~3전략에 따른 공부 후 체크리스트

지금까지 '공부를 열심히 한다는 것'에 대한 기준을 명확하게 세웠다. 시험에 출제될 가능성이 높은 부분들 중에서(1전략) 문제 유형까지 함께 체크하며(2전략) 자신이 잘 모르는 부분들을 채워가며 공부해야만(3전략) 시험에 합격할 수 있도록 '열심히 공부'하는 것이다. 1~3전략을 바탕으로 공부한 후 확인해야 할 리스트는 다음과 같다.

먼저 오늘 공부한 내용에 대해 전체 목차를 떠올리거나 단원의 소주제를 떠올린다. 큰 틀을 떠올릴 수 있어야 지엽적인 공부에 매몰되지 않고 출제 비중을 염두에 두면서 공부할 수 있기 때문이다. 다음으로 공부한 내용의 핵심 내용은 무엇이었고, 그 부분이 어떻게 문제화되어 출제됐는지 떠올린다. 개념 지식과 문제화 포인트를 함께 떠올릴 수 있어야만 시험문제로 나올 때 맞힐 수 있다. 그리고 공부한 내용 중 어려웠던 내용과 틀렸던 문제를 떠올리면서 그 부분을 채우는 공부를 했는지 확인한다.

이렇게 1~3전략을 토대로 공부를 한다면,
무작정 열심히 공부하는 다른 공시생들보다 반드시 더 빠르게 합격할 수 있다.

4전략

단기 합격자의 태도로 공부한다

꼴등으로 합격하기

내가 시험을 볼 때 경기 북부 교육행정 9급 시험 접수 인원은 1,431명, 선발 예정 인원은 60명이었다. 그중에서 장애인 5명, 저소득 2명의 할당 인원을 제외하면 53명 안에 들어야 합격을 할 수 있다. 나의 목표는 53등이었다. 그래서 매일매일 54등만 이기면 된다는 생각으로 공부했다. 공부를 하면서 힘든 순간이 올 때마다 54등을 떠올렸다. 조금만 더 해서 53등만 하자. 그러면 합격할 수 있다고 동기부여를 했다.

나는 전체 과목 100점을 목표로 하지 않았다. 시험에 나오는 모든 문제를 다 맞힐 생각을 하지 않았다. 대신 공부를 하는 순간마다 딱 한 문제만 더 맞힐 생각으로 공부했다. 공부를 마무리하면서 책을 덮기 전에 '이 부분에서 딱 한 문제가 출제된다면 어디서 나올까?'라고 생각했다.

수험 기간 내내 머릿속에서 54등보다 딱 한 문제만 더 맞혀 합격하는 것을 상상했다. 딱 한 문제를 더 맞히는 것을 목표로 생각하며 힘을 냈다. 모든 과목을 100점 받을 필요가 없다. 1등으로 합격할 필요도 없다. 불합격의 문 바로 앞에서 문을 닫고 합격하는 것이 내 목표였다.

인터넷 강의를 결제한 1월 9일 이후 일주일 동안 강사를 선택하고, 교재를 주문했다. 그러자 시험일인 6월 17일까지, 나에게는 5개월이라는 시간밖에 없었다. '이 많은 것을 언제 공부하지'라는 생각보다 '시험에 나올 만한 게 무엇일까' 하는 생각으로 공부했다. 나태해지려 하는 순간순간마다 54등보다 아주 조금만 더 공부하려고 노력했다.

공부를 할 때 지치지 않기 위해서 경쟁자를 구체적으로 떠올리면서 스스로 동기부여하는 것이 정말 중요했다. 접수 인원 1,431명 중 431명은 공무원 시험을 선택한 확고한 이유와 의지가 없는 공시생일 것이라 생각했다. 나머지 500명은 시험에 나오는 게 무엇일지 초점을 맞춰 집중하기보다는 처음부터 끝까지 아주 세세하게 공부하는 공시생일 것이다. 그렇다면 남은 500명만 이기면 된다.

공부를 열심히 해나가던 500명의 공시생도 반드시 슬럼프가 오고 게을러지기 마련이다. 이때 내가 만약 나태해지지 않고 슬럼프에 휘

둘리지 않는다면 500명 중 447명을 이기고 53등을 할 수 있을 것이라고 믿었다. 이런 식으로 구체적인 경쟁자 숫자와 상황을 머릿속에 그리는 것이 53등이라는 목표를 향해 나아가는 데에 큰 동기부여가 됐다.

시험은 절대평가가 아니라 상대평가이다. 100명 중 5명만 합격할 수 있다면 최소한 다섯 손가락 안에 꼽힐 정도로 공부해야 한다. 6등, 7등보다 집중하고 시간을 아끼면서 독하게 공부해야 합격할 수 있다. 오늘 100명이 공부했다면 100명 모두 나름대로 최선을 다해서 공부한다. 경쟁자를 염두에 두지 않고 나름대로 열심히 공부하는 것은 절대평가가 아닌 상대평가인 이 시험에 아무런 소용이 없다.

단 한 문제 차이로도 떨어지는 이 시험에서 다른 사람보다 탁월하게 공부하려고 노력해야만 합격할 수 있다. 오늘 공부를 조금 더 일찍 마무리하고 싶어질 때마다, 조금씩 게을러지려 할 때마다 스스로가 오늘 몇 등에 서 있을지 생각해보자. 모든 과목에서 100점을 받으려 애쓰고 1등으로 합격하려고 한다면 의욕이 너무 앞서서 금방 지칠 수 있다.

딱 한 문제만 더 맞히겠다는 의욕적인 마음가짐으로 공부하자. 꼴등으로 합격해도 된다. 나의 바로 뒤에 있는 경쟁자만 이기겠다고 구체적으로 동기부여하자. 그렇게 공부하면 지치지 않는다. 꼴등으로 합격하겠다는 구체적인 마음가짐으로 공부한 덕분에 5개월이라는 짧은 수험 기간에도 불구하고 100문제 중 딱 4문제만 틀리고 합격할 수 있었다.

공시청님! 저 합격할 것 같아요!
11개월 정도 공부했는데 불안할 때마다
공시청님은 5개월 만에 합격하셨잖아! 너도 공부 부족한 거 아니야 열심히 했어!
공부 기간 길다고 잘하는 거 아니야. 합격선에 들 만큼은 했어!
라고 마지막에 멘탈 관리를 했습니다!
꼴찌로 붙겠다는 공시청님의 말이 큰 도움이 되었어요. 감사합니다!

시험 당일을 상상하는 기분 관리법

수험 기간 중 가장 중요한 날은 시험 당일이다. 시험 전날까지 아무리 공부를 열심히 했어도 시험 당일에 무너지면 합격은 물거품이 되고 만다. 그렇게 하기 위해서는 평소에 시험 당일을 위한 기분 관리를 해야 한다. 시험 보는 날을 떠올리며 스스로의 기분을 잘 조절하는 연습을 해야 한다. 시험 당일 단 하루로 합격과 불합격이 갈릴 수 있기 때문이다.

내용이 어렵거나 암기할 부분이 너무 많아서 공부가 하기 싫다.
공부하려는데 잡생각이 들어서 딴짓하느라 시간을 허비했다.
가족과 싸우거나 뜻하지 않게 화나는 일이 생겨서 짜증이 난다.
몸이 좋지 않고 피곤해서 조금만 쉬고 싶다.

공부를 하다 보면 공부를 열심히 하겠다고 계획을 세우고 다짐을 해도 위의 문구처럼 하루에도 몇 번씩 기분이 오락가락하는 순간이 발생한다. 의지가 아무리 강한 사람도 열심히 공부하다 보면 지치기 마련이다. 목표를 향해 열심히 달리다 보면 몸과 마음이 힘들어져 원래의 다짐이 흐려지는 순간들이 생긴다. 이뿐만이 아니다. 스스로 감정 기복을 조절하며 기분을 관리하려 해도 통제할 수 없는 외부 상황들에 의해서 기분이 망가질 때도 있다.

좋지 않은 기분이 들 때 순간의 기분이 나의 하루 공부를 망치지 않도록 주의해야 한다. 시험 당일 합격과 불합격을 결정하는 마지막 요인은 바로 스스로의 기분을 관리할 수 있는 '자기 자신'이기 때문이다. 스스로의 기분 관리는 자기 자신만이 할 수 있고 혼자서 해내야만 하는 온전한 자신의 몫이다. 공부하는 매일매일 자신의 기분을 관리하는 연습을 해야만 시험 당일에도 최상의 컨디션으로 시험을 볼 수 있는 확률이 높아진다.

시험 당일에는 문제를 풀다가 막혀도 너무 어려워서 풀기 싫다며 그만둘 수 없다. 집중이 되지 않아도 딴짓을 하면서 시간을 허비할 수 없다. 옆자리에 있는 사람이 시험지를 너무 세게 넘기고 한숨을 쉬면서 시끄럽게 해도 짜증이 난다고 화를 낼 수 없다. 이뿐만 아니다. 시험 당일 예민한 기분으로 가족과 싸울 수도 있다. 아슬아슬하게 지각을 면하고 시험장에 도착해서 눈물이 핑 돌 수도 있다.

그러나 시험이 시작되면 지금 기분이 어떻든 최고의 집중력으로 100분 동안 100문제를 풀어내야 한다. 시험 전날 잠을 제대로 못 자서 피곤하고 머리가 아파도 주어진 시간 동안 최상의 컨디션으로 문제를 풀어야 한다. 독감에 걸려도 배탈이 나도 시험 당일에는 꾹 참고 시험문제를 풀 수밖에 없다. 그런데 평소 하루의 기분도 잘 조절할 수 없는 사람이었다면, 과연 시험 당일에 제대로 해낼 수 있을까?

그렇지 않다. 평소에 스스로의 기분을 다스리지 못했던 사람이라면 '이번 시험은 망했어!'라고 생각하며 점점 더 시험을 망칠 것이다. 딱 한 문제만 더 맞히면 합격할 수도 있었을 텐데 자포자기해버린 까닭에 맞힐 수 있는 문제도 놓칠 가능성이 농후하다. 기분이 좋지 않고 몸이 좋지 않아도, 조금 더 참고 인내력을 키우며 공부했던 사람만이 시험 당일 더 잘 버텨낼 수 있다.

시험을 준비하는 하루하루를 시험 당일인 것처럼 소중히 여기며 스스로의 기분을 관리하고 통제할 수 있다면, 기분에 따라 하루하루를 보내는 사람보다 반드시 더 빠르게 합격할 수 있다. 기분 관리를 위해서는 기분이 좋은 상태를 유지할 수 있도록 스스로를 자주 칭찬해줘야 한다.

아침에 정해진 시간 안에 책상 앞에 앉으면 스스로를 칭찬한다. 오전 공부 시간을 잘 보내면 점심을 먹으면서 스스로 부족한 점을 채우는 공부를 한 나 자신을 칭찬한다. 오후의 시간도 잘 보냈다면 저녁 식사를 하면서 스스로를 칭찬하고, 공부를 마무리하고 집에 돌아올 때도 정말 수고 많았다며 스스로를 칭찬하고 정말로 뿌듯해 하자.

열심히 공부하는 자신을 진심으로 칭찬하고 뿌듯해 하면서 공부를 이어가면 정말로 힘이 나고 기분이 좋아진다. 기분이 좋지 않은 상황이 발생해도 좋은 기분을 유지하고 있었기 때문에 감정의 폭이 급격하게 커지지 않는다. 버티기 힘들었던 순간에도 조금 더 참고 조금 더 공부하며 계획을 지켜낸 자신을 본다면 기분이 훨씬 좋아질 수 있다. 감정의 동요가 생길 때마다 '오늘이 시험을 보는 날이었다면 어떻게 마음을 다스려야 할까?' 하고 생각하면서 기분을 관리해나간다면, 시험 당일에 무슨 일이 생겨도 차분하게 시험에 집중할 수 있다.

하루를 이틀처럼 쓰는 법

5개월이라는 짧은 시간 동안 공부해 합격하기 위해서 하루를 이틀처럼 아껴 썼다. 불필요한 시간들을 줄이고 공부하는 시간을 늘려 하루를 이틀처럼 아껴 쓰면 5개월을 10개월처럼 쓸 수 있다. 6개월은 1년처럼, 1년은 2년처럼 쓸 수 있다. 공부할 시간이 너무 짧거나 부족하다고 걱정하지 말자. 자신의 하루를 아껴서 이틀처럼 쓴다면 더 빠르게 합격할 수 있다.

먼저 하루의 시간 중 공부할 시간을 빼앗아가는 불필요한 시간을 줄인다. 나는 원래 맨얼굴로 밖에 나가는 것을 싫어했다. 그러나 공부하는 시간을 늘리기 위해 화장을 하지 않고 머리도 만지지 않은 채 모자를 쓰고 독서실에 다녔다. 밖에 나갈 준비를 하기 위해 화장을 하고 머리를 만지면 보통 30분 정도가 소요되지만 꾸미는 것에 시간을 투자하지 않음으로써 30분 더 공부할 시간을 벌었다.

옷은 스티브 잡스처럼 편한 옷 2~3개를 번갈아 입고 다녔다. 입을 옷을 정해 놓았기 때문에 아침에 어떤 옷을 입을지 고민할 필요가 없었다. 제일 편한 옷 2~3개 중에 아무거나 입으면 옷을 입는 시간이 1분도 걸리지 않았다. 이렇게 하면 아침에 일어나서 세수하고 로션 바르고 옷을 갈아입고 나갈 준비를 하는 데 5분도 걸리지 않는다.

이동하는 시간을 아끼기 위해 집에서 5분 거리의 독서실에 다녔다. 매일 아침 9시까지 독서실에 도착해서 공부하는 것을 규칙으로 삼았다. 5분 거리 독서실에 다녔기 때문에, 아침 8시 50분에 일어나도 독서실에 9시 전까지 도착할 수 있었다. 독서실도 5분 거리고 준비를 하는 시간도 5분이 걸리지 않기 때문이다. 이렇게 불필요한 시간을 최대한 줄였기 때문에 공부할 수 있는 시간을 최소 1시간 이상 확보할 수 있었다.

평일 아침 9시부터 저녁 11시 20분까지 독서실에서 공부했다. 기본서 강의를 듣는 초반 한 달간은 11시 20분에 공부를 마치고 집에 와서 푹 쉬었다. 그러나 공부를 한 지 한 달이 지날 때쯤, 공부해야 하는 양이 전체적으로 파악됐을 때, 시간이 너무 부족하다는 생각이 들었다. 기본서 강의를 다 듣고 나서 기출을 풀어보니 스스로 내용을 정리할 시간이 필요했다. 압축 필기노트 강의를 추가적으로 들어야 할 과목들도 있었다. 강의를 들었어도 잘 기억이 나지 않는 부분도 있었고, 방대한 양을 다시 한 번 빠르게 정리해야 할 필요성을 느꼈기 때문이다.

기출을 풀어보면서 기본서 내용을 정리하는 시간에 압축 필기노트 강의를 들어야 하는 과목까지 추가하니 공부할 시간이 부족했다. 그래서 2~3개월 동안은 집에서 추가 공부를 더 해야 했다. 집에 와서 씻고 휴식을 취한 후 밤 12시부터 부족한 과목을 2~3시간 더 공부했다. 특히 한국사는 외울 양이 너무나 많았기 때문에 종종 새벽 3~4시까지도 공부를 했다. 그래도 아침에 일어나서 독서실에 가기까지 소요되는 시간이 10분 정도였기 때문에 새벽 공부가 가능했다.

공부 초반 몇 주간은 주말을 모두 쉬었다. 하지만 7일 중에 2일을 쉬는 것은 너무 많은 시간을 쉬는 것이라고 생각하게 되어 토요일에도 공부를 하고 일요일만 푹 쉬었다. 계획에 차질이 생겼던 시간을 보완하고 일주일의 공부를 총 마무리하는 시간으로 토요일을 활용했다. 시험이 다가올수록 절대적인 시간이 부족했기 때문에 나중에는 일요일에도 반나절만 쉬면서 공부할 시간을 확보했다.

불필요한 시간을 줄이는 것뿐만 아니라, 자투리 시간을 확보하는 것도 중요하다. 시간이 부족했기 때문에 책상에 앉아 있는 시간을 제외한 나머지 시간을 자투리 시간으로 최대한 확보해야 했다. 그래서 식사 시간 역시 효율적으로 활용했다. 하루의 많은 시간을 차지하는 것이 바로 아침, 점심, 저녁 식사 시간이다. 보통 1시간을 식사 시간으로 잡지만, 나는 30분으로 식사 시간을 줄였다.

아침은 독서실에서 초코파이를 먹거나 독서실 아래 편의점에서 삼각김밥을 사 먹는 등 간단하게 때웠다. 점심과 저녁은 집에서 먹었는데, 독서실에서 집까지 5분 거리이기 때문에 이동하는 시간을 제외하고 20분 동안 밥을 먹었다. 감사하게도 가족이 식사를 챙겨주셨기 때문에 차려진 밥을 빠르게 먹으면 실제 밥을 먹는 시간은 10분밖에 걸리지 않았다. 그래서 밥을 10분 만에 먹은 경우에는 공원 쪽으로 길을 돌아가면서 10분 동안 산책도 하고 햇볕을 쬐었다.

식사 시간을 30분으로 제한함으로써 1시간을 식사 시간으로 쓰는 다른 공시생들보다 공부할 시간을 2배 이상 확보할 수 있었다. 식사하기 30분 전마다 독서실에서 암기할 내용을 집중해서 외웠다. 그리고 식사를 하는 동안에는 못 외우거나 헷갈리는 부분을 외웠다. 30분 동안은 집중해서 암기하고, 제대로 못 외운 내용은 밥을 먹으면서 다시 보았기 때문에 암기하는 시간이 늘어지지 않게 효율적으로 공부할 수 있었다.

독서실에 앉아 있는 시간을 제외하고 그 외의 시간에는 항상 귀에 이어폰을 꽂고 기본 강의나 요약 강의를 들었다. 독서실과 집을 오갈 때도, 밤에 씻을 때도, 휴식을 취할 때도 BGM처럼 강의를 들었다. 특히 한국사와 행정법 과목은 내용이 방대해서 단기간에 흐름을 잡기에는 시간이 너무 부족했다. 그래서 자투리 시간을 활용해 압축 강의를 계속 반복해서 들으면서 내용에 익숙해지려 애썼다.

그러나 이렇게 하루를 이틀처럼 쓰면서 초집중 모드로 공부를 하다 보면 체력이 점점 떨어질 수밖에 없다. 불필요한 시간을 줄이고 효율적으로 시간을 쓰기 위해서 하루를 이틀처럼 아껴 쓰는 것은 굉장히 고통스럽다. 공부를 하다가 조금만 쉬고 싶다는 마음을 채찍질하기가 쉽지 않기 때문이다.

그래도 지금 이 순간을 잠깐씩만 참아 합격을 한다면, 내년에는 시간을 공부하는 데에 쓰지 않아도 된다는 생각으로 견뎌냈다. 시간이 너무 부족했기에 내가 할 수 있는 최대한의 노력이 하루를 이틀처럼 쓰는 것이었다. 더 빠르게 합격하고 싶다면 자신의 정신과 몸이 허락하는 한도 내에서 시간을 아껴 써야 한다. 하루를 이틀처럼 아껴 쓴다면 반드시 더 빠르게 합격할 수 있다.

'공부가 더 잘될 것 같다는 환상'에 빠지지 않는 법

"오늘은 독서실에서 공부하는 것보다, 내가 좋아하는 카페에서 공부를 하면 공부가 더 잘될 것 같아."

"오늘 쌀국수가 너무 먹고 싶은데, 먹고 오면 공부가 더 잘될 것 같아."

"허리가 뻐근한데, 집에 가서 편하게 누워서 공부하면 공부가 더 잘될 것 같아."

"새로운 펜이 너무 사고 싶어. 사면 공부가 더 잘될 것 같아."

"핸드폰 하면서 잠깐만 쉬면 공부가 더 잘될 것 같아."

짧은 시간 동안 최선의 성과를 얻으려면 내가 계획했던 공부의 일상을 지켜야 한다. 여기만 가면, 이것만 하면, 뭘 사면, 맛있는 것을 먹으면 등의 생각으로 공부하는 자리를 벗어나면 안 된다. 지금 공부하고 있는 자리를 벗어나면 공부가 더 잘될 것 같다는 생각은 모두 착각이다. 집중이 흐트러진 상태에서는 공부가 아닌 무언가를 하고 싶다는 욕구가 강해진다. 계속 참고 공부해야 하는 괴로움을 회피하기 위한 자기합리화에 속지 말자.

처음에 공부하기로 계획했던 장소를 벗어나면 이동하는 시간을 버릴 뿐만 아니라, 예기치 않은 순간들이 발생해서 시간을 빼앗긴다. 가려 했던 장소에 도착해서 대기해야 하거나 허탕을 치고 돌아올 수도 있다. 공부에 필요한 준비물들을 빠뜨려 맥이 빠지는 상황이 발생할 수도 있다. 이렇게 버린 한두 시간은 기분과 집중력을 안 좋게 하고 하루 공부에 영향을 미친다. 하루가 흔들리면 다음 날의 계획이나 리듬이 망가진다. 순간의 유혹을 참지 못한 후회가 커진다.

사람의 마음은 유약해서 한두 시간을 날리면 하루를 망치게 되고, 하루를 망치면 다음 날 공부를 하러 오기 싫고, 이틀의 집중이 깨지면 일주일을 버리게 된다. 이는 곧 슬럼프로 이어지기 쉽다. 그러니 나의 책상을 지켜야 한다. 회피하고 싶은 순간 내가 지금 앉아 있는 이 자리를 지키는 인내가 나의 사명이라고 생각하고 정해진 시간까지 자리를 사수해야 한다. 그렇게 지킨 하루가 단기 합격을 만든다.

일상 공부의 흐름에서 벗어나 뭔가 추가로 하고 싶을 땐 쉬는 시간이나 식사하는 시간을 쪼개서 쓰거나, 휴일을 활용해야 한다. 내가 정한 수험 기간에서 최우선 순위는 공부를 하는 것이고 그 외 나머지 일들은 모두 미뤄야 한다. 공부하는 것을 미루는 순간 합격도 미뤄진다. 한 문제 차이로 떨어지는 시험이라는 것은 합격할 정도의 점수를 받는 사람이 많다는 뜻이다. 이 사람들 중에서 공부 외의 것을 최

대한 미루고 자신의 하루 공부 시간을 지킨 사람이 더 빠르게 합격할
수 있다.

고통을 이기며 공부하기

공부를 하는 동안 몸이 힘들고 고통스러운 순간은 반드시 찾아온
다. 그럴 때마다 힘들고 고통스럽다는 이유로 공부를 미루면 합격의
가능성도 그만큼 뒤로 간다. 힘든 순간을 회피하기보다는 참고 공부
를 계속할 수 있는 방법을 찾으면, 힘들 때 포기한 공시생들보다 반
드시 더 빠르게 합격할 수 있다.

책상에 오랜 시간 앉아서 공부하니 어깨와 허리가 너무 많이 아팠
다. 책상에 앉아서 공부하는 시간이 길어질수록 어깨도 뭉쳤고 허리
통증도 앉아 있기 힘들 정도로 심해졌다. 그렇다고 아플 때마다 쉴
수는 없었기에 다른 방법을 찾아야 했다. 누워 있고 싶을 정도로 허
리가 아플 때는 독서실 자리에서 무릎을 꿇고 공부했다. 무릎을 꿇고
30분만 공부하면 허리보다 무릎이 더 아파서 다시 앉아서 공부할 수
있었다. 그래도 다시 허리가 아플 때는 서서 공부하거나 책에 시선을
두고 스트레칭을 하면서 공부했다.

운동을 다니는 시간을 따로 빼야 하나 고민했지만, 운동을 다니기
엔 이동 시간도 걸리고 주의가 흐트러질까 봐 걱정이 되었다. 그래서
점심이나 저녁 시간에 식사를 하러 집에 갈 때, 계단으로 올라가는

것으로 운동을 대신했다. 독서실에서 공부하기로 정한 시간만큼은 무슨 일이 있어도 독서실을 떠나지 않고 공부하려 애썼다. 집에서 추가적으로 공부할 때는 침대에 엎드리거나 누워서 책을 보았다. 어떻게든 허리가 아파도 해야 할 공부를 계속할 수 있는 방법을 찾았다. 그러면 오늘 고통스러워서 공부를 끝내고 책상을 떠난 100명의 공시생들을 이길 수 있다고 생각했다.

열심히 공부하다 보니 체력이 떨어져 지치는 것을 느꼈다. 그래서 체력을 보충하기 위해 영양제로 눈에 좋다는 루테인과 피로회복에 좋다는 종합비타민을 챙겨 먹었다. 단백질 섭취를 충분히 하기 위해서 주말에는 고기를 먹거나 영양가 있고 맛있는 음식을 챙겨 먹었다.

나는 생리통이 매우 심한 편이다. 복통은 물론, 구토를 하기도 할 정도로 많이 심하다. 그래도 배가 아플 때 집에 가지 않고 진통제를 먹으면서 공부했다. 생리를 시작할 때쯤 미리 약을 먹으면서 너무 아파서 공부를 못하지 않도록 관리했다.

5개월 동안 무슨 일이 있어도 독서실에서 정해진 시간을 지키기로 다짐했는데, 생리통이 너무 심한 날에 꾹꾹 참다가 딱 한 번 낮에 집에 돌아온 적이 있었다. 어쩔 수 없는 이유로 이렇게 시간을 낭비하는 경우가 생기는 게 너무 아까웠다. 그래서 아파서 침대에서 데굴데굴하는 와중에도 인강을 들었다.

새벽 공부를 늦게까지 해서 다음 날 너무 졸려서 커피로도 잠을 깰 수 없을 때가 있었다. 너무 졸린 날에는 낮잠을 15분 정도 자는 것이 더 효율적이라서 낮잠을 자면서 컨디션을 관리했다. 집에서 점심

식사를 하고 방 침대에서 잠을 자면 훨씬 더 편하게 잘 수 있지만, 일어나는 것이 더 힘들까 봐 독서실 책상에 엎드려 잠깐 눈을 붙이면서 피로를 회복했다.

낮잠을 자고 나서도 너무 졸려서 정신을 차릴 수 없을 때는 신맛이 강한 사탕을 먹었다. 사탕을 여러 개 집어서 입에 넣고 씹어 먹으면서 공부를 하면 잠이 달아났다. 너무 졸린 날은 입천장이 까질 정도로 신 캔디를 계속 먹어서 피맛이 느껴졌지만 어쨌든 잠을 쫓고 공부를 할 수 있었다.

공부를 하다 보면 아프다는 핑계로, 피곤하다는 핑계로 간절히 책상을 벗어나고 싶을 때가 찾아온다. 조금만 참고 더 공부할 수 있는 방법을 찾으면 합격에 더 가까워질 수 있다.

물론 너무 몸을 혹사하는 것을 추천하지는 않는다. 어깨와 허리가 아프면 장기적으로 공부하기가 더 힘들기 때문에 운동을 하거나 물리치료를 받는 것이 좋다. 병원에 가야 할 일이 생기면 병을 키우지 말고 제때 가는 것이 더 좋다. 너무 힘들면 하루를 푹 쉬고 가벼워진 몸으로 다음 날에 집중해서 공부하는 게 더 효율적일 수도 있다.

자신이 견뎌낼 수 있을 정도의 선을 정해야 한다. 당장 하기가 싫고 몸이 조금 힘들어서 핑계를 대는 것인지 정말 참을 수 없는 상황인지는 스스로만이 알 수 있다. 조금 힘들다고 바로 책상을 박차고 집에 가지 말고 스스로 최선을 다해 더 공부할 수 있는 방법을 찾아내는 것이 중요하다.

쉬는 시간 낭비 방지법

　인강을 듣거나 공부를 하다가 잠시 쉬는 시간을 가질 때도 공부와 관련된 내용으로 휴식을 취했다. 5분, 10분 잠깐 쉴 때 공무원 카페에서 사람들이 올린 하루 공부 일지와 다짐을 보았다. 다른 공시생들이 공부 계획을 성실하게 지키려고 노력한 공부 일지를 보면 동기부여가 많이 됐다. 힘들어도 참아낸 인내심과 합격을 향한 절실함, 하루를 잘 지켜냈다는 뿌듯함이 모두 들어 있었기 때문이다. 그런 글을 보면 내 옆에 누군가가 함께 공부하며 위로를 해준다는 느낌을 받아서 힘이 났다. 또 한편으로는 다른 공시생들도 나만큼 공부를 열심히 하고 있다는 자극도 받을 수 있었다.

　하루 공부를 다 마치고 집에서 쉴 때나 주말에 휴식시간을 가질 때를 제외하고는 평일의 일상 속에서 공부 의지나 초점이 흐려지지 않도록 노력했다. 공부를 하다가 잠깐 쉬면서 머리를 식힐 겸 핸드폰으로 게임을 하거나, 유튜브로 재미있는 동영상을 보거나, 인터넷 서핑을 하다 보면 처음 쉬려고 했던 10분이 아닌 20~30분이 금방 가는 것을 누구나 경험해보았을 것이다. 10분을 쉬려다가 20~30분을 쉬게 되면 금방 또 1시간을 놀게 된다.

　사람은 누구나 유혹에 쉽게 흔들리기에 시간 낭비를 하게 만들 수 있는 요인들을 사전에 차단해야 한다. 그래서 나는 아래 예시처럼 어떤 행동을 해서 시간을 날리게 되는 경험을 했을 때 다음부터는 절대로 같은 행동을 반복하지 않도록 제어장치를 적어 놓았다.

• 잠깐 쉴 때 핸드폰을 해서 1~2시간을 날린다.

→ 쉴 때 절대로 공부와 관련이 없는 사이트에 들어가지 않는다.

→ 핸드폰을 할 때는 화장실이나 휴게실에서 정해진 시간 동안만 잠깐 하고 책상으로 돌아온다.

• 몸이 너무 피곤해서 집에 와서 잠깐 쉬려다가 반나절을 날린다.

→ 목표량을 마치지 않고서는 절대로 쉬기 위해 집에 오지 않는다.

→ 비타민 음료를 마시거나 스트레칭을 하는 등 책상 앞에서 피로를 달랠 수 있는 방법을 찾는다.

• 먹고 싶은 것이 생겨서 먹으러 가거나 공부에 필요한 학용품을 사러 가다가 반나절을 날린다.

→ 시간이 추가적으로 소요되어 일상 공부 리듬을 깨뜨리는 일은 하지 않도록 참는다. 공부하는 것을 지금 미루지 말고, 다른 것을 주말 쉬는 시간에 하는 것으로 미룬다.

몸이 편한 것을 찾을수록, 하고 싶은 것을 마음대로 할수록 나중에는 자신의 계획을 지키지 못했다는 자괴감이 커진다. 자신이 계획했었던 공부를 하지 못하면 의지가 약하다며 자신을 스스로 비하하게 된다. 자기비하는 곧 슬럼프로 연결되어 잠깐의 행동에 커다란 시간을 낭비하게 된다. 시간 낭비를 만드는 요인들을 발견하면 주의깊게 인식하고 다시는 그런 행동을 반복하지 않도록 차단하라. 시간낭비 요소를 줄일 수 있는 제어장치가 있는 사람은 그렇지 않은 사람보다 더 빠르게 합격할 수 있다.

슬럼프 방지 하루 지키기

슬럼프는 반드시 온다. 슬럼프는 설렁설렁 공부한 사람에게도 오고 독하게 아주 열심히 공부한 사람에게도 온다. 전자는 남들만큼 열심히 하지 못했다는 불안감에 슬럼프가 오고, 후자는 목표를 향해 독하게 달려가는 것이 아주 힘들기 때문에 슬럼프가 온다. 그리고 슬럼프는 한 번이 아니라 여러 번 온다. 매일 공부를 열심히 하는 것은 정말 힘들기 때문에 지치는 마음이 드는 것이 당연하다. 슬럼프는 반드시 오고 여러 번 올 수 있기 때문에 슬럼프가 오는 순간을 대비해야 한다.

슬럼프는 한마디로 공부를 하고 싶지 않은 마음이 지속되는 것이다. 보통 시험에서 합격할 가능성이 없겠다는 마음이 고개를 들 때 슬럼프가 시작된다. 공부를 해도 성적이 오르지 않는 것 같다거나, 시험은 다가오는데 공부해야 할 양이 너무 많다거나, 처음 의지와 다르게 게을러지는 마음이 생기면 슬럼프가 오기 쉽다. 그럴 때는 목표를 단순하게 설정하는 것이 도움이 된다. 공부해야 할 양을 걱정하거나 성적이 오르지 않는 것에 좌절하면서 감정 소모를 하지 말자.

목표를 단순하게 설정하고 이를 시각화해서 체크하는 '하루를 지키는 달력 체크법'이 큰 도움이 되었다. 현재나 미래를 걱정하지 말고 그저 달력을 체크하면서 하루하루를 열심히 공부하면서 잘 보내면 된다. 먼저 종이에 현재부터 시험일까지 날짜가 적힌 달력을 한눈에 볼 수 있도록 인쇄한다. 그리고 매일 공부를 마친 다음에 달력에 오늘 하루를 평가하는 체크를 한다.

아침에 일어나서 책상에 앉는 시간과 공부를 마치는 시간을 지키며 공부 원칙대로 제대로 공부한 날에는 동그라미 표시를, 제대로는 못했다고 생각되지만 그래도 책상 앞을 끝까지 지키며 공부한 날은 세모 표시를, 제대로 공부하지 못한 날은 엑스 표시를 한다. 시험 전날까지의 수험 기간 동안 동그라미, 세모, 엑스 표시를 각각 몇 개로 한정할지 정한다. 나는 세모가 3개, 엑스가 2개를 초과하면 합격하지 못해도 억울해하지 않겠다고 생각했다.

아프거나 정말 너무 힘이 들어서 제대로 공부하지 못하고 세모나 엑스 표시를 하는 하루를 보낼 수도 있다. 사람이므로 어쩔 수 없이 하루를 지키지 못하는 순간이 올 수도 있다. 그럴 때는 쉬기로 정한 휴일에 추가 공부를 해서 세모나 엑스 표시를 동그라미 표시로 만들면 된다. 공부를 제대로 하지 못한 시간만큼 휴일에 추가 공부를 하면 되는 것이다. 쉬기로 한 시간에 계획을 제대로 지키지 못했던 평일 하루를 보완하면, 계획의 구멍들을 막을 수 있다. 이렇게 하루하루를 지켜가려고 노력하면 슬럼프에 빠지는 것을 방지할 수 있다.

슬럼프에 빠져 며칠, 몇 주를 날리지 않기 위해서는 하루를 지켜야 한다. 하루에 잠깐 핸드폰을 하다가 30분을 버리면 그 30분 때문에 한두 시간을 쉽게 날리고 그 몇 시간으로 인해 하루를 날릴 수 있다. 그 하루는 내일로 이어져 일주일의 공부를 망치기 쉽다. 공부 흐름을 잃게 되면 슬럼프의 늪에 빠지게 된다.

아주 단순하게 오늘 하루만 열심히 보내려고 노력하자. 오늘 하루

2021

목표 ○   △ 4   ✕ 3

10 OCTOBER

S	M	T	W	T	F	S
					1	2
3	4	5	6	7	8	9
10	11	12	13	14	15	16
17	18	19	20	21	22	23
24	25	26	27	28	29	30
31						

11 NOVEMBER

S	M	T	W	T	F	S
	1	2	3	4	5	6
7	8	9	10	11	12	13
14	15	16	17	18	19	20
21	22	23	24	25	26	27
28	29	30				

12 DECEMBER

S	M	T	W	T	F	S
			1	2	3	4
5	6	7	8	9	10	11
12	13	14	15	16	17	18
19	20	21	22	23	24	25
26	27	28	29	30	31	

2022

1 JANUARY

S	M	T	W	T	F	S
						1
2	3	4	5	6	7	8
9	10	11	12	13	14	15
16	17	18	19	20	21	22
23	24	25	26	27	28	29
30	31					

2 FEBRUARY

S	M	T	W	T	F	S
		1	2	3	4	5
6	7	8	9	10	11	12
13	14	15	16	17	18	19
20	21	22	23	24	25	26
27	28					

3 MARCH

S	M	T	W	T	F	S
		1	2	3	4	5
6	7	8	9	10	11	12
13	14	15	16	17	18	19
20	21	22	23	24	25	26
27	28	29	30	31		

4 APRIL

S	M	T	W	T	F	S
					1	2
3	4	5	6	7	8	9
10	11	12	13	14	15	16
17	18	19	20	21	22	23
24	25	26	27	28	29	30

5 MAY

S	M	T	W	T	F	S
1	2	3	4	5	6	7
8	9	10	11	12	13	14
15	16	17	18	19	20	21
22	23	24	25	26	27	28
29	30	31				

6 JUNE

S	M	T	W	T	F	S
			1	2	3	4
5	6	7	8	9	☆	11
12	13	14	15	16	17	18
19	20	21	22	23	24	25
26	27	28	29	30		

시험일

7 JULY

S	M	T	W	T	F	S
					1	2
3	4	5	6	7	8	9
10	11	12	13	14	15	16
17	18	19	20	21	22	23
24	25	26	27	28	29	30
31						

8 AUGUST

S	M	T	W	T	F	S
	1	2	3	4	5	6
7	8	9	10	11	12	13
14	15	16	17	18	19	20
21	22	23	24	25	26	27
28	29	30	31			

9 SEPTEMBER

S	M	T	W	T	F	S
				1	2	3
4	5	6	7	8	9	10
11	12	13	14	15	16	17
18	19	20	21	22	23	24
25	26	27	28	29	30	

10 OCTOBER

S	M	T	W	T	F	S
						1
2	3	4	5	6	7	8
9	10	11	12	13	14	15
16	17	18	19	20	21	22
23	24	25	26	27	28	29
30	31					

11 NOVEMBER

S	M	T	W	T	F	S
		1	2	3	4	5
6	7	8	9	10	11	12
13	14	15	16	17	18	19
20	21	22	23	24	25	26
27	28	29	30			

12 DECEMBER

S	M	T	W	T	F	S
				1	2	3
4	5	6	7	8	9	10
11	12	13	14	15	16	17
18	19	20	21	22	23	24
25	26	27	28	29	30	31

를 제대로 보내지 못했다면 이번 주 쉬는 날에 만회하면 된다. 너무 많은 걱정이나 좌절로 스스로를 지치게 하지 말자. 단순하게 오늘 하루만 열심히 보낸다면 슬럼프는 막을 수 있다.

하루를 제대로 지키는 것도 중요하지만 슬럼프를 방지할 수 있도록 보완장치도 마련해야 한다. 첫째로 스트레스를 충분히 풀 수 있는 시간을 갖는다. 휴식을 취하기로 한 날에는 일주일 동안 쌓인 스트레스를 날릴 수 있는 시간을 갖는 것이 좋다. 나는 스트레스를 풀기 위해 맛있는 것을 먹거나 공원에서 산책을 하거나 운동을 했다. 공부할 때 사용할 펜이나 노트, 메모지를 사러 가는 것으로 스트레스를 풀기도 했다.

그렇다고 해서 체력적으로 부담될 정도로 멀리 놀러 가거나 술을 많이 마시는 등 다음 날의 공부에 나쁜 영향을 미칠 수 있는 행동은 하지 않았다. 스트레스를 푸는 시간은 공부를 다시 시작하기 위한 에너지를 얻기 위한 시간이지 공부에 방해되는 행동을 해도 되는 시간이 아니기 때문이다. 그래서 수험 기간 동안 친구 만나기를 비롯한 외부 약속은 모두 포기했다. 외부 사람들을 만나면 공부 이외의 것에 마음을 뺏길 가능성이 크기 때문이다. 공부에만 집중하기도 바쁜데, 마음에 다른 갈등이나 걱정거리가 생기는 것을 원하지 않았다. 주로 가족과 시간을 보내거나 혼자만의 시간을 가지면서 스트레스를 풀었다.

두 번째로 스스로 동기부여할 수 있는 것들을 많이 찾아보았다. 단기 합격자들의 합격 후기나 자극을 주는 글귀, 영상들을 의지가 약해질 때마다 보았다. 특히 민준호 선생님의 카페가 슬럼프를 대비하는 데 굉장히 도움이 되었다. 잠자기 전마다 민준호 선생님 카페에 들어가 선생님이 올린 글을 보면서 많은 위로를 받았다. 다른 공시생들이 올린 공부 다짐들도 보면서 나의 의지를 굳게 다질 수 있었다. 전효진 선생님의 동기부여 영상도 자주 보며 마음을 다독였다.

세 번째로 정말 공부가 되지 않아서 슬럼프가 올 것 같은 날에는 좋아하는 음악을 들었다. 정말로 공부가 하기 싫은 날이 있다. 이럴 때는 생각을 하기도 싫고 눈으로 책을 읽는 것도 싫고 책장을 넘기기도 싫다. 이렇게 마비가 된 것처럼 정말로 공부를 하기 싫은 순간이 오면 음악을 듣는 것이 정말 효과적이다.

공부를 하기 싫어도 노래를 들으면서 책에 줄을 치다 보면 어느 순간 다시 공부에 집중할 수 있다. 공부를 해야 한다고 생각하지 않고 노래를 듣는다고 생각하면서 책을 보다 보면 자연스레 머리에 공부할 내용이 들어오기 시작한다. 공부하기 싫었던 마음이 나도 모르게 없어지게 되는 것이다. 그러나 시험 당일에는 집중이 안 되어도 음악을 들으면서 시험을 칠 수 없기 때문에 평소에는 음악을 듣지 않고 공부했다. 정말로 공부가 되지 않는 날만 좋아하는 음악을 들으면서 공부함으로써 슬럼프에 빠지지 않도록 나를 달랬다.

운을 붙잡는 합격 주문

시험에 합격하는 것은 운일까? 운이 좋아서 합격했다는 말을 심심치 않게 들을 수 있다. 그렇다면 공무원 시험은 관운이 있으면 붙고 그렇지 않으면 불합격하는 시험일까? 미리 정해진 행운으로 합격과 불합격이 결정된다면 우리는 운에 대해서 조금도 신경을 쓰지 않아도 된다. 노력으로 바꿀 수 없기 때문이다.

다른 지역에서는 불합격할 점수인데 연고지에서는 합격권의 점수라서 시험에 붙었다거나, 답을 찍었는데 정답이어서 합격했다거나, 딱 한 문제 차이로 아깝게 떨어졌다는 등의 운은 우리가 통제하기 어렵다. 이러한 운은 우리가 어쩔 수 없다.

어찌할 수 없는 운은 머릿속에서 지워버려야 불안한 마음과 조급함 없이 공부에 집중할 수 있다. 바꿀 수 없는 것에 얽매이지 않고, 현실 속에서 자신이 할 수 있는 최선을 다해서 공부에 집중하는 것이야말로 시간을 아낄 수 있는 행운이라고 생각한다. 공부를 하면서 내가 외우지 못한 한자가 나오면 어떡하지, 헷갈려 하는 파트가 나오면 어떡하지, 처음 보는 지엽적인 암기 문제가 출제되면 어떡하지 하면서 걱정하면 점점 불안해진다.

걱정은 집중력을 해치고 그렇게 날린 시간들이 쌓여 하루의 공부를 망치게 만든다. 그래서 초조하고 불안한 생각이 문득 들 때마다 나 자신을 잡을 수 있는 믿음이 필요했다. 운으로 합격하기를 간절히 기도하는 마음보다 스스로를 믿으며 합격에 대한 확신을 갖는 것이 합격할 가능성을 더 높일 수 있다고 생각했기 때문이다. 그래서 나의 마음을 다잡을 수 있도록 마인드 컨트롤 문장을 만들었고 불안한 마음이 들 때마다 보았다. 나를 다독여준 주문은 아래와 같다.

나는 슈퍼파워입니다. 출제자님 나랑 만나요. 나는 알아야 할 것을 정확하게 아는 것을 목적으로 공부하겠습니다. 그러기 위해서 나의 약점을 보완하는 방법으로 공부하겠습니다. 이외에 남은 부분은 겸손한 마음으로 하나님께 드리겠습니다. 하나님 저는 의심은 하나님께 드리겠습니다. 대신 저는 제가 해야 하는 공부를 하면서 즐겁고 감사하며 멋지게 해내겠습니다.

시험이 끝나고 보니 유치하게 느껴지기도 했지만, 이 주문의 효과는 강력했다. 공부를 하다 보면 누구나 처음의 의지가 꺾이고 감정적으로 약해지기 마련이다. 그러나 이렇게 스스로를 다독이는 주문을 만들어 놓고 잡생각이 들고 불안할 때마다 읽으면 마음을 다잡는 데 큰 효과가 있다. 시간은 부족한데 공부할 양이 너무 많아 책에 압도될 때도 마음을 추스르며 공부를 시작할 수 있도록 도움을 준다. 공부는 안 되고 조급한 마음만 커지는 상황에서 자신을 다스릴 수 있다.

시험장에서는 혼자 시험 시간을 버텨내야 한다. 자신을 위로해주는 가족이나 친구들도 없고 힘내라고 자극을 주는 선생님도 없다. 오롯이 혼자서 감정을 조절하며 집중해야 한다. 스스로 주문을 외우며 다짐했던 시간들이 쌓이면 그 외로운 싸움에서 잘 견뎌낼 수 있다. 주문을 만든 방법은 아래와 같다. 자신에 맞게 변용해서 스스로를 다독일 수 있는 주문을 만들고 흔들릴 때마다 본다면 처음의 다짐과 의지를 되새길 수 있을 것이다.

1. 나를 긍정적이고 힘있는 단어로 표현한다.
2. 시험 보는 것을 두려운 마음 대신 긴장을 완화한 문장으로 표현한다.
3. 나의 공부 방향성과 공부 방법을 명확히 표현한다.
4. 나의 노력으로 바꿀 수 없는 것들에 대해 인정한다.
5. 긍정적인 단어로 공부하는 것을 표현한다.

우리가 바랄 수 있는 운은 하나다. '열심히 공부한 내용들을 시험장에서 떨지 않고 모두 풀어놓고 오는 것'이다. 노력했던 만큼 아쉬움 없이 쏟아 내고 후회 없이 시험장을 나올 수 있도록 철저히 준비하는 것이 우리가 붙잡을 수 있는 운이다. 그 외의 운들에 대해서 생각하고 걱정하는 것은 공부 시간을 뺏기는 소모적인 일이다. 사람의 힘으로 어찌할 수 없는 운에 대해서 걱정하기보다 현재에 집중해서 공부하는 사람이 더 빠르게 합격할 수 있다.

합격을 가르는 최종 마무리
순간을 대비한다

1개월 전: 합격과 불합격의 결정

이 책을 읽는 공시생들에게 약속할 수 있다. 시험 한 달 전이 합격과 불합격을 가르는 가장 큰 시간이라는 것을. 1년 동안 아무리 열심히 공부해도 막판 1개월을 날리면 모든 것이 무너진다. 너무 당연한 소리인가? 그렇다. 너무 당연한 말이다. 그러나 그때의 심리 상태를 예상하는 것은 다른 이야기다. 초시생들은 상상하지 못한다. 시험 한 달 전에는 공부가 정말 잘되지 않는다. 걱정이 몰려오고 눈물이 흐르고 손에 아무것도 잡히지 않는다. 그때를 상상하며 준비하자. 그때를 버티면 합격의 문이 보일 것이다.

내가 시험 직전 유튜브에 올렸던 멘탈 관리 영상들에는 무너지지 않으려 간절하게 노력하는 수험생들의 댓글이 달려 있다. 시험 1개월 전에는 모든 공시생들이 무너지기 쉽다. 그러므로 이때를 버텨서 공부한 것을 잘 정리하면 합격할 수 있는 가능성이 정말 크게 올라간다. 시험 전에 올렸던 영상들의 댓글을 찾아보면 지금 너무 힘들다고, 무너지고 있다고, 울고 있다고 얘기하는 공시생들의 댓글이 정말 많다. 정말 열심히 공부한 사람도 시험이 다가오면 멘탈 관리를 하기가 쉽지 않다.

특히 시험 당일의 이미지 트레이닝, 마인드 컨트롤은 정말 중요하다. 유튜브에 올렸던 이미지 트레이닝 영상 덕분에 합격에 큰 도움을 받았다는 댓글이 많다. 시험 전날 잠을 거의 못 잤는데도 마인드 컨트롤 영상 덕분에 마음을 잡아 필기 점수를 잘 받았다는 합격생도 있었고, '시험 전에 이 영상을 봤으면 정말 좋았을 텐데' 하고 마인드 컨트롤을 못 한 것에 아쉬움의 댓글을 남긴 불합격생도 있다.

시험 날을 생각하며 이미지 트레이닝을 하면 시험 날 컨디션을 최상으로 끌어올릴 수 있다. 시험 전날 잠을 2~3시간밖에 못 자도 상관없다. 시험에 너무 어려운 문제가 나와서 당황스러워도 상관없다. 합격을 가르는 최종 마무리 순간을 대비하는 것으로 합격의 마침표를 찍기 바란다. 시험 당일을 제대로 버티지 못하면 모든 노력이 물거품이 되기 때문이다.

국가직과 지방직 사이가 기회

시험일이 가까워질수록 설레고 기대되는 공시생이 많을까? 시험을 볼 생각에 신나고 기분이 좋아지는 공시생은 거의 없을 것이다. 시험이 다가올수록 중압감 때문에 슬럼프에 빠지기 쉽다. 특히 6월 지방직 시험을 목표로 하면서 4월에 있는 국가직 시험도 함께 보는 공시생은 마음 관리에 각별히 신경을 써야 한다.

인터넷 강의 선생님들이 국가직 시험을 언급할 때 항상 "국가직 이후 무너지면 망한다!"라고 말한다. 6월 시험을 두 달가량 앞둔 국가직 시험에서 생각했던 점수를 얻지 못하면 실망감에 슬럼프에 빠지기 쉽다. 국가직 시험 점수를 자신의 최대치라고 생각하면서 슬럼프에 빠지면, 지방직까지 남은 두 달의 소중한 시간을 버리게 된다.

그래서 나는 국가직 시험을 보기 전에 노트에 '국가직 시험을 대하는 다짐'을 적었다. 점수가 안 좋게 나오거나 어떤 실수를 하든지에 상관없이 절대 실망하지 않겠다고 자신과 약속했다. 인터넷으로 국가직 난이도에 대한 반응이나 다른 공시생들이 올리는 점수들을 보면서 시간 낭비하지 않기로 결심했다. 나의 목표는 지방직 시험이었기 때문이다. 그래서 국가직 시험 결과가 어떻든 국가직 이후부터 앞만 보고 달리겠다고 약속했다.

국가직 시험에서 안정적으로 합격할 수 있는 점수가 나오지 않았다면 당장 마음을 추스르고 다음 시험을 준비하는 것이 현명하다. 다른 공시생들이 과목별 점수에 일희일비하며 마음이 산만해졌을 때가 기회다. 다가올 시험만을 생각하면서 막판 스퍼트를 해야 한다. 국가직 이후가 가장 중요한 시점이기 때문이다.

겨우 두 달밖에 남지 않은 시간이라고 느낄 수도 있겠지만, 수험기간 후반부의 시간은 초반부의 시간과는 질적으로 차원이 다르다. 후반부로 갈수록 공부량이 쌓여서 같은 시간 동안 훨씬 많은 양을 볼 수 있고 실력도 쑥쑥 늘 수 있기 때문이다.

나는 국가직 이후 집중해서 한 시간을 공부할 때마다 다른 공시생 10명씩을 제칠 수 있다고 생각했다. 국가직 시험을 잘 본 사람은 기뻐서 마음이 싱숭생숭할 테고 망친 사람은 좌절하고 있을 것이기 때문이다. 그러나 이렇게 다짐을 했어도 나 역시 마음에 동요가 있었다. 절대로 시험 점수에 흔들리지 않겠다고 약속했지만 틀린 문제에 매우 상심했다.

국가직 시험에서 평균 70점 정도 받아야 지방직 시험에서 승산이 있겠다고 생각했는데 채점을 할수록 암담해졌다. 그래서 국가직 점수를 계산하기를 포기했다. 나중에 점수가 공개됐을 때 확인하지도 않았다. 채점 대신 문제를 분석하며 취약한 부분을 다시 체크하고 부족한 부분을 채워가는 시간을 가졌다. 국가직 시험지를 다시 보며 실수로 틀렸던 문제에 감사했다. 이 실수를 기억해서 지방직 시험에서는 같은 실수를 반복하지 않으면 되기 때문이다.

국가직 이후 마인드 컨트롤을 해서 무너지지 않았고, 남은 기간 최선을 다해 공부했기 때문에 짧은 수험 기간임에도 합격할 수 있었다. 1년을 넘게 공부했어도 시험 전 두 달 동안 마무리 공부에 집중하지 못하면 시험에서 좋은 결과를 얻을 수 없다는 것을 반드시 기억해야 한다. 시험이 다가올수록 집중하기 정말 힘들다. 마지막 시간을 잘 인내한다면 1년 더 공부하지 않아도 된다는 생각으로 최선을 다하자.

> 후.. 저도 진짜 혼돈의 카오스ㅠ 국가직 전까지는 진짜 열심히 했는데 국가직 시험 망해버리고 나니까 기운 쫙 빠지면서 지방직 공부할 힘이 없어지더라구요... 억지로 꾸역꾸역하고는 있는데 집중도 못 하고 계속 핸드폰 보고 진짜 미쳤나 봐요ㅠㅠ 마음이 콩밭에 가 있는 느낌ㅠㅠ

시험 당일 오전의 중요성

시험 당일 오전에 보는 내용에서 시험문제가 나온다. 시험에 자주 출제되는 중요한 내용을 마지막에 정리해서 보는 시간이기 때문이다. 특히 자주 헷갈렸던 부분을 시험 직전에 봤다면 내용이 생생하게 기억나서 시험에 출제되었을 때 정답을 고르기 쉽다. 아무리 외워도 양이 너무 많아 잘 기억하기 힘들었던 부분도, 아침에 1분이라도 보면 시험에 나왔을 때 기억해낼 수 있는 확률이 올라간다. 그래서 시험 당일 오전에 2~3시간 정도 공부할 수 있는 시간을 확보하는 것이 매우 중요하다.

시험 당일 아침 2~3시간 동안에는 공부했던 내용을 마지막으로 차분하게 정리하는 시간을 가져야 한다. 시험 당일에는 긴장을 많이 하게 되어서 평소에 알던 것도 기억이 잘 나지 않을 수 있기 때문이다. 시험 보기 직전에 평소에 문제를 풀 때 실수했던 패턴들을 살펴보면서 같은 실수를 시험에서 반복하지 않도록 주의한다.

문제에서 함정으로 자주 나왔던 내용들도 다시 눈여겨보면서, 시험에서 비슷하게 출제된다면 꼭 맞힐 수 있도록 체크하자. 나는 시험 당일 오전에 마지막으로 공부했던 내용들 덕분에 세 문제 정도를 더 맞힐 수 있었다. 시험 직전의 시간을 정말 귀하게 활용하면 문제를 더 맞혀 합격에 가까워질 수 있는 확률을 높일 수 있다. 내 영상을 본 한 합격생도 헷갈렸던 영어 단어를 마지막에 봤는데 그 단어가 시험에 나왔다고 했다. 정말 그렇다. 시험 당일 아침에 보는 내용에서 문제가 정말 많이 나온다.

그러기 위해서 시험 한 달 전에는 실제로 시험을 보는 시간을 대비하여 일찍 일어나야 한다. 나는 시험 당일 아침 2~3시간을 확보하기 위해서 한 달 전부터 기상 시간을 바꿨다. 시험을 보는 장소가 집에서 1~2시간 걸리는 곳으로 배정될 수도 있기 때문에 아침 6시 반에는 일어나도록 노력했다. 새벽 공부에 익숙해 아침에 늦게 일어나는 것이 습관이 되었다면, 시험 당일 아침 컨디션이 좋지 않을 수도 있기 때문이다.

평소와 다르게 일찍 일어난 탓에 시험 시간인데도 불구하고 집중이 잘되지 않고 졸음이 오거나 몽롱할까 봐 두려웠다. 그래서 시험

한 달 전에는 아침에 일찍 일어난 후 독서실에서 시험시간대로 과목별 모의고사를 풀어보기도 하면서 시험을 대비해 이미지 트레이닝을 했다. 시험 한 달 전부터 시험 당일을 위해 생활 습관을 바꾼 덕에 시험 당일 아침 컨디션을 좋게 만들 수 있었다. 시험 당일에는 아침에 일어나서 시험장에 가는 길까지 책에서 눈을 떼지 않으면서 1시간 정도 공부하는 시간을 확보했다.

시험장에는 입실 시간보다 1~2시간 일찍 도착해서 공부했다. 일찍 시험장에 도착하니 나 말고 도착한 사람이 아무도 없었다. 아무도 없는 시험장에 제일 일찍 와서 마무리 공부를 한 덕분에 긴장되는 마음을 차분하게 가라앉힐 수 있었다. 내가 가장 먼저 도착해서 준비를 했으니 문제도 내가 제일 많이 맞힐 수 있을 것이라는 자신감이 차올랐다. 입실 시간에 딱 맞춰서 헐레벌떡 들어온 다른 수험생을 보니 일찍 오기를 잘했다는 생각이 들었다.

나 역시 지방직을 보기 전에 먼저 봤던 국가직 시험에서 지각을 할 뻔했던 아찔한 기억이 있었다. 1시간이나 여유를 두고 출발했는데도 불구하고 차가 너무 많이 막혔다. 버스 안에서 시계만 바라보며 초조해하다가 콜택시까지 불렀다. 입실 시간까지 10분밖에 남지 않았는데 버스 정류장과 시험 장소가 꽤 멀어 아무리 뛰어도 시험장까지 제시간에 도착할 수 없을 것 같아서였다. 차로 가기에 너무 가까운 거리는 태워주지 않는다는 택시 기사님에게 사정을 말하고 돈을 두 배로 드리고서야 아슬아슬하게 도착할 수 있었다.

시험장까지 도착하는 시간 동안 너무 초조했기에 마지막으로 보려고 했던 내용들을 공부할 수 없었다. 시험장에 도착해서도 한동안 정신을 집중할 수가 없었다. 국가직은 시험 삼아 보려고 했는데도 불구하고, 시험 당일 예기치 못한 상황이 발생하니 마음을 안정시키기가 힘들었다. 이 책을 보는 수험생들은 이런 시행착오를 겪지 않기를 바란다. 정말 합격하고 싶은 시험이라면 시험 당일 최소 1시간은 여유 있게 도착하자. 아침에 공부한 내용을 잘 정리하기만 해도 합격할 확률을 배로 올릴 수 있다.

당락을 결정하는 시험 시간 관리

공무원 시험에서는 시간 관리가 당락을 크게 좌우한다. 100분의 시간에서 마킹하는 시간 10분을 빼면 100문제를 90분 안에 풀어야 하기 때문이다. 시간 관리를 제대로 하지 못한다면 시험을 망치기 쉽다. 문제가 바로 풀리지 않더라도 한 문제당 최대 1분을 넘기지 않도록 주의해야 한다.

한 개의 문제에 막혀서 문제를 붙잡고 시간을 보내면 다른 문제를 풀 수 있는 시간도 함께 날아간다. 조금만 더 생각하면 맞힐 수 있을 것 같다는 생각으로 헷갈리는 문제를 잡고 늘어지지 말자. 기억이 날 것 같은데 생각이 나지 않는 문제도 1분 안에 답을 정해야만 한다.

너무 어려워서 풀리지 않는 문제도 심각하게 고민하며 잡고 있지 말자. 정말 열심히 공부했는데도 잘 모르겠는 문제라면 다른 공시생들도 똑같이 어려울 것이다. 정말 어렵고 애매한 문제는 시험이 끝난 후에 이의 제기가 받아들여질 수도 있는 문제라고 생각하자.

긴장한 상태로 시험을 보면 간절히 합격을 바라는 마음 때문에 문제가 더 헷갈리게 느껴진다. 그러나 신중히 답을 고르는 마음에 속도를 내지 못한다면 시간 관리에 실패해 시험을 망칠 수도 있다. 문제를 잡고 늘어지지 말고 헷갈리는 선지에 표시한 후 별표를 친 다음 일단 넘어가야 한다. 고민되는 선지 중에서 조금이라도 더 맞는 것 같은 선지를 정답으로 선택하고 문제에 별표를 치고 넘어가자.

더 쉬운 문제들에서 시간을 아끼고 다시 돌아와서 헷갈리거나 어려웠던 문제를 보면, 다시 답이 생각이 날 수도 있고 못 보고 넘어갔던 내용을 발견해 정답을 고를 수도 있다. 100점을 맞는 것이 목표가 아니다. 경쟁자들이 어려운 문제를 붙잡고 시간을 흘려 버릴 때 우리는 30초씩이라도 더 아껴서 맞힐 수 있을 것 같은 문제에 더 시간을 써야 한다. 맞힐 수 있는 문제들부터 먼저 빠르게 풀고 돌아와서 다시 보면 된다.

나는 가장 많이 별표를 쳤던 과목에서는 8개까지도 별표를 치고 넘어갔다. 별표를 치고 넘어갈 때마다 불안하기도 했지만 맞힐 수 있는 문제부터 확실히 풀고 오겠다는 생각으로 용기를 냈다. 다른 문제에서 시간을 아끼고 돌아와 10초만 다시 보면 정답을 고를 수 있다고 마인드 컨트롤을 했다. 별표 치고 넘어간다고 해서 망했다는 생각을 하지 말자. 단, 시간을 썼다면 최선의 답을 고르고 넘어가야 한다.

일단 최선의 답을 고르고 넘어간 후 다시 보면 반드시 맞힐 수 있

을 것이라는 생각으로 스스로를 위로하며 차분하게 시간을 관리해야
한다. 그렇게 하면 문제가 어렵게 느껴져 자포자기를 한 사람들보다
합격 확률이 올라간다. 다시 돌아와서 봤는데도 너무 헷갈리고 어려
운 문제가 있을 때는 ✓ 표시로 한 번 더 문제를 체크하고 마킹을 시
작한다. 정답을 제대로 고른 것들부터 답안지에 마킹한 후 남는 시간
에 정말 모르겠는 한두 문제를 길게 고민하면 된다.

'조금만 더 생각하면 답을 맞힐 수 있을 것 같은 한두 문제'에 매달
려 고민을 하면, 눈 깜짝할 사이에 10분도 훌쩍 지나가 버린다. 이는
암기과목 한 과목 전체를 빠르게 풀 수 있는 시간이다. 마지막으로
모든 것을 뒤엎을 수 있는 당락을 결정하는 것은 시험장에서의 시간
관리라는 것을 꼭 명심해야 한다. 내가 매달린 한 문제 때문에 잘 풀
었던 문제를 마킹도 하지 못하는 불상사가 발생하지 않도록 주의해
야 한다.

시험이 끝나면 공무원 카페 게시판에 시간 관리를 제대로 하지 못
해서 눈물을 흘리는 공시생들의 글들이 정말 많이 올라온다. 마킹만
했다면 합격할 수 있었던 점수임에도 불구하고 어려운 몇 문제에 매
달려 안타깝게 합격의 기회를 놓쳐버린 것이다. 한두 문제에 매달린
몇 분으로 수험생활을 1년 다시 해야 하는 상황이 발생하지 않도록
조심하자. 시험 시간 관리만 잘해도 합격의 가능성을 높일 수 있다.

실제로 2021년 지방직 국어 A형 문제 3번은 출제 오류로 '정답 없
음'으로 처리되었다. 어떤 답을 선택하든 모두 정답 처리를 한 것이
다. 이 문제가 너무 헷갈리고 생소해서 이 문제에 2분 이상을 쓴 학생

은 다른 문제를 4문제 더 풀 수 있는 시간을 버린 것이다. 30초면 한 문제를 풀 수 있는 시간인데 출제오류로 인해 20점의 점수를 날리게 된 것이다. 시험 당일, 반드시 기억해야 한다. 시험장에서 시간 관리를 잘해서 맞힐 수 있는 문제들만 맞혀도 충분히 합격할 수 있다.

2021년 지방직 국어 A형 문제 3번

3. 단어의 뜻풀이가 옳지 않은 것은?
① 반나절: 하루 낮의 반
② 달포: 한 달이 조금 넘는 기간
③ 그끄저께: 오늘로부터 사흘 전의 날
④ 해거리: 한 해를 거른 간격

(*정답 없음 처리)

과락을 결정하는 수정테이프

시험 안내 공고문에서 수정테이프를 사용할 수 있는지 꼭 확인해야 한다. 수정테이프를 사용할 수 있는지, 없는지의 여부에 따라서 마킹 전략을 세워야 한다. 수정테이프를 쓸 수 있으면 오답을 바로바로 고칠 수 있지만, 수정테이프를 쓸 수 없다면 답안지를 새로 바꾸고 처음부터 다시 답을 마킹해야 해서 시간이 몇 배 더 걸리기 때문이다.

내가 본 국가직 교행 시험에서는 수정테이프를 쓸 수 있었지만, 지방직 교행 시험에서는 쓸 수 없었다. 지방직 시험에서는 마킹에 대한 압박감이 엄청났지만 국가직 시험에서는 상대적으로 편하게 마킹할 수 있었다. 국가직 시험에서는 마킹 시간 10분을 남겨두고 부담감 없이 답을 빠르게 답안지에 적었다. 중간에 답을 잘못 쓰든, 밀려 쓰든 수정테이프로 고칠 수 있기에 편하게 마킹할 수 있었다.

그러나 지방직 시험에서는 수정테이프를 쓸 수 없어서 답안지 전체를 바꾸는 바람에 하마터면 한 과목을 마킹하지 못할 뻔했다. 처음에 10분을 남겨두고 차근차근 마킹을 시작했다. 그런데 한국사에서 실수로 답과 다른 번호에 마킹을 했다. 그때 남은 시간은 7분 남짓이었다. 100문제를 다시 7분 안에 마킹해야 한다는 압박감이 너무 컸다. 하지만 5점은 당락을 결정지을 수 있는 점수였기에 포기할 수 없었다.

고민하다가 답안지 교체를 요청했다. 감독관은 답안지를 바꿔주면서 종이 치면 마킹 여부와 상관없이 바로 걷어갈 것이라고 주의를 주었다. 그 순간부터 심장이 요동치기 시작했다. 이제 한 번만 더 실수하면 절대 돌이킬 수 없다. 최악의 경우에는 마킹을 끝내지 못한 채 답안지를 내야 한다. 펜을 쥔 손이 계속 떨렸다. 심호흡을 하면서 정신을 가다듬었지만, 여전히 손은 떨렸고 심장이 너무 뛰어 입으로 심장이 나올 것 같았다. 다행히 시간 안에 모든 과목을 마킹했지만, 혹시 밀려 쓰지는 않았는지 검토하지 못한 채 답안지를 내야 했다.

답안지 교체 때문에 성적을 기다리는 한 달 동안 악몽에 시달렸다. 가채점을 해보니 마킹만 제대로 했다면 분명히 합격을 할 수 있는 점수가 나왔다. 그러나 마킹을 잘못했을까 봐 마음 편히 기다리지 못했다. 잘못 마킹했던 한국사 한 문제를 버리고도 합격할 수 있는 점수였다. 답안지를 교체하려 했던 욕심 때문에 1년을 더 해야 할지도 모른다고 생각하니 눈앞이 캄캄했다. 성적 발표를 확인하는 그 순간까지도 마킹이 잘못되었을까 봐 괴로웠다.

공무원 카페 게시판에도 합격권 점수인데 마킹 때문에 괴로워하는 사람이 정말 많았다. 마킹만 잘했다면 합격할 수 있는 점수임에도 불구하고 마킹 실수 때문에 1년을 더 공부해야 하는 공시생들의 눈물 어린 글들이 많았다. 나처럼 한 문제를 고치려다가 시간이 모자라서 한 과목을 마킹하지 못한 공시생도 있었다.

시험 준비를 정말 열심히 하고 합격권의 점수를 받아도 시험 마지막 순간 10분을 잘 관리하지 못하면 1년을 다시 공부해야 한다. 그때의 좌절감은 자괴감으로 이어져 공부를 다시 시작할 수 있는 힘을 내는 것마저 방해할 것이다. 열심히 달려온 공시의 마지막 마침표는 마킹이다. 수정테이프를 사용할 수 있는지 없는지의 여부는 직렬마다, 지역마다, 혹은 같은 시험장이라도 교실마다도 다르다고 한다.

그러니 시험 안내 공고를 잘 살펴 수정테이프를 사용할 수 있는지 여부를 확인하고, 수정테이프를 사용할 수 없다면 조금 더 넉넉하게 마킹할 시간을 가질 마음의 준비를 하자. 성적 발표를 기다리며 내내 불안에 떨지 않으려면 마킹을 잘해야 한다. 수정테이프 사용 가능 여부를 파악해 마킹 시간을 계산하자. 마지막 마킹에서 안타깝게 미끄러지지 말자. 어이없는 마킹 실수로 후회하지 않기를 바란다.

과목 푸는 순서

시험을 볼 때 어떤 순서로 과목을 풀어야 할지 고민하는 경우가 많다. 시험지에 출력된 순서대로인 국어, 한국사, 영어, 암기과목 순으로 차례로 풀 수도 있고 시간이 많이 걸리는 과목을 먼저 풀거나 나중에 푸는 등 자유롭게 배치해서 문제를 풀 수도 있다. 모의고사를 풀면서 어떻게 푸는 게 자신에게 더 효율적일지 연습해보고 고르는 것을 추천한다.

나는 국가직 시험에서는 시간이 상대적으로 덜 걸리는 암기과목과 한국사를 먼저 풀고 언어 과목인 국어와 영어는 마지막으로 배치해서 풀었다. 그런데 암기과목에서 시간을 남기긴 했지만 영어를 풀 때 시간이 모자라서 문제를 다 풀지 못했다. 암기과목에서 시간을 남겨 국어와 영어 과목을 여유 있게 풀려고 했지만 시간 관리에 실패했다.

암기과목에서 생각보다 시간을 많이 남기지 못했다. 언어 과목에서는 모르는 문제를 붙잡고 늘어졌다. 시험지를 순서대로 풀지 않고 띄엄띄엄 풀다 보니 정신도 산만했다.

그래서 지방직 시험에서는 국가직 시험에서 시간 관리에 실패한 경험을 보완하는 전략을 짰다. 과목을 시험지에 출력된 순서대로 풀기로 결정했다. 국가직 때 암기과목들을 먼저 풀고 다시 국어와 영어 시험지로 돌아오니 정신이 없었기 때문이다.

다음으로 문제별로 정답을 골라야 하는 최대 시간을 1분으로 정했다. 아무리 다른 과목에서 시간을 많이 남겼어도 어려운 문제를 풀 때 늘어지면 결국에는 시간이 부족하다. 그래서 쉬운 문제는 30초 안으로 빠르게 정답을 고르고 넘어가고 어려운 문제라도 최대 1분을 넘지 않게 답을 골랐다.

앞에서 언급했듯이 답을 고르기가 헷갈렸거나 어려웠던 문제들은 모든 문제들을 다 풀고 난 다음에 돌아와서 다시 봐야 한다. 한 문제를 잡고 늘어졌던 시간들 때문에 내가 빠르게 풀 수 있는 10개의 문제를 놓쳐버릴 수도 있기 때문이다. 모든 문제를 풀고 난 후 남은 시간 동안 차분하게 별표 쳤던 문제들을 다시 들여다보면 답이 보일 가능성이 높아진다.

시험 페이스를 유지하는 강력한 1~2초 비법

시험을 보는 100분 동안은 정말 초긴장 상태에 놓인다. 과목별 문제를 어떻게 풀지 순서를 정하는 것도 중요하지만 시험을 보는 중간중간 집중의 흐름을 놓치지 않는 것도 중요하다. 극도의 긴장 상태가 지속되면 아는 문제라도 실수로 틀리기 쉽기 때문이다. 과목별 문제를 푼 순서보다 훨씬 더 시험을 잘 보는 데 도움이 되었던 방법을 공유한다. 한 과목 20문제를 다 풀었을 때마다 심호흡을 하며 1~2초만이라도 천장을 바라보는 것이다.

한 과목을 다 푼 후 다른 과목을 바로 풀기 전에 아주 잠깐 천장을 바라보며 마인드 컨트롤을 하자. '나는 지금 문제를 잘 풀고 있고 다음 과목에서도 반드시 잘 풀 것이다.' 이렇게 차분하게 풀자고 되새기면 다시 집중력이 높아진다. 그리고 평소 잘 했던 실수들을 떠올리며 실수만 하지 말자고 생각하며 문제를 풀면, 한결 마음 편하고 자신감 있게 문제를 풀 수 있다.

나는 한 과목을 다 푼 후 1~2초의 시간 동안 심호흡을 함으로써 뜨거워진 머릿속을 식히고 떨리는 손을 진정시킬 수 있었다. 중간중간에 호흡을 가다듬으면 머리에 과부하가 걸리지 않는다. 새로운 과목을 풀 때 다시 힘이 나도록 마음을 정비하기에 효과적이다.

과목 사이사이에 심호흡을 하면서 천장을 바라보는 것은 주변에 공무원 시험을 보러 가는 사람이 있다면 꼭 말해주고 싶은 팁이다. 내 유튜브 댓글에는 천장을 바라보며 잠깐 심호흡을 했던 것이 정말 도움되었다는 합격생들의 댓글들이 달려 있다. 시험 당일 자신의 실력을 최대한 발휘할 수 있도록 컨디션을 끌어올리는 정말 강력한 방법이다.

시험을 볼 때는 정말 극도의 긴장 상태이기 때문에 아는 문제도 실수로 틀린다. 시험 전 모의고사를 시간 맞춰 풀어볼 때도 어이없이 틀리는 경험을 반드시 할 것이다. 모의고사를 풀고 나서 정말 어이없이 틀리는 문제를 발견하게 된다면 내 말을 꼭 떠올려서 기억해줬으면 좋겠다. 과목 사이사이에 심호흡을 하는 것은 긴장감을 완화해서 어이없는 실수를 줄이는 데 도움을 주므로 꼭 중간중간 심호흡을 하자. 더 빠르게 합격할 수 있는 확률이 올라간다.

공시청님, 심장 떨리면 천장 쳐다보면서 호흡하라는 거 엄청 도움돼서 합격 확실한 점수 받았습니다. 감사합니다ㅎㅎ

적용

치열했던 5개월
단기 합격 커리큘럼

공부 계획 세우기

공부 계획을 세우기 전에 앞에서 말한 5단계 전략을 다시 한 번 짚고 되새겨야 한다. 우리는 빠르게 합격하기 위해 다음과 같은 전략들을 세웠다. 먼저 1전략으로 시험 빈출 비중에 촉각을 세웠다. 2전략으로 [기본 개념+문제화 포인트]를 세트로 공부하는 것을 목표로 했다. 1+2전략을 바탕으로 자신에게 부족한 부분부터 채워가는 공부를 하는 것이 3전략이다. 그리고 단기 합격을 가르는 태도인 4전략을 바탕으로, 합격을 가르는 최종 마무리 순간을 대비하는 5전략까지 세웠다. 이 5단계 전략을 공부의 기본 방향으로 삼아 공부한다면 반드시 더 빠르게 합격할 수 있다.

149

공부 커리큘럼은 크게 3단계로 구성된다.

1. 기본서의 내용을 이해하기 위해 인강을 듣는 시간
2. 내용을 문제에 적용하며 기출을 분석하는 시간
3. 전체 범위에서 내용을 조망하고 실전 시험을 대비하기 위해 모의고사를 푸는 시간

5개월의 시간을 세 부분으로 나눠서 전략적으로 공부했던 과정은 다음과 같다.

1. 1월 초~2월 중순: 기본서 인강 듣기

단기 합격 수기들을 살펴보면 단기 합격자들은 보통 공부 시작한 지 한두 달 사이에 기본서 인강을 모두 들었다. 나는 한 달 반 동안 기본 인강을 모두 들었다. 사실 다섯 과목의 기본 인강을 한 달 반 만에 모두 듣는 것은 시간적으로 불가능하다. 공부 베이스가 아예 없는 사람은 두세 배의 시간이 걸릴 것이다. 6개월 이하의 단기 합격자들은 대부분 어느 정도 베이스가 있었다.

나는 강사의 커리큘럼에 나오는 모든 강의를 다 듣는 것을 목표로 하지 않았다. 소문난 특강이나 유명한 교재를 모두 공부하는 것에 초점을 맞추지 않았다. 내가 공부하는 방법을 안다고 생각했던 과목은

강의를 조금만 듣고 문제를 풀어보면서 필요한 부분만 강의를 들었다. 국어의 문학, 비문학 기본 강의와 영어 독해 기본 강의는 부분적으로만 들었다.

그 외의 나머지 강의들을 한 달 반 만에 듣기 위해 정말 집중하면서 필사적으로 들었다. 강의 듣는 시간을 아끼기 위해 배속 기능을 적절하게 활용했다. 강사가 농담이나 쓸데없는 얘기를 할 때는 2배속으로 빠르게 들으며 넘겼다. 말이 느린 강사는 1.5배속으로 올려서 들었다. 이해하기 쉬운 내용들은 조금 더 빠르게 들으면서 강의를 듣는 시간을 아꼈다. 강의를 들을 때는 피동적으로 강사의 설명에만 의존하며 강의를 듣지 않고 기본서를 능동적으로 읽었다.

독서실 컴퓨터실에서 하루에 거의 12개가 넘는 강의를 이어폰으로 들으니 귀가 터질 것 같았다. 이렇게 계속 듣다가 귀에 염증이 생기거나 청력이 약해질까 걱정이 될 정도였다. 하루 종일 앉아서 강의만 들으니 체력적으로 힘들었고 밤에 누우면 머리가 아파오는 것 같았다. 그러나 시간이 없었기 때문에 한 달 반만 고생하자고 생각하고 꾸역꾸역 강의를 들으며 버텼다. 다가오는 시험에 합격만 한다면 청력이 조금 약해지는 것쯤은 문제가 아니라고 생각했다. 그 정도로 지금 이 순간에 평계를 대지 않고 몰입했다. 나에게 최우선 순위는 단기 합격이었고 나머지 문제는 별로 중요하지 않았다. 다행스럽게도 나중에 귀에 부작용이 생기지 않았다.

내 수험생활처럼 무리하게 일정을 잡아 무작정 똑같이 따라 하라는 것이 아니다. 사람마다 몸의 상태나 기반 지식이 다르기 때문에 자신에게 남아 있는 시간과 컨디션에 따라서 계획을 줄이고 늘리며 조정해야 한다. 자기 컨디션에 반해서 너무 건강을 해치면서까지 무리해서 역효과를 낼 필요는 없다. 다만 자신이 스스로 꼭 지키겠다고 결정한 계획들은 나중에 힘들다고 핑계를 대고 회피하면서 미루지 않기를 바란다. 그렇게 하면 합격도 뒤로 밀린다.

스스로에게 맞는 최상의 공부 계획은 자신만이 세울 수 있다. 자신의 상태에 맞게 계획을 세울 수 있어야만 가장 빠르게 합격할 수 있다. '빠르다'는 말은 상대적이다. 모든 사람들은 다 다른 속도로 공부한다. 중요한 것은 현재 자신이 낼 수 있는 공부 속도에서 어떻게 효율성을 추가해 더 빠르게 합격할 수 있을지 찾아가는 것이다. 자신의 컨디션이나 베이스에 따라서 공부 계획을 추가하거나 덜면서 조정해나가야 한다. 역효과가 날 정도로 무리한 계획이었는지 게을러서 못 지킨 계획이었는지는 자신만이 알 수 있다. 각자 자신의 기본 상태를 판단하면서 더 효율적으로 공부하는 계획을 세워나가는 것이야말로 가장 빠르게 합격할 수 있는 지름길이다.

팁: 인강을 듣고 일주일 뒤 까먹을 때

평균 100강에 가까운 다섯 과목의 기본 인강을 들어나가면 일주일 전에 들었던 내용도 까맣게 잊어버리게 된다. 그래서 복습에 대한 고민을 많이 했다. 인강으로 들었던 내용이 잘 기억나지 않아서, 인강을 모두 듣고 나면 다시 한 번 더 들어야 할 것 같은 두려움이 생겼다.

강의 내용을 잊지 않기 위해서 며칠 동안 배운 내용들을 복습해보았다. 그러나 아직 전체 내용에 대한 틀이 잡히지 않았기 때문에 인강을 듣는 시간만큼 복습하는 시간이 걸렸다. 그래서 진도는 진도대로 늦어지고 복습을 해도 복습한 만큼 내용이 자세하게 기억나지 않았다.

더 효율적인 복습 방법을 찾아야 했다. 먼저 복습하는 시간이 오래 걸리지 않게끔 인강을 들으면서 복습하기 좋게 요약했다. 오늘 배운 내용을 내일도 기억하기 위해서, 오늘 배웠던 내용의 전체 틀과 중요 내용 갈래를 강의를 들으며 연필로 짤막하게 요약했다. 지엽적인 내용에 얽매이지 않도록 목차를 떠올리며 오늘 배운 내용의 흐름을 이해하려 노력했다. 그리고 '오늘 배운 부분에서 단 한 문제만 나온다면?' 하는 생각으로 가장 중요하다고 생각되는 부분을 그날의 자투리 시간을 이용해 바로 외우려 애썼다.

강의를 듣는 것보다 더 중요한 것은 아주 짧게라도 어제 배웠던 내용을 다시 훑어보는 것이다. 나는 다음 강의를 들을 때 전날 배운 내용을 3~5분 정도라도 훑어보았다. 연필로 요약했던 부분과 중요하게 체크했던 부분만 다시 보면 복습하는 시간이 오래 걸리지 않는다. 바로 전날에 들었던 내용이기 때문에 기억도 생생하게 난다. 그다음 강의를 들을 때도 전날 들었던 강의는 3~5분, 그 전날 들었던 강의는 1분 내외로 대략적으로 훑어봤다. 이렇게 조금이라도 배웠던 내용을 덜 잊어버리려 애썼다.

이 작업은 말로 설명하면 아주 쉽고 간단하지만 그대로 실천하기는 정말 힘들다. 강의를 들으면서 짤막하게 오늘의 중요 내용을 요약

해내려 하는 것도 힘들고, 전에 들었던 강의와 그전에 들었던 강의들을 짧게 1~2분이라도 보는 성실한 노력도 정말 힘들다. 능동적으로 내용을 습득하려 애쓰고 기억을 되새기려 하는 작업이기 때문이다. 수동적으로 강사가 설명하는 내용을 그냥 바라보고, 필기하라는 부분만 받아 적는 것은 상대적으로 편하다. 그러나 강의를 구경하듯이 듣는다면 강의를 다 들은 후에 내용이 거의 기억나지 않는다.

강의를 능동적으로 듣지 않는다면 나중에 내용이 기억나지 않아서 기본 강의를 다시 한 번 더 들어야 하는 불상사가 생길 수 있다. 다른 공시생들이 기출문제집을 풀어보면서 공부할 때 기본 강의를 다시 들어야 한다면 얼마나 시간 낭비인가? 강의를 듣는 것, 기출문제를 푸는 것, 모의고사를 푸는 것 이 세 가지의 과정 중에서 강의를 듣는 과정이 제일 쉽다. 제일 쉬운 단계에서 조금만 더 전략적으로 시간을 활용한다면 공부할 수 있는 시간을 더 벌 수 있다.

2. 2월 중순~4월: 기출을 풀어보며 기본서와 기출 '이중 회독'

인강에서 배웠던 내용을 직접 기출문제로 풀어보는 과정에서 고민이 많았다. 문제를 풀면서 기본서 내용을 떠올려야 하고 어려운 문제가 있다면 문제도 분석도 해야 하기 때문이다. 즉 기본서 내용에 대한 암기도 강화해야 하고 출제 포인트도 정리하는 과정이 필요하다. 동시에 지금 공부하고 있는 부분을 나중에 다시 봤을 때도 잊지 않고 빠르게 기억할 수 있도록 반복해서 회독해야 한다.

기출문제를 풀어보며 인강으로 배웠던 내용을 적용하는 단계에서 비효율이 발생할까 봐 두려웠다. 인강을 전체적으로 듣고 난 뒤에도 기억에 남는 부분은 정말 일부분이라는 것을 이미 경험했기 때문이다. 시간이 얼마 남지 않았는데, 기본서만큼 두꺼운 기출문제집을 열심히 풀고 나서도 기억에 남는 부분이 얼마 없다면 시험에서 불합격할 것이다. 그러므로 기출문제를 푸는 데 걸렸던 시간이 아깝지 않도록, 다시 똑같은 문제를 풀 때 초면이 되지 않도록 대비해야 했다.

내가 찾은 답은 이중 회독법이었다. 기본서 내용 정리도 따로, 기출문제집 분석도 따로 한다고 생각하고 공부를 하면 시간이 2배로 걸린다. 그러나 기출문제집을 분석하면서 기본서 내용을 떠올리고, 기본서를 보면서 출제 포인트를 확인한다면 공부를 하는 시간이 반으로 줄어든다. 물론 처음에는 이렇게 공부하는 것이 더 시간이 오래 걸리기도 한다. 하지만 이 과정을 한 번만 실제로 해보면 암기한 내용이 머릿속에서 쉽게 휘발되지 않을뿐더러 시험에 나오는 부분 위주로 더 날카롭게 기억할 수 있다.

짧은 몇 개월의 시간 동안 다섯 과목의 공부 내용을 머릿속에 넣다 보니 외웠던 내용들이 섞이고 머리에 과부하가 걸린 것 같은 상태가 되기도 했다. 내 앞에 높여진 두꺼운 교재들을 보고 있으면 도저히 몇 개월에 머릿속에 정리하기 불가능한 내용이라고 느껴지기도 했다. 그럴 때마다 원초적인 질문으로 돌아갔다.

내가 맞춰야 할 시험문제는 몇 문제인가? 한 과목에 단 20문제이다. 딱 20문제만 맞힌다면 합격할 수 있다. 지금 내 손에 책 한 권이 있는데, '내가 출제자가 되어 20문제를 고른다면 어떤 내용을 무조건 포함시킬까?'라는 생각으로 출제자와 나의 온도를 맞추면서 회독하려 애썼다. 한 번 회독할 때 책에 나오는 모든 내용을 머리에 넣을 수 없기 때문이다.

그래서 '이 책에서 20문제가 나온다면?'이라는 생각으로 넓게 보면서, 더 중요한 것을 쳐다보며 회독하는 눈을 만드려 노력했다. 1회독부터 모든 내용을 똑같은 시간과 집중력으로 공부하면 너무 오래 걸리기 때문이다. 출제자의 눈으로 중요한 덩어리부터 골라내어 나의 머리를 채워가면, 회독하는 속도가 점점 더 빨라지고 중요한 부분부터 차례로 정복할 수 있다.

3. 5월~6월 시험 전까지: 모의고사를 통한 실전 준비

시험이 가까워져 오는 기간에는 모의고사를 통해 실전 연습을 하는 시간이 필요하다. 모의고사를 풀면서 가장 중요한 것은 시간 관리 연습이다. 공무원 시험은 100분의 시간 동안 100문제를 풀고 마킹까지 모두 끝내야 하기 때문에 시간 관리가 정말 중요하다. 시험에서 1분의 시간은 한 과목 20문제를 모두 마킹할 수 있는 귀한 시간이기 때문이다. 그래서 실제 시험처럼 스톱워치를 켜놓고 100분 동안 쉬는 시간 없이 5과목을 연달아 풀면서 마킹까지 마무리하는 연습을 꼭 해야 한다.

　나는 한 주에 1회씩 실제 시험처럼 100분 동안 5과목의 모의고사를 풀면서 실전 연습을 했다. 전체 범위에서 20문제씩 출제되는 모의고사를 풀어보면 기출문제집을 풀 때보다 난이도가 어렵게 느껴진다. 어느 단원에서 문제가 나올지 모르기 때문에 문제에서 묻는 내용이 어디서 봤던 내용인지 헷갈려 잘 기억이 나지 않기 때문이다. 그리고 자주 풀어본 기출문제가 아니라 살짝 변형된 유형이나 새로운 유형의 문제도 출제되기 때문에 더 어렵게 느껴진다.

　모의고사가 너무 어렵다고 성적이 형편없다고 낙담하는 것에 정말 주의해야 한다. 모의고사는 실제 시험을 준비하는 마지막 단계에서 푸는 것이기 때문에 대체적으로 문제의 난이도가 조금 더 높다. 그래서 모의고사를 푸는 공시생들은 점수가 낮게 나온다고 해도 멘탈이 흔들리지 않도록 주의해야 한다. 실제로 시험에 나오는 문제들을 살펴보면 10문제 가까이는 맞히라고 점수를 주는 문제이다. 모의고사 문제처럼 대부분의 문제가 까다롭지 않다. 어려운 함정이 있는 문제도 많지 않다.

　실제 시험에서는 마킹 시간 10분을 제외하고 90분에 100문제를 풀어야 하는데, 까다롭거나 어려운 함정이 있는 문제가 대부분인 시험이라면 과락이 속출할 것이다. 모의고사를 풀 때 실제 시험에 더 잘 대비하기 위해서 조금 더 높은 난이도로 훈련하고 있다고 생각하면 마음이 편하다. 절대로 모의고사 점수가 낮다고 해서 자포자기를 하는 마음을 가지거나 너무 스트레스를 받지 말자.

나 역시 시험을 보기 전 모의고사를 쳤을 때 마음이 정말 많이 흔들렸다. 시험 몇 주를 남겨두고 한 과목의 문제를 반 가까이 틀린 적도 있다. 정말 어이없는 실수를 반복하기도 했다. 100분의 시간 동안 난이도가 더 높은 문제를 푸니 온전한 정신으로 문제를 풀기가 쉽지 않았다. 정말 귀신 들린 것처럼 문제를 잘못 읽어서도 틀리고 선지를 반대로 고르기도 해서 틀렸다.

수험 기간 중 모의고사를 푸는 기간의 불안함과 스트레스가 가장 컸다. 그래도 모의고사는 모의고사일 뿐이라고 마인드 컨트롤을 했다. 모의고사 점수에 좌절하지 말자. 쉽진 않겠지만 자신을 믿어야 한다. 모의고사는 연습일 뿐이다. 실제 시험과 같은 긴장감으로 시간 관리 연습을 하는 것일 뿐이다. 모의고사를 풀면서 문제를 많이 틀려도 상관없다. 전체 범위 중에서 어떤 부분이 부족한지를 파악하는 기회로 삼으면 된다.

모의고사 점수가 낮다고 공부를 놓아버리는 것이 아니라 부족한 부분을 마지막으로 채워나가는 기회로 삼아야 한다. 실제 시험에 나왔으면 틀렸을 내용을 미리 공부하고 실수로 틀렸을 문제를 먼저 알아채는 기회의 시간이라고 생각하자. 시험에 가까워질수록 마음을 단단히 먹고 남은 시간을 귀하게 쓰는 사람이 더 빠르게 합격할 수 있다.

국어	이선재	1. 기본 강의: 선재국어 올인원 1권 위주로 들음, 문학과 비문학은 필요에 따라 골라 들음
		2. 문제집: 〈선재국어 기출실록 세트〉
		3. 모의고사: 〈반쪽 모의고사〉, 〈나침반 실전 모의고사〉 (+〈태종국어 모의고사〉 몇 회)
영어	손진숙	1. 기본 강의: 기적의 40포인트, 4시간에 끝내는 문법 요약, 손진숙 기출문제집 강의(문법 위주)
		2. 문제집: 〈손진숙 영어 기출문제집〉
		3. 모의고사: 〈손진숙 영어 쑥쑥 모의고사〉
	이동기	1. 기본 강의: 핵심 문법 100포인트, 하프, 기적의 특강, 한 권으로 정리하는 빈출 어휘, 생활 영어 200제
		2. 문제집: 〈한 권으로 정리하는 핵심문법 500제〉는 조금 풀다가 사용 안 함
		3. 모의고사: 〈이동기 영어 실전동형 모의고사〉
		〈VOCA 바이블〉
한국사	전한길	1. 기본 강의: 필기노트 개념 강의, 필기노트 압축 강의
		2. 문제집: 〈전한길 한국사 기출문제집〉, 〈전한길 한국사 5.0 최종점검 유형편〉은 조금 보다가 사용 안 함.
		3. 모의고사: 〈전한길 한국사 실전동형 모의고사〉 (+〈고종훈 한국사 동형모의고사〉)
	문동균	1. 기본 강의: 핵심 기출 지문 총정리
행정법	전효진	1. 기본 강의: 전효진 올인원, 전효진 압축 노트, 전효진 파이널
		2. 문제집: 〈전효진 행정법총론 기출문제집〉
		3. 모의고사: 〈전효진 행정법총론 전범위 모의고사〉
사회	민준호	1. 기본 강의: 필기노트 강의, 기본서 강의 대신 문제집과 모의고사 해설 강의 위주로 들음
		2. 문제집: 〈민준호 사회 기출문제집〉, 〈민준호 수능기출 사회 BEST 100〉
		3. 모의고사: 〈민준호 사회 진도별 동형 모의고사〉, 〈민준호 사회 실전모의고사〉

▷ 기본 강의를 제외한 기출문제집과 모의고사 강의는 해설로 이해하기 어렵거나 강의가 필요한 부분만 골라 들음.

▷ 모의고사 문제집은 한 권 다 모두 풀지는 못하고 들어감(기본서와 기출에 더 집중해서 공부하고 회독).

▷ 공단기 공티비 파이널 강의를 활용해서 이동하는 시간 등 자투리 시간에 많이 들음.

Chapter 3

필수과목
비밀 전략

필수
과목

국어 비밀 전략

1전략 적용: 최근 4년 출제 비중 파악

국어 시험의 출제 유형은 크게 지식 암기형 문항과 지문 독해형 문항으로 구별할 수 있다. 지식 암기형 문항은 국어 문법과 규범, 어휘와 한자, 고전 문법, 문학사 등 지식을 암기해야만 문제를 맞힐 수 있는 유형이다. 지문 독해형 문항은 문학, 비문학 지문이 주어지고 독해를 통해 정답을 찾아야 하는 유형이다.

2021 지방직 9급 공무원 시험 출제 비중은 아래와 같다.

2021 9급 공무원 지방직 국어 출제 내용 비율

지문 제시 및 독해형			암기형	
14			6	
독해	현대문학	고전문학	국어 문법, 규범	어휘, 한자
12	1	1	3	3

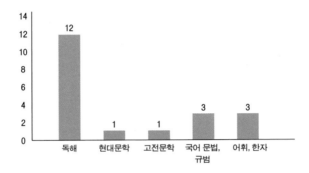

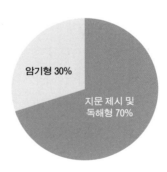

▷ 지문 제시 및 비문학 독해형 문제가 70퍼센트를 차지하고 암기형 문항은 30퍼센트를 차지.
▷ 비문학 독해 문제가 가장 많고 국어 문법, 규범 파트와 어휘, 한자 파트가 뒤를 이었다.

이렇게 대략적으로라도 출제 비중을 인지하고 있다면 어느 부분에 더 집중해서 공부해야 하는지 초점을 잡을 수 있다. 공무원 국어 기본서는 크게 ①국어 문법, 규범 ②독해 ③문학 ④어휘, 한자 이렇게 4권으로 구성되어 있다. 4권 모두 같은 시간과 집중력을 투자해서 균등하게 공부하는 것이 아니라 더 출제가 유력한 부분을 인지하면서 공부해야 한다.

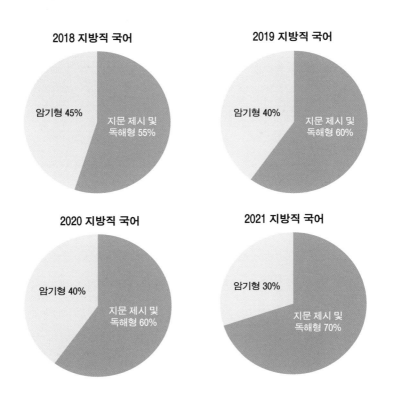

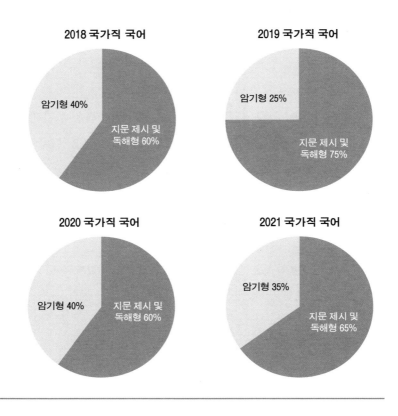

2018 국가직 국어

암기형 40%

지문 제시 및
독해형 60%

2019 국가직 국어

암기형 25%

지문 제시 및
독해형 75%

2020 국가직 국어

암기형 40%

지문 제시 및
독해형 60%

2021 국가직 국어

암기형 35%

지문 제시 및
독해형 65%

　　지방직 시험과 국가직 시험 모두 지문 제시 및 독해형 문제의 비중이 더 크다. 물론 출제 비중은 언제든지 바뀔 수 있다. 그러나 머릿속에 출제 비중을 그릴 수 있다면 특정 단원에만 시간을 쏟으며 공부하는 것을 방지할 수 있다. 독해형 문항을 4개 틀리는데 한자 문제를 모두 맞히겠다고 공부 시간의 대부분을 한자 문제에 쏟거나, 지엽적인 지식 암기형 문제를 맞히기 위해 공부 시간을 투자하면 안 된다.

당락을 가르는 어려운 한자 문제, 지엽적 고전 문법 문제는 출제가 유력하고 높은 비중을 차지하는 우선순위 90퍼센트의 내용을 채운 사람에게만 중요할 뿐이다. 출제 비중에 따라 공부해야 할 내용들의 우선순위를 파악하고 사용할 수 있는 시간도 우선순위에 따라 배분해야 한다.

나는 기본 인강을 들을 때 3개년 시험지를 곁에 두고 대략적으로 단원별 출제 비중을 머릿속에 넣었다. 그다음 출제 비중이 높았던 단원을 인강으로 들을 때, 더 집중해서 강의를 듣고 암기할 내용은 자투리 시간으로 배분해 우선적으로 암기하면서 진도를 나갔다. 국어 암기형 문항 중 특히 출제 비중이 높은 문법 규범 파트는 더 많은 시간과 집중력을 투자해 우선순위 단원부터 내용을 정복하려고 노력했다.

다른 단원을 안 보거나 소홀히 공부하라는 것이 아니다. 우선적으로 내 것으로 만들기 위해 정복할 대상을 확실히 인식하고 온전히 머릿속에 넣기 위해 집중하라는 말이다. 300페이지를 공부한다고 할 때 1페이지마다 다 같은 집중력과 시간을 쏟으며 공부하는 사람은 중요한 내용을 인식하지 못한 사람이다.

특히 국어의 문법, 규범 파트인 암기형 내용의 공부를 할 때 너무 세부적이거나 지엽적인 내용을 마주쳐도 거기에 매몰되면 안 된다. 자주 출제되는 단원과 내용으로 중심을 잡고 공부해야 한다. 지엽적인 암기를 버리는 것이 아니다. 우선순위부터 채우고 넘어가야 더 효율적으로 공부할 수 있다. 시험에 자주 출제되는 기본 내용 틀을 확실하게 알고 나서 지엽적인 내용들을 차례로 붙여가야 더 빠르게 외

167

워지고 뒤섞이지 않는다.

머릿속으로 '먼저 정복하고 넘어갈 내용에 대한 우선순위'를 인식해야 한다. 그러면 모든 내용에 집중하지 않게 되어 시간을 절약해서 사용할 수 있다. 어차피 한 번에 모든 내용을 다 이해하거나 기억하지 못한다. 머릿속에 집어넣어야 하는 중요한 내용부터 우선순위대로 정복하면 더 빠르게 합격할 수 있다.

| | | 참고자료: 인강 커리큘럼 및 공부한 교재 |

국어	이선재	1. 기본 강의: 〈선재국어 올인원〉 1권 위주로 들음, 문학과 비문학은 필요에 따라 골라 들음
		2. 문제집: 〈선재국어 기출실록 세트〉
		3. 모의고사: 〈반쪽 모의고사〉, 〈나침반 실전 모의고사〉 (+〈태종국어 모의고사〉 몇 회)

인강 커리큘럼 및 공부한 교재는 위와 같다. 공단기 국어 선생님으로 유명한 이선재 선생님을 선택해서 강의를 들었다. 기본 강의는 〈선재국어 올인원〉 강의를 선택했고 1권 문법 규범 위주로 들었다. 문학과 비문학은 필요에 따라 강의를 골라 들었다. 고등학교에서 배운 문학과 비문학에 대한 지식적인 암기 내용은 잘 기억이 안 났지만 문제가 출제되는 방식은 공무원 시험도 비슷하다고 생각했기 때문이다.

문법 규범 파트와 같이 지식을 암기하는 부분을 제외한 문학, 비문학 파트는 혼자서 문제를 풀며 고민해보는 시간이 많이 필요하다. 시험을 볼 때는 선생님이 옆에서 지문을 읽고 설명해주지 않는다. 스스로 독해를 해서 문제를 푸는 힘을 길러야 한다. 그래서 기본 인강을 들은 후에는 기출문제집과 모의고사를 풀면서 혼자서 독해하는 시간을 충분히 가졌다. 해설지의 설명이 충분했기 때문에 이해가 잘 안 되거나 이론이 잘 기억나지 않는 부분만 강의를 찾아보면서 공부했다.

모의고사는 시험 전까지 다 풀 수 있는 시간이 부족했다. 〈반쪽 모의고사〉가 1권의 책으로 되어 있었기 때문에 〈나침반 모의고사〉까지 풀면 양이 많았다. 그래서 〈반쪽 모의고사〉는 거의 풀고 〈나침반 모의고사〉를 2/3 정도 풀었다. 다른 선생님의 문제 유형도 접해보기 위해 이태종 선생님의 모의고사도 몇 회 풀었다.

모의고사는 실전 연습을 위해서 푸는 것이므로 모든 문제를 다 풀어야 한다는 스트레스를 받지 않았으면 좋겠다. 기본서에 있는 문제와 기출문제를 완벽하게 분석하고 공부했다면 실전 연습은 모의고사 10회로도 충분할 것이다. 모의고사 문제를 모두 다 풀겠다는 목표를 세우기보다는 실전 연습을 하면서 부족하거나 실수하는 부분을 확인해서 단단하게 정리하겠다는 목표로 공부했으면 좋겠다.

강의와 교재 선택은 스스로를 기준으로 원하는 목적이나 효과에 따라서 다르게 선택해야 한다. 기본 개념이 부족하다고 생각하는 수험생은 기본 커리큘럼을 충실히 따라가며 기본기를 다져야 한다. 충분히 자신 있는 파트가 있다면 강의를 조금 더 빨리 듣거나 스킵하고 자신이 부족한 파트에 더 시간을 투자해야 한다. 자신에게 부족한 부분을 파악하고 필요한 것을 선택하기 위해 고민하는 것 자체가 효율성 있는 공부를 하기 위한 첫걸음이다. 누가 좋다고 하는 커리큘럼을 무작정 따라서 하는 것보다는 자신을 중심에 두고 자신에게 필요한 커리큘럼으로 최적화하는 것이 최우선 순위이다.

2전략 적용: [기본 개념 암기 + 문제 유형 파악] 세트 접근

국어 문제 문항을 크게 지문을 보고 독해하는 독해형 문제와 암기한 지식을 바탕으로 푸는 암기형 문제로 나눴다. 독해형 문제는 지문을 읽고 생각을 하면서 풀어야 된다는 것을 누구나 알고 있다. 제시문이 주어지는 유형이기 때문에 모든 제시문을 달달 외워서 풀 수 없기 때문이다. 그런데 생각하며 풀어야 하는 독해형 문제뿐만 아니라, 암기형 문제도 문제 유형에 대한 파악을 하면서 공부해야 한다.

암기형 문제의 기출문제 분석

암기형 문제를 내용만 달달 외워서 푸는 전략으로 공부를 하면 출제 포인트를 망각하고 만다. 책에 있는 글씨들을 전부 다 외워버리는 것을 목적으로 하는 비효율적인 방향으로 공부를 하게 되기 때문이다. 암기형 지식을 물어보는 문제라고 하더라도, 모든 내용을 방대하게 외우기만 한 사람이 더 좋은 점수를 받는 것도 아니다. 암기한 내용을 시험에서 빨리 떠올릴 수 있으려면 문제 유형을 파악하면서 공부해야 된다.

국어 문법을 예로 들어 살펴보자. 국어 문법에서 음운론의 목차는 몹시 복잡해보인다. 음운론은 500쪽이 넘는 기본서에서 20쪽이 채 되지 않지만, 20문제 중에서 1문제 이상 나올 가능성이 높은 출제 비중이 큰 주제이다. 음운론 목차만 봐도 외울 양이 많아 보이는데 책에 나오는 내용을 모두 다 빠짐없이 외우려면 외울 양이 얼마나 많을까? 그렇다면 500쪽이 넘는 기본서에는 암기해야 할 내용이 5만 개가 넘지 않을까?

100점을 받을 수 있는 가장 좋은 방법은 기본서에 나와 있는 모든 내용을 전부 외우는 방법일 것이다. 그러나 공부하는 시간을 줄여서 더 효율적으로 공부하려면 가장 중요한 뼈대를 세운 후에 세세한 부분들을 붙이고 다듬어나가야 한다. 집중할 내용에 대한 우선순위를 조절하면서 공부하지 않으면 무작정 외웠던 내용들은 힘없이 날아가고 만다. 더 효율적으로 공부하기 위해서는 모든 내용을 외우는 것이 아니라 출제 비중이 큰 내용부터 문제 유형과 함께 머릿속에 인식하며 공부해야 한다.

기본서를 펴서 목차와 내용을 보면 외워야 할 것이 너무나 많아 보인다. 하지만 어떤 문제가 얼마나 나오고 있는지 분석하면 먼저 집중해서 공부해야 할 부분들이 눈에 들어온다. 출제 비중이 높은 부분부터 집중적으로 시간을 투자해서 내 것으로 만든 후 다음 회독 때는 그다음 순위로 중요한 부분을 정복하면 된다. 다음은 내가 기출문제집을 풀어보면서 문제를 분석했던 방법을 예시로 만든 자료이다.

[1] 음운과 음절의 개념 – 3개

　　음운의 개수 2개

　　음운의 의미 1개

[2] 국어 음운의 체계 – 10개

1. 자음 – 4개

　　파열음, 파찰음, 마찰음 구별 3개

　　자음 분류 기준 1개

2. 모음 – 3개

　　모음의 구별(단모음 종류 초점) 2개

　　자음 분류 기준 1개

3. 소리의 장단 – 3개 (2개는 자주 나오는 거 위주로 나옴)

[3] 국어의 음운 현상 – 20개

　　음운 변동 종류 구별 9개

　　(함정 선지로 구개음화 2개, 된소리되기 1개, 사잇소리 2개 문제 포함)

　　축약, 탈락 구별 4개

　　축약 예시 1개

　　탈락 예시 1개

　　끝소리규칙 / 비음화 예시 2개

　　끝소리규칙 / 축약 예시 1개

　　끝소리규칙 / 동화 / 축약, 탈락 구별 1개

　　자음동화 종류 1개

　　수험생활 당시 내가 공부했던 선재국어 기출문제집에는 음운론 파트의 기출문제가 총 33개 실려 있었다. 이것을 목차를 중심으로 소주제별로 문제의 개수를 세면 위와 같다. 아래에는 주로 어떤 유형으로 문제가 나왔는지 간략하게 예시로 정리했다. 예시처럼 기출문제집 문제의 모든 개수를 세어서 목차에 위와 같은 형식으로 똑같이 정리할 필요는 없다.

그러나 예시로 정리한 것처럼 내가 공부하고 있는 단원에서 출제 비중이 높은 내용이 어디인지는 파악하고 있어야 한다. 문제 출제 유형이 예시를 묻는 것인지, 종류를 구별하는 것인지, 특히 어떤 것들을 주로 비교하여 문제를 내는지는 알고 있어야 한다. 문제 유형을 통해서 기본서의 내용을 머릿속에 떠올릴 수 있어야 빈출 문제 위주로 내용을 더 효율적으로 정리할 수 있다. 그렇게 하면 문제 푸는 속도도 더 빨라진다.

나는 기출문제집을 풀면서 문제를 맞히고 틀리는 것에 일희일비하지 않았다. 대신 문제를 풀고 있는 단원의 목차와 주제들을 머릿속에 넣고 어떤 부분에서 문제 출제가 많이 되는지, 어떤 유형으로 나오는지를 확인하려 애썼다.

음운론 파트를 예로 들면 '국어의 음운 현상'의 출제 비중이 가장 높았다. 즉 1회독으로 인강을 모두 듣고 나서 2회독으로 기출문제집을 풀면서 적어도 음운 현상 부분은 완벽하게 외워야 한다는 말이다. 물론 다른 부분을 소홀히 하거나 완벽히 분리해서 음운 현상만 공부하라는 것이 아니다. 출제자의 눈높이에서 기본서를 보고 가장 많이 문제를 냈던 부분을 우선순위대로 정복하라는 말이다.

시간을 들여 암기한 내용은 잊어버리지 않도록 주기적으로 반복해야 한다. 특히 국어에서 독해형 문제를 제외한 국어 문법, 국어 규범, 한자 및 사자성어 등과 같은 암기한 지식을 바탕으로 푸는 암기형 문제는 정확하게 지식을 암기해야만 문제를 맞힐 수 있다. 앞에서 언급했던 것처럼 암기할 내용들은 자투리 시간을 적절하게 활용해서 외우고 한 번 외웠다면 까먹지 않도록 암기 내용을 주기적으로 강화하여 외우길 바란다.

나는 표준어, 맞춤법, 외래어 표기, 한자성어처럼 달달 외우지 않으면 무조건 틀리는 내용들은 자투리 시간 최소 10분 정도를 투자해서 매일매일 외웠다. 특히 이렇게 단편적인 내용을 암기할 때는 암기 어플이 효과적이었다. 어플을 사용하면 암기할 내용을 외웠는지 랜덤으로 물어보기 때문에 제대로 암기했는지 확인하면서 효율적으로 공부하기 좋다.

단어를 외우는 단순 암기 같은 경우는 연상암기법을 쓰든, 앞 글자를 따서 외우든 아무리 열심히 외워도 며칠 보지 않으면 헷갈리고 외웠던 내용이 흐릿해진다. 어플에서 플래시 카드, 한글달인(맞춤법 공부), 띄어쓰기, 외래어 표기 등을 검색해 암기 어플들을 활용하자. 선재국어 암기앱도 있으니 어플들을 비교해서 살펴보고 자신의 취향에 맞게 선택하면 된다.

자투리 시간이 부족한 날은 이미 외웠던 단어들 말고 잘 안 외워졌던 단어들을 보는 방식으로 선별적으로 암기하도록 하자. 잘 안 외워지는 단어들과 이미 외운 단어들을 적절한 주기를 설정하여 반복하고 강화하면 시간을 효율적으로 사용하여 공부할 수 있다.

독해형 지문의 문제화 포인트 파악

국어 독해형 문제의 점수는 단기간에 오르지 않아 많은 공시생들이 힘들어 한다. 제시문으로 주어질 내용들을 미리 달달 외울 수도 없고 이미 봤던 지문이라도 문제를 다르게 내면 틀릴 수 있기 때문이다. 나는 대입 재수를 했는데 재수 학원에서 국어 공부 방법을 정말 잘 배웠다. 그래서 국어 성적을 많이 올렸다. 그때 공부했던 방법들이 공무원 시험에서도 통했기에 방법을 공유한다.

독해의 사전적 의미는 글을 읽어서 뜻을 이해하는 것이다. 즉, 글을 읽고 뜻을 이해했다면 풀 수 있는 문제가 나온다. 글을 이해하는 과정에서 체크했던 부분들이 문제 포인트가 되는 것이다. 지금부터 독해하는 과정에서 체크해야 하는 문제 포인트들을 살펴보자.

문학: 시, 소설, 고전문학

문학작품은 일반적인 줄글과 다르기 때문에 독해하는 방법이 다르다. 문학작품을 독해하는 방법에는 작품에 초점을 맞추는 내재론적 방법과 사회나 시대, 작가, 독자 등의 작품 외적인 요소들에 작품을 연결시켜 이해하는 외재론적 방법이 있다. 그래서 문학작품 문제 파트에서 가장 기본적으로 나오는 대표 문제는 내재적, 외재적 방법론에 따른 이해 방법이다. 이러한 기본적인 문제 유형이 나왔을 때 틀리지 않도록 평소에 잘 대비해두자.

기본적인 독해 방법 외에 문학 작품을 공부할 때는 문학 갈래별 특징에 따라 글을 이해해야 한다. 예를 들어서 시를 공부할 때 시의 주제, 운율, 시대 상황, 표현법 등을 하나하나 개별적으로 외우기보다는 시의 특징이 무엇인지 스스로 기준을 잡으며 분석하는 것이 중요하다. 문학작품 독해를 위해 분석한 기준이 바로 문제로 만들어지는 문제화 포인트이다. 문학 갈래별 문제화 포인트를 스스로 확인하면서 분석할 수 있다면 훨씬 더 오래 기억할 수 있다.

시 공부의 기본

"시의 주제가 무엇이며 어떻게 파악할 수 있을까?" 이 질문에 스스로 답을 할 수 없다면 시를 분석하는 기준과 방법 없이 무작정 열심히 공부를 하고 있는 것이다. 학창시절부터 지금까지 아주 많은 시를 보고 문제를 풀었지만 시의 주제가 무엇인지 통합적으로 이야기할 수 있는 사람은 드물다. 선생님들이 중요하다고 말해주는 내용에 맞춰서 시들을 단편적으로 외우며 공부했기 때문이다.

그래서 문제가 조금만 다르게 나와도, 이미 주제를 알고 있고 문제도 풀어본 적이 있는 작품이라도 어이없게 틀리는 경험을 할 수 있다. 시의 주제가 무엇이며 어떻게 파악할 수 있는지 스스로의 기준을 가지고 능동적으로 분석한 경험이 부족하기 때문이다.

책에 나오는 시의 개념은 다음과 같다. 시는 작가의 사상과 정서를 운율이 있는 언어로 압축하여 형상화한 서정 문학이다. 간단하게 줄이면 시의 핵심 주제는 작가의 사상이나 정서이다. 나는 시의 주제를 간단하게 감정으로 잡았다. 시의 주제를 파악하기 위해서 시에서 어떤 감정이 드러나고 있는지 집중했다. 시의 주제인 감정을 파악하기 위해서 나름대로 시를 분석하기 위한 기준을 다음과 같이 세웠다.

먼저 시에서 말을 하는 사람인 주인공(화자)의 감정에 집중해서 시를 파악했다. 다음으로 화자가 바라보는 대상(소재)과 화자가 처한 상황, 분위기를 확인했다. 감정은 시의 화자가 처한 상황이나 바라보는 대상을 통해 드러나기 때문이다. 그래서 화자의 말투나 태도, 행동으로 화자가 어떤 감정일지 추측했다. 특히 감정을 직접적으로 드러내는 단어는 곧 시의 주제가 될 확률이 높으므로 별표를 치며 체크했다. 그리고 화자가 감정을 더 효과적으로 드러내기 위해 어떤 수사법(비유법, 강조법 등)과 이미지(시각적, 청각적 심상 등)를 썼는지 확인했다. 그림으로 나타내면 다음과 같다.

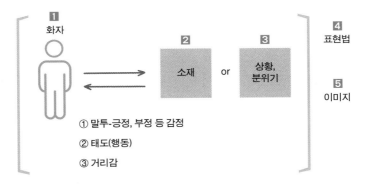

시의 주제: 정서

화자 ①

② 소재 or ③ 상황, 분위기

④ 표현법

⑤ 이미지

① 말투-긍정, 부정 등 감정
② 태도(행동)
③ 거리감

177

1. 화자: 말투(긍정, 부정 등), 태도(행동), 거리감 파악

2. 소재 파악

3. 상황, 분위기 파악

4. 표현법 파악: 수사법, 운율 등

5. 이미지(심상) 파악: 시각적·청각적 이미지 등

이렇게 시의 주제인 정서를 파악하기 위한 유기적인 기준으로 시를 분석하면 개별적으로 암기하는 것보다 기억이 오래 남는다. 시를 읽으면 자연스럽게 머릿속에 저 내용들이 정리되어야 한다. 스스로 시를 분석하는 기준 틀을 잡아서 우선적으로 체크해야 하는 부분을 찾으면서 독해하면 시를 분석하는 힘이 커진다. 시를 분석하는 힘이 커지면 모르는 시가 나와도 혼자서 주제를 파악할 수 있다.

시의 주제를 파악하기 위해 고려한 위의 조건들이 모두 시에서 문제화되는 포인트이다. 시를 제대로 파악하려면 저런 요소들을 확인해야 한다. 시의 주제를 드러내는 데 가장 기여를 했던 내용들이 문제로 나오는 것이다. 따라서 시를 파악하는 유기적인 기준을 통해 시를 분석하며 공부해야 한다. 시에 대한 문제를 풀고 나서는 내가 시를 읽으면서 파악했던 내용들이 문제화 되었는지 확인해보아야 한다.

체크하지 못했던 문제화 포인트가 있다면 어떤 내용을 놓쳤는지 짚고 넘어간다. 개별적인 시마다 특히 두드러지게 나타나는 특징을 살피면서 그 특징에 따른 문제화 포인트를 함께 기억하면 시험에 출제됐을 때 정답을 맞힐 수 있는 확률을 높일 수 있다.

소설 공부의 기본

소설의 주제가 무엇이며 어떻게 파악할 수 있을까? 소설의 사전적 의미는 다음과 같다. 소설이란 작가가 개연성 있는 허구를 예술적으로 형상화한 산문 문학을 말한다. 말이 조금 어렵다. 풀어서 말하면 가짜지만 그럴듯한 이야기를 예술적으로 쓴 글이라고 말할 수 있다. 그렇다면 소설의 주제는 무엇일까? 어떤 것을 말하고 싶어서 그럴듯한 이야기를 지어낸 걸까?

소설은 등장인물의 행동, 사상, 심리 등을 통해 인간의 모습이나 사회상을 드러낸다. 나는 좀 더 간단하게 소설을 읽을 때 찾아야 하는 주제를 등장인물의 삶의 태도나 가치관으로 잡았다. 소설에서 드러나는 인간의 모습이나 사회상은 곧 삶의 태도나 가치관으로 연결되기 때문이다. 소설 문제를 풀어보면 삶의 태도나 가치관을 파악하기 위해 체크해야 하는 부분들이 소설의 문제화 포인트라는 것을 알 수 있다. 시의 주제를 파악하기 위한 요소들이 문제로 나왔던 것처럼 말이다.

소설에서 그려지는 삶의 태도나 가치관을 파악하기 위해서는 먼저 등장인물의 말이나 행동에 주의를 기울여야 한다. 등장인물의 행동이나 말투를 통해 삶의 태도나 가치관을 유추할 수 있기 때문이다. 다음으로 소설에 나오는 등장인물들 사이의 관계를 확인하기 위해 태도가 유사한 인물이나 대립되는 인물을 확인한다. 이를 토대로 관계에 따라 동그라미(유사한 태도)나 세모(대립되는 태도) 표시를 하며 읽으면 소설 내용을 더 빠르게 파악할 수 있다. 그다음 소재, 상황, 분위기 등 등장인물에 영향을 미치는 요소나 갈등 요소들을 파악한다.

내용에 대한 분석과 함께 서술자가 소설을 어떻게 표현하는지 파악하는 것도 중요하다. 작가는 소설의 내용을 더 효과적으로 전달하기 위해 서술하는 방식을 선택하기 때문이다. 따라서 다음과 같은 서술 방식들은 소설에서 언제든 나올 수 있는 기본적인 문제 포인트가 된다. 서술자가 편집자적 논평을 통해 직접적으로 주제를 제시하는 방법, 간접적으로 주제를 제시하는 방법, 요약적으로 서술하는 방법, 묘사하는 문체나 어조, 등장인물의 말이나 행동을 직접적으로 말하는 방식, 대화를 통해 간접적으로 보여주는 방식, 누구의 시점으로 서술되는지 등을 체크하면서 소설을 읽어야 한다. 소설의 주제를 찾기 위해 기본적으로 파악해야 하는 것들을 그림으로 나타내면 다음과 같다.

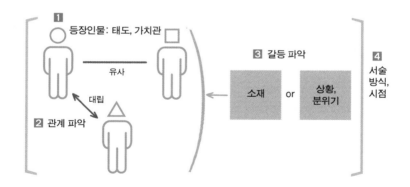

소설의 주제: 삶의 태도, 가치관

1 등장인물: 태도, 가치관
유사
대립
2 관계 파악

3 갈등 파악
소재 or 상황, 분위기

4 서술 방식, 시점

1. 등장인물 체크하며 태도나 가치관을 드러내는 단어에 밑줄
2. 등장인물 간의 관계를 파악하며 대립되는 관계에는 세모 표시
3. 소재, 상황 분위기 등 등장인물에 영향을 미치는 요소나 갈등은 브이 표시
4. 서술되는 방식이나 시점 파악

이렇게 소설의 주제를 파악하는 기준을 정해놓고 순서대로 그 기준을 찾으면서 스스로 분석해보아야 소설을 독해하는 힘을 키울 수 있다. 인강을 들으면서 선생님이 말해주는 내용을 들리는 대로 무조건 받아 적어 암기하는 것보다, 유기적으로 분석하는 힘을 키울 때 문제를 맞힐 수 있는 확률이 높아진다. 모르는 소설이 나와도 자신의 기준에 따라 유기적으로 소설을 분석할 수 있기 때문이다.

소설을 파악하기 위해 체크했던 최소의 기준이 문제로 만들어지는 포인트이다. 소설을 분석하기 위한 최소 조건을 파악한 후 문제를 풀면서 부족한 점들을 추가하라. 그렇게 하면 방대한 소설 작품에 압도되지 않는다. 스스로 소설을 독해할 수 있어야 어떤 소설이 나오든 문제를 맞힐 수 있는 확률이 높아진다.

고전시가와 고전소설을 공부하는 팁

고전시가나 고전소설에는 옛날에 사용했던 글자가 나오거나 한자가 번역 투로 쓰여 있어서 글을 읽어도 이해하기 어려울 때가 있다. 시와 소설을 분석했던 기준을 적용하려 해도 글이 읽히지 않기 때문

에 분석하기 난해한 경우가 많다. 특히 고전시가에서 익숙하지 않고 생소한 작품이 나온다면 눈으로 글을 읽어도 무슨 말인지 파악하기 쉽지 않다.

그럴 때는 소리 나는 대로 최대한 읽으면서 뜻을 유추해보는 것이 도움이 많이 된다. 한자 번역 투의 모르는 단어나 표기가 나왔다고 포기하지 말고 소리 나는 대로 읽으면 뜻을 가늠할 수 있는 경우가 많다. 평소 고전시가를 공부할 때도 처음에는 해설을 보지 말고 최대한 혼자 힘으로 내용을 파악하는 연습을 하면 도움이 많이 된다.

혼자 힘으로 내용을 파악한 후 해설과 비교해보면서 공부해야 고전작품을 파악하는 요령이 생긴다. 또한 해설지를 보며 개별적으로 암기하는 것보다 기억이 오래 남는다. 이렇게 하면 실제 시험에 난해한 고전시가가 나와도 읽어보면서 뜻을 얼추 유추할 수 있기 때문에 정답을 맞힐 수 있는 확률이 높아진다.

고전시가와 마찬가지로 고전소설도 한자 번역 투가 많이 있으면 독해하기가 어렵다. 그러나 고전 소설을 읽을 때 무슨 말인지 잘 모르겠는 문장이 있다고 해도, 해석하기 위해 계속 읽어보면서 그 문장에 집착하면 안 된다. 다른 문제를 풀 수 있는 시간을 뺏기기 때문이다. 소리 내어 읽어보았는데도 무슨 뜻인지 유추가 되지 않으면 그 문장을 이해하려 애쓰지 않아도 된다. 소설의 제시문은 길기 때문에 다른 곳에서 소설의 주제에 대한 힌트를 충분히 찾을 수 있다.

고전소설에서 이해하기 어려운 문장이 나와도 모든 문장을 다 이해하기 위해 시간을 쏟지 말자. 명확하게 내용을 파악할 수 있는 문구부터 강하게 줄을 쳐야 한다. 등장인물의 행동이나 가치관은 독해가 되지 않는 문장 말고도 내용을 이해하기 쉬운 문장에서도 파악할 수 있다. 해석하지 못한 문장이 아니라 명확하게 파악할 수 있는 문장을 통해 문제를 풀면 된다. 그러면 해석이 어려운 문장 때문에 시간을 빼앗기거나 패닉에 빠지지 않을 수 있다.

무엇보다 중요한 것은 앞에서 시와 소설을 분석한 기준을 세웠던 것처럼 고전시가와 고전소설 문제를 풀 때도 스스로 독해하는 연습을 해야 한다는 것이다. 선생님이 설명해주는 내용을 수동적으로 받아 적고 해설지를 보면서 무작정 암기하다 보면 시간이 지날수록 공부했던 기억이 흐릿해진다. 독해한 내용을 바탕으로 문제를 푸는 응용력도 떨어진다.

시와 소설의 주제를 찾기 위해 파악했던 기본적인 토대에, 고전시가와 고전소설을 공부하는 팁을 합쳐 공부하면 방대한 문학 공부를 훨씬 수월하게 정리할 수 있다. 고전작품 하나하나를 무작정 암기하는데 초점을 맞추는 공부를 하면 효율성이 떨어진다. 스스로 작품을 분석할 수 있는 기준을 세워서 독해하는 힘을 키워야 모르는 작품이나 내용이 잘 기억나지 않는 작품이 나와도 문제를 풀어낼 수 있다.

비문학: 문장 간의 관계를 통해 주제 잡기, 글의 패턴

국어 시험에서 비문학 독해 문제의 비중이 높다. 독해력을 키우기 위해서는 어떻게 해야 할까? 꾸준히 읽고 꾸준히 문제를 푸는 게 답일까? 그렇다면 얼마의 기간 동안 꾸준히 읽고 풀어야 독해력을 키울수 있을까? 한정된 수험 기간 동안 매일매일 몇 지문씩 꾸준히 읽고 푸는 게 답이라고 생각하고 공부한다면, 독해 능력이 크게 좋아지기 힘들 것이다. 양에 초점을 맞춰서 공부를 하기 때문이다.

매일매일 정해진 양을 읽고 문제를 푸는 것은 다른 공시생들보다 더 뛰어난 점수를 받기 위한 방법이 아니다. 다른 공시생들도 똑같이 하루에 정해진 양을 할당해서 제시문을 읽고 문제를 풀기 때문이다. 독해 능력을 키우기 위해서는 하루에 몇 지문을 읽고 문제를 푼다는 계획을 세워 공부하는 것이 아니라, 독해력을 향상하기 위한 방법에 초점을 맞춰서 공부해야 한다. 주어지는 글을 독해하기 위한 기준을 세우고 그 기준을 바탕으로 독해하는 힘을 키워나가야 하는 것이다.

그렇다면 글을 독해하기 위한 기준은 어떻게 세울까? 글의 주제를 파악하기 위한 구체적인 방법을 토대로 독해하는 훈련을 해야 한다. 글의 주제를 파악하기 위해서는 글의 구조를 분석해야 한다. 글의 구조를 파악하기 위해서는 문장 간의 관계를 분석해야 한다. 단락을 구성하는 문장들을 읽으면서 어떤 논리 구조로 하고 싶은 말을 전했는지 파악하는 것이다.

문장이 하나만 주어졌을 때는 주제를 파악하기 어렵지 않다. 하나의 문장에 적혀 있는 내용이 곧 말하고자 하는 주제이기 때문이다. 그런데 한 단락 안에는 문장이 여러 개가 들어 있다. 한 단락을 독해하기 위해서는 문장 간의 관계를 파악하는 것이 필수적이다. 예를 들어서 문장이 두 개 이상이라면 문장 간의 관계를 살펴 어떤 문장이 정말 말하고자 하는 주제문인지 파악하면 된다. 그렇게 하기 위해서는 인접한 두 문장의 관계부터 파악하면 된다.

한 단락 안에 1번 문장과 2번 문장이 있을 때, 1번 문장을 설명하기 위한 예시로 2번 문장을 썼는지, 2번 문장으로 결론을 도출하기 위해 1번 문장을 썼는지, 아니면 1번 문장에 더해 다른 내용을 더 추가하기 위해 2번 문장을 썼는지 등 문장 간의 관계를 파악하면 글의 주제를 쉽게 찾을 수 있다. 이것이 글을 독해하는 방법이다. 문장 간의 관계가 머릿속에 정리되지 않은 채로 글을 읽게 되면 글을 읽은 후에도 주제가 무엇인지 한마디로 파악하기 어렵다. 문장들의 논리 구조가 정리되지 않고 감으로 글을 읽고 있기 때문이다.

한국말이기 때문에 논리적으로 글을 읽지 못해도 내용을 어느 정도 파악할 수 있다. 그러나 문장 간의 관계를 토대로 논리적으로 글을 파악하지 못했기 때문에, 문제에서 글의 내용을 물어보면 글을 읽었는데도 내용이 기억이 나지 않는다. 그렇게 되면 문제로 나온 내용이 어디 있는지도 파악하지 못한 채 글을 다시 읽어보아야 한다. 글을 읽으면서 머릿속에서 자동으로 글의 논리 구조를 그리기 위해서는 각 문장들의 관계를 파악하면서 글을 읽어야 한다. 그렇게 해야 단락별 주제를 찾을 수 있다.

글을 분석하는 방법은 다음과 같다. 먼저 처음 나온 문장과 뒤에 나오는 문장의 핵심 키워드를 파악하면서 문장 간의 관계를 파악한다. 뒤에 나오는 문장이 앞 문장의 내용을 설명하기 위해 썼는지, 앞의 이야기를 바탕으로 뒤의 이야기로 결론을 내고 있는지, 아니면 지금까지 말한 주제에 대한 내용을 추가하고 있는지, 아예 반대되는 이야기를 하기 위해 앞 문장을 썼는지 관계를 따지면서 글을 읽는다.

이렇게 문장 간의 관계를 분석하면 지문 전체에서 정말로 말하고자 하는 주제가 무엇인지 더 빠르고 명확하게 파악할 수 있다. 문장들의 세세한 내용에 매몰되지 않고 '예시, 방법, 근거, 종류, 유형' 등 문장을 핵심 단어로 빠르게 요약할 수 있기 때문이다. 이렇게 지문을 분석하는 훈련을 하면 글을 읽으면서 일목요연하게 내용이 정리된다. 또한 지문을 잘못 이해하거나 문제를 틀렸을 때도 왜 틀렸는지 이유를 뚜렷하게 파악할 수 있다.

1번 문장 - 2번 문장의 관계를 파악하기

글을 읽을 때 두 문장의 관계를 파악하는 연습을 해서 어떤 문장이 주제인지 생각하면 독해력이 향상된다.

1번 문장이 주제인 경우: ①〈② 로 표현

2번 문장이 1번 문장의 내용을 설명하거나 뒷받침하는 경우이다. 1번 문장의 내용에 대한 부연 설명, 종류, 예시, 방법, 근거 등이 온다.

2번 문장이 주제인 경우: ①〉② 로 표현

1번 문장을 통해서 2번 문장으로 결론을 짓는 경우이다. 1번 문장에서는 2번 문장을 이끌어내기 위한 질문, 근거, 원인 등이 온다. (1번 문장이 주제인 경우와 논리 관계가 반대라고 보면 된다.)

1번, 2번 문장 모두 주제인 경우:

1. 동등한 경우: ①+② 로 표현

1번 문장과 2번 문장의 내용의 크기가 동등한 문장이 이어지는 경우이다. 앞에 있는 내용과 다른 내용이 열거, 나열, 추가된다.

2. 대립되는 경우: ①↔② 로 표현

1번 문장과 2번 문장이 서로 반대되거나 대립되는 경우이다. 문맥에 따라서 주제는 앞이 되기도 뒤가 되기도 한다.

주제가 전환되는 경우: ①/②로 표현

1번 문장으로 내용을 환기하고 2번 문장으로 본론에 들어가는 경우, 1번 문장에서 주제를 말하고 2번 문장에서 다른 내용을 덧붙이는 경우가 있다. 그런데, 한편 등의 접속사로 연결될 때가 많다.

문장 간의 관계를 통해 주제 잡기

제시문에 나오는 문장 간의 관계를 파악하며 단락의 주제를 소재의 한 측면 [○○의 ○○] 형태로 키워드를 뽑아 읽는 연습을 해야 한다. 하나의 글에서는 말하고자 하는 대상의 모든 것을 설명할 수 없다. 지면이 한정적이기 때문이다. 예를 들어서 '전통 음식'에 대해 설명하는 글이 있다. 한 단락 안에서 '전통 음식'의 모든 것에 대해서 장황하게 설명하기 힘들다. 단락별 주제는 대략적으로 '전통 음식'의 유래, '전통 음식'의 종류, '전통 음식'의 효능, '전통 음식'의 요리 방법, '전통 음식'의 변화 등이 될 수 있을 것이다. [○○의 ○○] 형태로 간략하게 주제를 요약하면서 읽으면 장황한 설명에 매몰되지 않는다.

문장 간의 관계를 파악하며 분석하는 공부는 시간을 재고 문제를 풀고 난 후에 글을 다시 볼 때 한다. 문제를 풀 때 처음부터 아주 천천히 분석하면서 풀다보면 시간 감각이 없어지기 때문이다. 지금 현재의 실력으로 주어진 시간 동안 문제를 풀고 다시 분석을 할 때 어떤 점이 부족했는지 확인하며 공부하면 된다.

문 9. 다음 글의 주제로 가장 적절한 것은?

❶외래어는 원래의 언어에서 가졌던 모습을 잃어버리고 새 언어에 동화되는 속성을 가지고 있다. ❷외래어의 동화 양상을 음운, 형태, 의미적 측면에서 살펴보자.

❸첫째, 외래어는 국어에 들어오면서 국어의 음운적 특징을 띠게 되어 외국어 본래의 발음이 그대로 유지되지 못한다. ❹자음이든 모음이든 국어에 없는 소리는 국어의 가장 가까운 소리로 바뀌고 만다. ❺프랑스의 수도 Paris는 원래 프랑스어인데 국어에서는 '파리'가 된다. ❻프랑스어 [r] 발음은 국어에 없는 소리여서 비슷한 소리인 'ㄹ'로 바뀌고 마는 것이다. ❼그 외에 장단이나 강세, 성조와 같은 운율적 자질도 원래 외국어의 모습을 잃어버리고 만다.

❽둘째, 외래어는 국어의 형태적인 특징을 갖게 된다. ❾외래어의 동사와 형용사는 '-하다'가 반드시 붙어서 쓰이게 된다. ❿영어 형용사 smart가 국어에 들어오면 '스마트하다'가 된다. ⓫'아이러니하다'라는 말도 있는데 이는 명사에 '-하다'가 붙어 형용사처럼 쓰인 경우이다.

⓬셋째, 외래어는 원래 언어의 의미와 다른 의미로 쓰일 수 있다. ⓭일례로 프랑스어 madame이 국어에 와서는 '마담'이 되는데 프랑스어에서의 '부인'의 의미가 국어에서는 '술집이나 다방의 여주인' 의미로 쓰이고 있다.

① 외래어의 갈래   ② 외래어의 특성
③ 외래어의 변화   ④ 외래어의 개념

글의 분석을 보지 말고 먼저 내용을 읽고 문제를 풀어보자.
글을 도식화해서 주제를 살펴보면 다음과 같다.

(❶〈❷) 외래어의 ○○
❸〈[{❹〈(❺〈❻)}+❼] 외래어의 ○○-음운적 특징
❽〈{(❾〈❿)+⓫)} 외래어의 ○○-형태적 특징
⓬〈⓭ 외래어의 ○○-의미적 특징

○○에 들어갈 측면 단어는 무엇일까? 이 문제에서 경쟁하는 선지
는 2번과 3번이다. 2번 선지와 3번 선지 모두 선지를 먼저 보고 제시
문을 보면 출제자의 함정에 빠질 수 있다. 외래어의 특성이라고 생각
하면서 글을 보면 외래어의 속성을 설명한 글이니 그럴듯하다. 그러
나 외래어의 변화라는 선지를 생각하면서 글을 보면 외래어의 동화
양상을 설명한 글이므로(동화: 성질, 사상 따위가 다르던 것이 서로 같게 됨)
변화라고 생각할 수 있다.

우리는 이 문제를 머릿속에 아주 잘 각인시켜야 한다. 출제자는 알
고 있다. 글을 읽을 때 측면 단어로 요약하며 글을 읽는 사람이 별로
없다는 것을 말이다. 그래서 3번같이 포함 관계가 조금 큰 선지를 줘
서 선지를 중심으로 제시문을 읽으면 여차했을 때 틀리게 할 수 있다
는 것을 아주 잘 알고 있다.

그리고 평소에 이런 식으로 문제를 틀렸을 때 "아 변화가 아니라
속성이구나" 하면서 글의 논리 구조가 아니라 개별적인 내용만 체크

하며 공부하는 사람이 많다는 것을 아주 잘 알고 있다. "앗 틀렸네?", "왜 이렇게 생각했지, 이건데? 실수했네~." 이렇게 가볍게 넘기는 사람이 많다는 것도 아주 잘 알고 있다.

출제자는 공시생들이 틀린 문제를 다시 틀린다는 것도 아주 잘 알고 있다. 비문학 기출문제를 펴놓고 틀린 문제를 답을 가리고 다시 풀어보면 똑같은 선지를 골라 똑같이 틀리는 경우가 많다. 답을 고르는 생각의 과정이 이전에 문제를 풀었을 때와 동일하기 때문이다. 자신의 사고 과정, 글을 분석하고 답을 고르는 과정까지 깊숙이 건드리는 공부를 하지 않고 있기 때문이다.

출제자는 글을 분석하면서 공부하는 사람이 별로 없다는 것을 아주 잘 알고 있다. 제시문에 있는 단어에 밑줄이나 동그라미를 치면서 펜으로만 글을 읽고 문제를 푸는 사람이 많다는 것을 아주 잘 알고 있다. 머릿속에서 글의 내용을 논리 구조로 정리하기 힘들어 하는 사람이 많다는 것을 아주 잘 알고 있다. 그래서 느낌적으로 글을 읽으면 느낌이 잘못 왔을 때 틀리게 하는 선지를 아주 잘 만든다.

국어 문제는 보통 이렇게 생각의 한끗 차이로 틀린다. ○○에 들어갈 측면 단어는 속성(특성)이다. 평소에 문장을 읽고 측면 단어로 요약하는 연습을 하면서 글을 읽어야 출제자의 함정에 걸리지 않는다. 현혹하는 선지들을 물리치고 핵심 주제 파악을 토대로 정답을 고를 수 있는 것이다.

머릿속으로 글이 도식화되어야 다른 문제도 수월하게 풀 수 있다. 도식화한 글의 구조를 보면서 문제를 예측해보자. 이 글에서 내용 일치 문제가 나왔다면 **7**번 문장이 반드시 나왔을 것이다. 음운적 특징을 여러 갈래로 추가하여 설명했기 때문이다. **11**번 문장은 예외적으로 덧붙인 내용으로, 역시 선지로 구성하기 좋다.

측면 단어로 각 문장을 요약하며 읽고 문장 간의 관계를 토대로 글의 구조를 머릿속에 도식화하는 연습을 하면 글을 읽는 속도가 빨라지고 내용이 정리된다. 제시문으로 주어지는 글의 문장들을 읽었을 때 글의 내용이 머릿속으로 도식화되는 사람과 그렇지 않은 사람의 독해 능력에는 큰 차이가 있다.

후자는 글을 읽어도 내용이 머릿속에 남지 않는다. 독해력을 키우고 싶다면 문장 간의 관계를 파악하면서 글을 분석하는 연습을 해보자. 그렇게 하면 글의 주제를 핵심 단어로 요약할 수 있고, 내용을 더 유기적으로 체크할 수 있다. 핵심 주제에 어떤 내용들이 덧붙어서 글이 전개되는지 측면 단어를 토대로 머릿속에 글을 이미지화 할 수 있다.

위 제시문을 단락별로 도식화하면 아래와 같다.
1번 단락〈(2번 단락+3번 단락+4번 단락)

위 제시문은 전형적인 설명문의 글의 구조이다. 글의 내용도 추상적이거나 난해하지 않다. 그러나 출제자가 문제의 난이도를 높이고 싶을 때는, 추상적인 단어나 글의 논리를 어지럽히는 문장을 몇 개 넣어 독해를 방해하는 글을 제시문으로 준다. 즉, 독해력이 더 높은 수험생들이 맞힐 수 있도록 문제를 내는 것이다. 독해를 방해하는 문장이 나와도 글을 요약하며 읽고 문제를 풀 수 있으려면 평소에 독해력을 끌어올릴 수 있는 연습을 해야 한다. 자신이 현재 글의 개별적인 내용만 이해하며 문제를 풀고 있지 않은지 반드시 점검하자.

2019 지방직 9급 6번

문 6. 다음 글에 대한 이해로 가장 적절한 것은?

❶책은 벗입니다. ❷먼 곳에서 찾아온 반가운 벗입니다. ❸배움과 벗에 관한 이야기는 『논어』의 첫 구절에도 있습니다. ❹'배우고 때때로 익히니 어찌 기쁘지 않으랴. 벗이 먼 곳에서 찾아오니 어찌 즐겁지 않으랴'가 그런 뜻입니다.

❺그러나 오늘 우리의 현실은 그렇지 못합니다. ❻인생의 가장 빛나는 시절을 수험 공부로 보내야 하는 학생들에게 독서는 결코 반가운 벗이 아닙니다. ❼가능하면 빨리 헤어지고 싶은 불행한 만남일 뿐입니다. ❽밑줄 그어 암기해야 하는 독서는 진정한 의미의 독서가 못 됩니다.

❾독서는 모름지기 자신을 열고, 자신을 확장하고, 자신을 뛰어넘는 비약이어야 합니다. ❿그렇기 때문에 독서는 삼독(三讀)입니다. ⓫먼저 글을 읽고 다음으로 그 글을 집필한 필자를 읽어야 합니다. ⓬그 글이 제기하고 있는 문제뿐만 아니라 필자가 어떤 시대, 어떤 사회에 발 딛고 있는지를 읽어야 합니다. ⓭그리고 최종적으로 그것을 읽고 있는 독자 자신을 읽어야 합니다. ⓮그렇게 함으로써 자신의 처지와 우리 시대의 문맥을 깨달아야 합니다.

① 독서는 타인의 경험이나 생각 등을 자기화(自己化)하는 과정이다.
② 반가운 벗과의 독서야말로 진정한 독자로 거듭날 수 있는 첩경(捷徑)이다.
③ 시대와 불화(不和)한 독자일수록 독서를 통해 자신의 위치를 발견하기 쉽다.
④ 자신이 배운 것을 제때에 적용하기 위해서는 친밀한 교우(交友)관계가 중요하다.

글의 분석을 보지 말고 먼저 내용을 읽고 문제를 풀어보자.
글을 도식화해서 주제를 살펴보면 다음과 같다.

(❶❷)〈(❸❹) 책의 은유적 의미
❺〈{❻〈(❼〈❽)} 책의 은유적 의미에 대한 반대 현실
(❾〉❿)〈[{(⓫〈⓬)+⓭}〉⓮] 진정한 독서의 의미

전체 단락은 (1단락↔2단락)〉3단락으로 도식화된다.

글을 읽고 머릿속으로 문장 간의 관계가 더 뚜렷하게 정리되는 사
람일수록, 내용의 측면 단어를 더 빨리 떠올려 요약할 수 있는 사람
일수록 선지를 고르기 쉽다. 글을 읽으면 글자만 읽는 것이 아니라
머릿속에 내용이 구체적으로 정리되기 때문이다.

그러나 글을 이렇게 분석하고 문장 간의 관계를 따져보면서 공부
하는 것은 정말 어렵다. 어떻게 생각하고, 어느 부분에 초점을 맞추는
지에 따라 글을 다르게 도식화할 수 있기 때문이다. 글을 분석한 후
정답을 비교할 수도 없기 때문에 답답하다. 한 지문을 잡고 제대로
분석하면 30분, 1시간이 걸리기도 한다. 암기할 양이 많은 공무원 시
험에서 한 지문을 분석하는데 이렇게 시간이 오래 걸리면 현타가 올
수도 있다.

그러나 이것은 의미 없는 과정이 아니다. 해설지에 나오는 글의 주
제에 대한 설명만 읽고 쓱 넘어가는 공부가 아니기 때문이다. 개별적

인 글을 이해하고 넘어가는 것과 질적으로 다른 공부이다. **문장 간의 관계를 생각하고, 맥락 속에서 포함 관계를 따지고, 측면 단어로 요약하면서 글을 분석하다 보면 생각하는 능력이 정교해진다.**

독해력을 키우기 위해서 갑자기 독서를 해보려 하거나 문제를 많이 풀면서 양치기를 하는 것보다 훨씬 직접적으로 도움이 된다. 글을 스스로 분석하다 보면 글의 내용을 요약하는 측면 단어가 더 빨리 떠오르고, 측면 단어화에 익숙해지면 다음에 나올 글의 전개 방향이 예측 된다. 글의 내용을 끊임없이 집중해서 생각함으로써 집중력도 키워진다. 무엇보다 글을 글씨만 읽지 않게 되므로 머릿속에 글의 내용이 들어오기 시작한다.

국어 비문학을 읽고 틀렸다면 정말 정교하게 왜 틀렸는지 분석해보는 시간을 꼭 가져야 한다. "어? 이거 왜 틀렸지? 에이 잘못 생각했네", "글이 너무 어려워서 시간 안에 못 읽었네", "글 내용이 너무 어려워서 머릿속에 잘 안 들어왔네"라고 하면서 해설지를 보고 글의 내용을 이해하고 넘어가면 독해 실력은 시험 당일까지 제자리걸음일 것이다.

처음 공부할 때 독해 점수가 시험 막바지의 독해 점수와 똑같다는 말을 들어본 적이 있는가? 독해 점수가 오르지 않아 고민이라면 내가 독해력을 올릴 수 있는 방법으로 공부를 하고 있는지 반드시 점검해 보아야 한다. 꼭 지금 설명한 방법이 아니더라도, 논리적으로 글을 분석해서 읽을 수 있는 방법을 찾아 공부를 해야만 독해 실력이 오른다. 독해력 관련 문제 분석 영상을 공시청 유튜브에 올리고 있으니 참고

하기 바란다.

글의 패턴

문장 간의 관계를 통해 글의 주제를 파악하면 자주 나오는 글의 패턴에 대해서 더 확실하게 인식할 수 있다. 글의 패턴을 알아보면 글을 읽는 속도가 더 빨라진다. 예를 들어 설명문일 경우 주로 첫 번째 단락에 소재의 개념, 정의가 제시된다. 다음 단락들에서는 소재에 대한 종류, 유형, 예시, 방법 등이 나온다. 마지막 단락에서는 주로 의의, 가치, 의미 등의 측면이 제시된다. 논설문일 경우 첫 번째 단락에 주장이 제시된다. 다음 단락들에서는 근거가 나열되고 이에 대립되는 이론이나 반박 내용이 제시된다. 마지막 단락에서는 이론이나 반박을 모두 아우르는 결론이 제시된다.

특히 자주 나오는 글의 패턴은 문제-해결 방안 제시 내용이다. 첫 번째 단락에는 어떤 현상이나 개념이나 주장이 제시된다. 다음 단락에서는 처음 제시되었던 내용에 대한 문제점이 제시된다. 그리고 마지막 단락에서는 해결 방안이 제시된다. 글을 분석하며 읽다 보면 글의 패턴에 익숙해지고 소재의 측면을 제시하는 키워드가 거의 비슷하다는 것을 알게 된다. 키워드를 쉽게 뽑아낼수록 글이 빠르고 정확하게 읽힌다.

이렇게 문장 간의 관계를 파악하며 글을 읽는 훈련을 하면 글을 읽었을 때 글의 내용을 논리적으로 이해할 수 있다. 문장 간의 관계를 통해서 한 문단의 논리 구조를 파악할 수 있고 더 나아가 주어지는 제시문 전체의 내용을 도식화할 수 있다.

매일 무작정 몇 지문, 몇 문제씩을 주어진 시간 안에 푸는 것을 목표로 하고 틀린 문제의 내용을 체크하면서 넘어가는 것은 자신의 현재 수준을 확인하는 것밖에 안 된다. 독해력을 키우는 공부 방법이 아닌 것이다. 자신의 현재 독해 실력만 확인하는 것에 그치며 공부하면, 공부를 처음 시작했을 때의 국어 독해 점수와 시험에서의 독해 점수가 비슷할 가능성이 높다.

현재의 실력으로 글을 읽고 문제를 푼 후 틀린 내용을 확인하는 것은 자신에게 부족한 부분을 채우기 위한 공부를 하는 것이 아니다. 제시문의 내용을 이해하는 시간을 보낸 것일 뿐이다. 독해력을 키우는 방법에 초점이 맞춰진 것이 아니라, 문제를 왜 틀렸는지 해설지를 보면서 내용을 확인하거나 강사의 설명을 토대로 글을 이해하는 것이기 때문이다. 독해력을 향상시킨 것이 아니라 개별적인 글의 내용을 배우기 위해 시간을 썼을 뿐이다.

우리는 시험장에 들어가서 혼자의 힘으로 글을 빠르게 독해해야 한다. 그러기 위해서는 평소에 혼자서 글을 분석하고 독해하는 힘을 기르기 위한 공부를 해야 한다. 위에서 설명한 것처럼 문장 간의 관계를 파악한 기준에 따라서 주제를 찾는 훈련을 하면, 내가 어떤 내용을 놓치거나 잘못 이해해서 글을 제대로 독해하지 못하고 문제를 틀렸는지 파악할 수 있다. 해설지나 강사의 설명으로 글을 이해하는 것이 아니라 자신의 생각을 점검해보면서 글을 읽고 문제를 풀어야 처음 보는 제시문이 나와도 문제를 맞힐 수 있는 힘을 키울 수 있다.

3전략 적용: 오답 체크 포인트

공부를 하면서 문제를 틀릴 때마다 어떤 점이 부족해서 틀렸는지 확인하면서 부족한 부분을 채워야 점수가 오른다. 부족한 부분은 개념 지식일 수도 있고 문제를 푸는 요령일 수도 있다. 지금 자신에게 부족한 부분이 어떤 것인지 파악하고 부족한 부분을 채우려고 노력할수록 더 빠르게 합격할 수 있다. 자신에게 부족한 부분은 자신만이 파악하고 채울 수 있다.

5점을 구한 체크 포인트

아래 문제는 실제 시험 때 실수로 틀릴 뻔했던 문제이다. 선지가 헷갈렸는데 마지막에 답을 고르는 기준을 다시 한 번 생각하며 검토한 후 답을 고쳐서 맞혔던 문제이다.

> **2017 교육행정직 국어 A형 3번**

3. 표준어와 관련한 설명으로 틀린 것은?

① '두리뭉실하다'는 예전에는 표준어가 아니었으나 현재는 '두루뭉술하다'와 함께 표준어이다.
② '우뢰'는 예전에 표준어였으나 현재는 표준어가 아니고 '우레'가 표준어이다.
③ '웃프다'는 새로 만들어진 말로 현재 두루 쓰이고 있는 표준어이다.
④ '애달프다'와 '애닯다'는 같은 뜻을 가진 말이나 '애달프다'는 표준어이고 '애닯다'는 표준어가 아니다.

문제에 대한 분석을 읽기 전에 먼저 문제를 풀어보자.

이미 시험에 나왔던 내용은 기본서나 기출문제집에 많이 실리기 때문에 답을 고르기 쉬울 수도 있다. 그러나 나는 2번과 3번 선택지가 매우 헷갈렸다. '웃프다'라는 말을 기본서나 기출문제집에서 본 기억이 없기 때문이었다. 시험에 본 적 없는 것 같은 새로운 내용이 선지로 등장한다면 당황해서 답을 찾기 힘들 수가 있다.

그러나 평소 헷갈리는 선지가 나와서 문제를 틀렸을 때마다 선지를 판단하는 기준에 맞춰서 답을 고르는 훈련을 했다면 정답을 맞힐 수 있는 가능성을 높일 수 있다. 선지를 볼 때는 선지의 앞뒤 부분들이 모두 맞는지 확인해야 한다.

나는 2번 선지와 3번 선지가 헷갈려서 2, 3번 선지의 앞뒤를 나눠 맞는 내용인지 고민했다. 평소 헷갈리는 선지가 있으면 한 문장을 뜯어서 앞뒤를 분석하는 연습을 했다. 그래서 실전에서도 어느 선지를 골라야 하는지 더 옳은 것 같은 선지를 정답으로 찾을 수 있었다.

② '우뢰'는 예전에 표준어였으나 →예전에 표준어였는지 기억이 안 나서 △

현재는 표준어가 아니고 '우레'가 표준어이다.→맞는 내용으로 ○

③ '웃프다'는 새로 만들어진 말로→인터넷상의 신조어임을 알고 있어서 ○

현재 두루 쓰이고 있는 표준어이다.→인터넷상에서 많이 쓰고 있는 느낌이긴 하나 표준어 규정이나 표준어 목록에서 보지 못했기 때

문에 맞는 말이 아니라고 생각해서 ×

　2번과 3번이 헷갈렸지만 자세하게 뜯어보면 ○, △와 ○, ×의 경합이므로 3번을 틀린 답으로 골라야 한다. 이렇게 스스로 더 구체적으로 뜯어서 판단하지 못하면 추상적으로 헷갈린다고만 느끼고 답을 고르지 못한 채 시간이 흘러간다. 평소에 공부를 하면서 헷갈리는 선지가 있을 때 구체적으로 판단해서 문제를 푸는 연습을 해야 한다. 그럼에도 불구하고 문제를 틀렸을 때는 왜 틀렸는지 분석해서 다시 틀리지 않으려면 어떻게 해야 할까 고민하면서 공부하자. 자신의 약점을 채우려고 노력할수록 성적이 오른다.

　나는 문제를 풀 때 어떻게 틀리는지, 어디서 잘 틀리는지에 대해 끊임없이 인식하려 애썼다. 모두 유명 강사의 강의를 듣는데 합격과 불합격으로 결과가 다른 이유는 소화 방법의 차이라고 생각했기 때문이다. 내가 어떻게 잘 틀리는지 아주 잘 알고 있어야 정답을 더 잘 맞힐 수 있다.

　예를 들어 국어에서 내가 자주 틀리는 경우는 다음과 같았다. 보통 단어에 대한 뜻을 대충 알고 있을 때다. 비장미, 점층법과 같이 매우 많이 들어본 단어임에도 불구하고 그 정의를 정확하게 설명하지 못하는 경우 문제를 많이 틀렸다. 그래서 단어 때문에 틀릴 때면 국어사전을 찾아 단어의 뜻을 정확하게 알아보고 그 단어에 대한 대표 예시를 두세 개 정도 정확하게 기억함으로써 다음에 절대로 다시 틀리지 않게 대비했다.

그리고 선지의 문장이 길어질 때 자주 틀렸다. 선지들의 주어나 서술어에 수식어가 많이 들어 있으면 어떤 것을 정답으로 골라야 맞을지 비교할 초점을 제대로 잡지 못했다. 그래서 선지들만 보다가 시간을 많이 쓰고 답도 제대로 고르지 못했다. 이런 경우에는 다시 제시문으로 돌아가서 제시문의 주제를 생각했다. 출제자가 정말 제시문을 통해서 묻는 주제가 무엇일지 생각하면서 선지를 보면 답을 더 명확하게 고를 수 있었다.

중요한 것은 내가 어떻게 틀리는지 스스로 분석하고 다시 그렇게 틀리지 않도록 애쓰는 것이다. 이 내용은 이래서 틀리고 저 내용은 저래서 틀리다는 선생님의 설명만 필기하고 책을 덮으면 자신의 실력은 조금도 늘지 않고 제자리에 멈춰 있다. 자신의 부족한 부분을 채우고 문제 풀이 스킬을 더 발전시키려 스스로 노력하는 사람만이 더 빠르게 합격할 수 있다.

공시청님의 도움을 받아 올해 무사히 지방직 공무원을 합격할 수 있어 감사하단 말씀을 드리고 싶어요. 평상시 국어 비문학 지문에 어려움을 느껴 어떻게 공부할지 많은 고민을 했습니다. 다른 공부 영상을 참고해도, 암기과목의 회독 강조가 주를 이룰 뿐, 비문학에 대한 뚜렷한 접근법을 다루는 영상이 거의 없어 비문학에서 고전을 면치 못했습니다. 그러다 공시청님 영상과 책을 통해 독해 접근법의 실마리를 얻을 수 있었고, 덕분에 좋은 성적을 받을 수 있었습니다.

공시청님의 차별화되는 장점이 막연하게 어떻게 해야 한다고 말하는 대신 도식화로 단계별로 프로세스를 정리해주는 부분인 거 같아요!! 하나하나 알려주셔서 바로 적용해볼 수 있는 게 너무 좋습니다!

영어 비밀 전략

1전략 적용: 최근 4년 출제 비중 파악

영어시험에서 문제의 유형은 국어 과목처럼 크게 제시문이 주어지는 지문 독해형 문항과 지식 암기형 문항으로 구별할 수 있다. 영어 독해형 문항은 주제를 찾는 문항(제목, 요지, 목적)과 일치, 불일치 여부 파악, 빈칸 완성, 글의 흐름 파악하기이다. 암기형 문항은 어휘 및 표현, 생활 영어, 문법 문제이다.

2021 지방직 9급 공무원 시험 출제 비중은 다음과 같다.

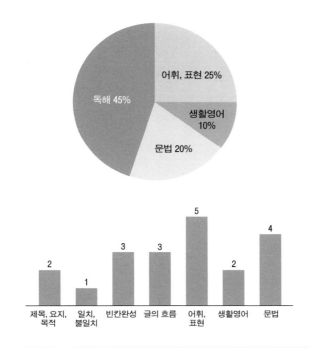

주제 찾기(제목, 요지, 목적), 일치와 불일치 여부 파악, 빈칸 완성, 글의 흐름을 파악하는 문제인 독해형 문제의 유형이 9문제가 출제되었다. 어휘 및 표현, 생활 영어, 문법 문제가 나오는 암기형 문항은 11문제가 출제되었다.

2018 지방직 영어

2019 지방직 영어

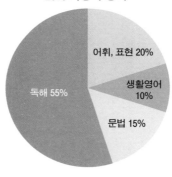

2020, 2021 지방직 영어

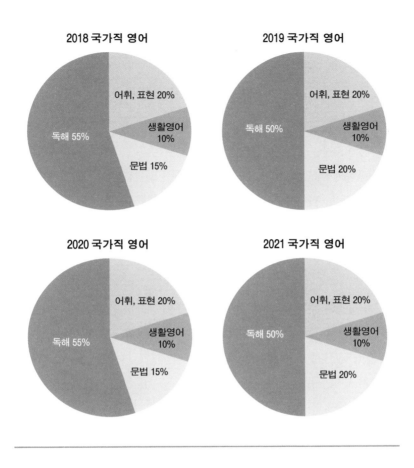

2018 국가직 영어
독해 55%
어휘, 표현 20%
생활영어 10%
문법 15%

2019 국가직 영어
독해 50%
어휘, 표현 20%
생활영어 10%
문법 20%

2020 국가직 영어
독해 55%
어휘, 표현 20%
생활영어 10%
문법 15%

2021 국가직 영어
독해 50%
어휘, 표현 20%
생활영어 10%
문법 20%

　지방직, 국가직 시험의 출제 비중을 살펴보면 독해형 문제와 암기형 문제가 커다란 변화 없이 절반의 비중으로 대동소이하게 출제된다. 비중을 살펴보면서 중요하게 집중해야 하는 사실은 '영어 시험은 문항 유형이 정해져 있다'는 것이다. 독해 문제의 유형도 '주제를 찾는 문항(제목, 요지, 목적)과 일치, 불일치 여부 파악, 빈칸 완성, 글의 흐름 파악하기'로 정해져 있고 암기형 문제의 유형도 거의 전형적인 문제가 나온다.

독해 문제는 묻는 유형이 정해져 있기 때문에 유형에 따라 어떻게 정답을 찾을 수 있는지 파악하는 것을 목표로 공부하면 된다. 어휘, 표현이나 생활 영어처럼 30퍼센트 정도 꼭 나오는 암기형 문제는 시험 빈출 단어들을 놓치지 않고 암기하면 다 맞힐 수 있을 것이다. 영어 공부를 할 때 '그냥 단어 외우고, 문법 외우고, 독해 풀어야지' 이렇게 생각하는 사람과 '어휘, 표현이나 생활 영어 문제만 다 맞혀도 30점이구나! 지금 기본 단어를 외우면서 빈출로 나오는 단어들은 더 확실히 외우고 넘어가야겠다!'라고 생각하며 공부하는 사람은 다르다. '독해에서 주제를 찾는 문제 유형은 어렵지 않은데, 글의 흐름 파악하는 유형이 어렵네. 2주간은 흐름 파악하기에 집중해서 공부해야지!'라고 생각하며 공부하는 사람은 다르다.

시험에 출제되는 유형에 대해 인식을 확실히 하면 무엇을 채워나가야 할지 머릿속에 그림이 그려진다. 전체를 생각하면서 전략적으로 공부하는 사람은 그렇지 않은 사람보다 반드시 더 빠르게 합격한다. 그리고 기본적으로 영어는 모국어가 아니기 때문에 독해형 문제를 풀기 위해서는 영어 단어나 문법과 같은 암기 지식들의 기본기를 충실하게 다져야 한다. 영어 단어나 문법의 기본기 없이 독해를 공부하는 것은 모래성을 쌓는 것과 마찬가지이다. 영어공부의 최우선 순위는 단어 암기와 문법이기 때문에 초반에 가장 많은 시간을 집중적으로 투자해서 공부하자.

하프로 공부하면 안 되는 이유

나는 취업을 할 때 토익 공부를 열심히 했다. 그리고 기본적으로 영어 베이스가 있다고 생각했기 때문에 공무원 영어 시험을 준비하는 데에도 어려움이 없을 것이라고 생각했다. 그러나 내 생각은 오산이었다. 공무원 영어 시험은 수능 영어, 토익과 느낌이 많이 달랐다. 기출 단어들을 보니 생소한 단어도 많았고 훨씬 다양한 단어가 나온다고 느껴졌다. 기본 단어에서 구멍이 생기니 문법 문제를 풀거나 지문을 독해할 때도 훨씬 오래 걸리고 어렵게 느껴졌다. 문법 문제의 초점도 수능과 다른 느낌이었고 제시문도 조금 더 난해하게 느껴졌다.

처음에는 기본 베이스가 있다고 생각했기 때문에 영어 하프(실제 시험문제의 유형은 그대로이고 문제 수만 반으로 줄인 문제지)를 매일 풀어보며 공부했다. 매일 문제를 풀면서 컨디션을 유지하고 틀리는 문제만 분석해서 공부하면 효율적이라고 생각했기 때문이다. 기본 인강을 들었거나 베이스가 있다고 생각하는 공시생들도 대부분 아침에 하프를 풀면서 컨디션을 유지하고 자신의 실력을 체크한다.

그러나 단어와 문법에 대한 충실한 기본기를 다지지 않았거나, 독해 문제 유형에 대해 충분히 분석했던 공부 시간이 없다면 하프를 기본으로 공부하는 것은 밑 빠진 독에 물을 붓는 것처럼 비효율적일 가능성이 높다. 하프에 나오는 10문제를 풀면서 틀린 개수에 일희일비하며 감정 소모를 할 가능성이 크기 때문이다. 공부 실력이 충분히 쌓여 컨디션 조절을 하면서 자신의 실력을 계속 체크하기 위한 목적이 아니라면, 하프를 풀 시간에 문법이나 어휘를 집중해서 공부하거나 독해 문제 유형 분석에 파고들어야 한다.

먼저 단어를 최우선적으로 정복하지 않은 채 하프를 풀면 여러 문제가 발생한다. 아는 단어가 나오면 하프 점수가 올라 기뻐하고, 모르는 단어가 나오면 하프 점수가 내려가 슬퍼하는 감정 소모형 공부를 하게 된다. 단어, 어휘 문제를 틀린 후 강사가 쏟아내는 외워야 하는 연관 어휘들을 따라 적으면서 외우려 하면, 기본 중심이 잡혀져 있지 않기 때문에 단어들을 외우는 효율이 떨어진다.

자신이 외우기로 정한 영어 단어 책을 최소 2~3회독을 해야 어떤 단어가 어느 페이지에 있었는지까지 생각나면서 기본 단어 틀이 잡힌다. 이러한 기본틀이 없는 상태에서 강사가 판서하는 단어들을 무한정 적고 개별적으로 외우는 것은 비효율적이다. 암기했던 단어 책을 바탕으로 내가 정말 몰랐던 단어인지, 외웠는데 까먹은 단어인지 확인하면서 공부해야 한다. 단어 문제를 틀렸다면, 자신의 단어 책에 있었던 단어인지 체크한 후 없는 단어라면 추가하면서 공부를 해야 훨씬 효율적으로 단어를 머릿속에 넣을 수 있다.

기본 단어 암기가 되어 있지 않으면 하프에서 틀린 지문들을 분석하는 것도 매우 오래 걸린다. 모르는 단어도 많거니와 어떤 단어가 지엽적인 단어인지 꼭 외워야 하는 단어인지 구별도 안 되기 때문이다. 외우고 있어야 할 중심 단어들이 없기 때문에, 어느 단어가 굳이 외우지 않아도 되는 단어인지도 모른 채 모든 단어를 무작정 외우는 공부를 하게 된다.

그러나 기본 단어 틀이 잡혀 있다면 이를 바탕으로 문맥을 통해서 내용을 파악할 수 있다. 지문에 나오는 단어가 너무 지엽적이라 굳이 안 외워도 충분히 문제를 풀 수 있는지 구별할 수 있게 된다. 모르는 단어를 모두 체크해서 전부 외우려고 노력하는 비효율적인 시간을 줄일 수 있는 것이다.

문법 문제도 마찬가지이다. 문법에 대한 기본 내용 정리가 되어 있지 않으면 지문을 분석할 때 많은 시간이 소요된다. 하프 해설 강의를 들으며 문법 설명을 들어도 스스로 문법에 대한 뼈대를 확실히 갖추지 못하고 들으면 내용이 흩어져 버린다. 적어도 어느 문법이 문제로 나오면, 어떤 유형이 시험에 출제되는 비중이 가장 높은지 머릿속으로 떠올릴 수 있어야 하프로 실력을 체크하면서 효율적으로 공부를 할 수 있는 것이다. 단어와 문법책을 기본 2~3회독 하며 스스로 중심을 잡은 상태에서 추가적으로 살을 붙여나가는 공부를 할 수 있을 때 하프를 풀며 공부하는 것이 더 효율적이다.

인강 커리큘럼 및 공부한 교재는 다음과 같다. 나는 취업 준비로 토익을 공부했었고 어느 정도 영어 베이스가 있다고 생각했기 때문에 내가 부족하다고 느끼는 부분 위주로 강의와 교재를 선택했다. 이 커리큘럼을 그대로 따라 하는 것은 추천하지 않는다. 자신의 기본기를 잘 고려해서 강의와 교재를 선택해야 한다. 기초가 부족한 사람이면 기초 강의부터 듣고 문법이 부족한 사람은 문법에 집중해서 공부해야 한다.

영어	손진숙	1. 기본 강의: 기적의 40포인트, 4시간에 끝내는 문법 요약, 손진숙 기출문제집 강의(문법 위주)
		2. 문제집: 〈손진숙 영어 기출문제집〉
		3. 모의고사: 〈손진숙 영어 쑥쑥 모의고사〉
	이동기	1. 기본 강의: 핵심 문법 100포인트, 하프, 기적의 특강, 한 권으로 정리하는 빈출 어휘, 생활 영어 200제
		2. 문제집: 〈한 권으로 정리하는 핵심문법 500제〉는 조금 풀다가 사용 안 함
		3. 모의고사: 〈이동기 영어 실전동형 모의고사〉
		〈VOCA 바이블〉

내가 들었던 강의와 공부한 교재는 참고로만 보길 바란다. 나는 과거에 영어 공부를 열심히 했었지만 회사를 퇴사한 후 다시 공부를 하려다보니 영어 단어나 문법이 잘 기억이 나지 않았다. 특히 공무원 영어 단어는 내가 전에 공부했던 영어 단어들보다 생소하고 어렵게 느껴졌고, 모르는 단어가 태반이었다. 그래서 공부 초반에는 단어를 집중해서 암기했다. 기본 단어가 잡혀 있지 않으니 문법과 독해가 더 어렵게 느껴졌기 때문이다.

영어 단어 책은 공무원 영어 단어 책으로 유명한 〈VOCA 바이블〉을 선택해서 외웠다. 공부 초반 한 달 동안 단어 책을 2~3회독 했는데도 불구하고 단어 문제를 많이 틀려서 다른 단어 책을 추가했다. 〈VOCA 바이블〉을 기본서로 두고 이동기 선생님의 〈한 권으로 정리하는 빈출 어휘〉, 〈생활 영어 200제〉를 추가로 꼼꼼히 암기하며 내용을 정리하니 단어에 대한 자신감을 키울 수 있었다.

문법은 이동기 선생님의 핵심 문법 100포인트를 들으며 과거에 공부했던 기억을 되살렸다. 문법마다 문제로 나오는 중요한 포인트 100가지를 확인하며 문법 문제 유형들을 정리했다. 〈핵심 문법 500제〉는 너무 양이 방대하고 어렵게 느껴져서 조금 풀다가 사용하지 않았다. 대신 다른 선생님의 교재를 추가적으로 공부했다.

내용을 조금 더 심화하고 압축하기 위해서 손진숙 선생님의 기적의 40포인트와 4시간에 끝내는 문법 요약 강의를 들었다. 특히 4시간에 끝내는 문법 요약 강의는 모든 문법 내용들이 A4 단 2장으로 요약되고, 문법 내용들이 체계적으로 정리가 되어 있어 정말 큰 도움이 되었다. A4 2장의 내용을 모두 외우면서 뼈대를 잡았고 공부를 하다가 추가할 만한 내용을 덧붙여나갔다.

단어와 문법에 시간을 집중적으로 투자한 후 기출문제집을 분석했다. 손진숙 선생님의 기출문제집 1, 2권을 풀면서 시험에 자주 출제 됐던 단어들과 문법들을 확인했다. 단어를 묻는 문제이든, 문법을 묻는 문제이든, 주제를 묻는 문제이든 나오는 모든 유형들의 기출문제를 꼼꼼히 분석했다.

그리고 한 지문에서 중요해 보이는 단어, 문법, 독해 포인트를 모두 확인하고 넘어갔다. 독해가 잘 되지 않는 부분은 문법과 단어를 천천히 분석하며 공부했다. 문법과 단어를 묻는 문제라도 글의 흐름이나 주제가 파악되지 않으면 시간을 투자해 제대로 독해할 수 있을 만큼 공부했다.

　모의고사는 이동기 선생님과 손진숙 선생님의 모의고사를 풀었다. 선생님마다 더 강조하는 문법 포인트나 독해 포인트가 있기 때문에 문제를 골고루 풀고 싶었다. 그래서 2권의 모의고사를 번갈아가면서 풀었다. 2권의 모의고사를 풀고 분석할 시간이 부족했기 때문에 모두 풀지는 못했다.

　모의고사는 실전 연습을 해보기 위해 푸는 것이기 때문에 모의고사를 푼 후 부족한 부분을 찾아서 공부하는 데에 집중했다. 모의고사를 무조건 많이 푸는 데에 집중하지 않았다. 그리고 모의고사는 시험보다 난이도가 더 높기 때문에 문제를 많이 틀려도 너무 스트레스 받지 않도록 노력했다.

　영어는 내용이 방대해서 단권화를 하기가 어려웠다. 어휘, 문법, 독해가 1권으로 요약된 책이 없고, 따로 노트를 만들기에는 시간이 많이 걸렸다. 그래서 머릿속으로 단권화를 할 수 있도록 매일 일정한 양을 꾸준히 공부하는 데에 집중했다. 〈VOCA 바이블〉과 생활 영어 책, 빈출 어휘와 같은 단어 책들을 암기한 후에는 책을 부분적으로 나눠서 하루에 다 볼 수 있는 것을 목표로 공부했다.

　책을 1/5, 1/4, 1/3씩 점점 양을 늘려가면서 나눠서 외우고 헷갈리는 단어만 포스트잇에 적어 따로 외우는 식으로 회독을 계속 했다. 이런 식으로 매일 암기하면 잘 안 외워지는 단어가 추려진다. 1권의 책이나 노트로 단어장을 만드는 것이 아니라 머릿속에 기본 단어 책을 모두 외우는 것을 목표로 머릿속 단권화를 했다.

문법은 손진숙 선생님의 4시간에 끝내는 문법 요약 강의에서 제공되는 A4 2장에 살을 붙여가면서 정리했다. 따로 예쁘게 정리 노트를 만드는 것이 목적이 아니었기 때문에 정리 노트를 따로 만들지는 않았다. 대신 A4 2장의 내용을 머릿속에 완전히 집어넣으려 노력했다. 문법책을 보면서 잘 틀리는 내용들과 시험장에서 꼭 봐야 할 내용들만 손진숙 선생님의 문법 요약 A4 2장에 함께 정리했다.

2전략 적용: [기본개념 암기 + 문제 유형 파악] 세트 접근

영어 문제 문항을 크게 지문을 보고 독해하는 독해형 문제와 어휘, 생활 영어, 문법 등 암기한 내용으로 푸는 지식 암기형 문제로 나눴다. 암기형 문제와 독해형 문제의 유형을 파악해서 출제 포인트를 살피며 공부하자.

단어 + 생활 영어 암기는 최우선

영어는 우리나라 말이 아니기 때문에 어휘가 뒷받침되어야만 문법 문제를 풀 때 수월하고, 어휘와 문법이 뒷받침되어야만 독해를 제대로 할 수 있다. 그래서 기본적으로 공부 초반에는 어휘부터 빠르게 외워야 한다. 단어와 생활 영어를 최우선으로 영어 공부 초반에 시간을 가장 집중적으로 투자해서 외워야 한다. 기본이 되는 영어 단어 책은 유명한 강사의 책이든 대부분 공시생들이 많이 보는 〈VOCA

바이블〉이든 상관없다.

영어 단어 책 한 권을 제대로 외우는 것을 최우선 목표로 잡고 단어부터 정복한다. 나는 〈VOCA 바이블〉을 기본 영어 단어 책으로 정해서 외웠다. 〈VOCA 바이블〉은 빈출어휘 1권과 어원편 1권으로 구성되어 있다. 단어의 어원을 잘 모른다면 어원편부터 외우는 것을 추천한다.

어원편에서 접두어, 접미어, 어근 등을 확인하며 외울 수 있기 때문에, 문제를 풀 때 모르는 단어를 만나도 단어 뜻을 대충 추측해서 찍을 수도 있는 힘이 생긴다. 그리고 어원을 중심으로 단어를 암기하면 단어의 뜻을 논리적으로 이해할 수 있기 때문에 더 오래 기억에 남는다.

나는 기본 단어 책으로 〈VOCA 바이블〉을 외운 후 〈이동기 영어 기적의 특강〉 책을 함께 외웠다. 〈이동기 영어 기적의 특강〉에는 최빈출 어휘와 동사구, 생활 영어가 요약되어 있어 시험에 자주 나오는 단어를 정리해서 외우는 데에 도움이 된다. 〈VOCA 바이블〉과 〈이동기 영어 기적의 특강〉, 〈한 권으로 정리하는 빈출 어휘〉만 제대로 암기해도 영어 단어 문제에 자신이 생길 것이다.

어휘 문제를 어려워하거나 잘 틀리는 이유는 기본적으로 제대로 안 외우기 때문이다. 영어 단어, 생활 영어 문제는 어느 정도 기본 단어를 암기하지 않고서는 맞힐 수 없다. 어휘를 너무 여유롭게 외우는 것은 영어 공부에 독이 된다. 하루에 1일치 영어 단어 외우기를 목표로 두 달 동안 느슨하게 외우면 문법이나 독해를 공부할 때 모르는 단어로 인해 시간이 많이 소요된다.

문법이나 독해 문제를 풀 때 모르는 어휘가 많으면 한 문제만 분석하는 데도 시간이 오래 걸린다. 지문에 나온 모르는 단어를 일일이 찾아 뜻을 파악하고 외워야 하기 때문이다. 지문에 지엽적이거나 생소한 단어가 들어 있으면 아예 문맥을 파악하지 못한다. 선지에도 모르는 단어가 나오면 답을 고를 수 없게 된다. 기본 단어를 충분히 외우고 있지 않은 상태라면 문제를 제대로 풀 수 없을 뿐만 아니라 문제 분석이 아닌 단어 공부만 하게 된다.

기본 단어 암기가 되어 있는 상태여야 문제를 풀고 나서 왜 틀렸는지 제대로 분석할 수 있다. 단어는 다 아는데 문법을 못해서 독해가 안 되는지, 문법 문제가 아니라 중심 주제 찾기를 못하는 것인지 등 자신의 실력을 파악해볼 수 있기 때문이다.

처음에 기본 단어들을 외우는 것에 스트레스를 받을지라도 영어 공부에 꼭 필요한 과정이라 생각하고 집중적으로 단어를 외워야 한다. 기본 단어 암기는 나의 점수로 직결된다는 생각으로 꿋꿋하게 외워나가자. 단어 외우기에 시간을 우선적으로 투자한 후 문법과 독해를 공부하면, 기본 단어 때문에 너무 오랜 시간을 소모하지 않으므로 영어 공부에 속도가 붙을 것이다.

문법의 문제화 포인트

영어 독해의 기본은 문법이다. 독해를 하기 위해서는 문법이 필요하다. 초등학교 때부터 영어를 배워왔지만 영어 문법에는 자신이 없는 이유가 무엇일까? 누구나 영어 문법 강의를 듣는 것에는 익숙하지만 스스로 문제 유형을 정리하며 공부하는 것에는 익숙하지 않기 때문이다. 공무원 시험의 영어 문법 문제도 문장의 형식, 동명사, 부정사, 조동사 등 학창시절에 한 번쯤 들어봤던 내용이 나온다.

그러나 문제가 어떻게 나오는지 제대로 정리한 기억이 거의 없기 때문에 문법 문제를 풀면 처음 보는 것처럼 새롭다. 문제풀이 강의를 듣고서야 '아 맞다 이 내용이었지' 하면서 강의만 듣고 문제는 틀리는 똑같은 과정을 반복한다. 문법 강의를 듣고 내용을 외우는 것에서 그치지 말고, 배운 내용이 시험에서 어떤 포인트들로 문제화 되는지를 확인하면서 빈출 포인트를 파악해야 한다.

영어에서 문제로 가장 많이 나오는 포인트는 동사이다. 의미의 크기가 가장 큰 것이 동사이기 때문이다. 그래서 기본적으로 영어 문장을 분석할 때 동사를 먼저 집중적으로 체크해야 한다. 동사에 따라 문장의 형식이 정해지므로 동사를 파악하면 문장의 형식에 따라 수월하게 독해할 수 있다. 문장의 기본틀을 파악하기 위해서는 1~5형식 문장을 구성하는 동사들은 꼼꼼하게 외우고 있어야 한다.

문법을 공부할 때 가장 먼저 나오는 1~5형식의 문장구조를 예로 들어 문제화 포인트를 잡는 공부를 어떻게 해야 하는지 살펴보자. 문장형식을 공부할 때 1형식은 주어+동사, 2형식은 주어+동사+주격보어, 3형식은 주어+동사+목적어, 4형식은 주어+동사+간접목적어+직접목적어, 5형식은 주어+동사+목적어+목적격 보어로만 외우는 것에서 끝나면 안 된다. 각 형식에 써야 하는 동사를 외우는 것만으로도 끝나서는 안 된다. 문장 형식에 따라 어떤 문제들이 가장 많이 출제되는지 빈출 유형까지 확인해야 한다. 그래야 문제를 더 빠르고 정확하게 풀 수 있기 때문이다.

문장 형식에 따른 문제로 가장 많이 빈출되는 유형 중 하나는 2형식과 5형식의 보어 자리에 부사가 왔는지 여부이다. 이를 체크하기 위해서는 2형식과 5형식 빈출 동사를 외워야 하고 이 동사를 발견하면 보어 자리를 확인해야 한다. 다음으로 빈출되는 유형은 사역 동사나 지각 동사의 목적격 보어 자리에는 절대로 to부정사가 올 수 없다는 것을 골라내는 문제이다.

이런 식으로 문법 내용을 외운 후에는 문법 내용이 문제로 어떻게 출제되는지 확인하고 빈출 문제 포인트를 정리해서 외워야만 정답을 맞힐 수 있는 확률이 높아진다. 공부한 내용을 외우는 것에 그치지 않고 문제로 만들어지는 유형들까지도 함께 파악한다면 반드시 더 빠르게 영어 문법을 정복할 수 있다.

손진숙 선생님의 4시간에 끝내는 문법 요약 강의에서 제공되는 A4 2장에는 13개의 핵심 문법이 요약되어 있다. A4 2장에 있는 내용만 제대로 암기한 후 내용을 보지 않고 떠올릴 수 있다면 영어 문법이 마냥 어렵거나 막막하게 느껴지지 않을 것이다. 강의나 교재를 보지 않고 스스로 문법 내용과 문제 포인트를 정리해서 말할 수 있다면 문제를 풀기에 훨씬 수월하다.

내가 문법 문제를 틀릴 때마다 틀렸던 이유를 분석해보니 대부분 문법 내용을 혼자서 말할 수 있을 정도로 암기하지 못했거나 이미 암기했던 내용인데 헷갈려서 틀린 경우가 많았다. to부정사만 목적어로 취하는 동사, 동명사만 목적어로 취하는 동사, 사역 동사, 지각 동사 등 선생님이 항상 외워야 한다고 강조하는 내용들이 정말 문제로 나온다. 눈으로만 확인하고 다음에 암기해야겠다고 미루고 넘어가면 문제로 나왔을 때 틀릴 수밖에 없다. 시험에 자주 나오는 핵심 문법들을 혼자서 설명할 수 있을 정도로 암기하고 문제 유형까지 확인하여 기억한다면 문법 문제의 정답률이 올라갈 것이다.

문장 간의 관계를 통해 주제 잡기

영어 독해 문제를 잘 풀기 위해서는 먼저 독해하는 방법에 대한 고민이 필요하다. 그냥 대충 읽고 문제를 풀면 어떤 것을 정답으로 골라야 할지 헷갈리기 때문이다. 영어 독해를 할 때도 국어 비문학 독해에서 연습했던 것처럼 문장을 단어화하여 요약하면서 읽는 훈련을 해야 한다. 시험장에서는 지문을 읽고 설명해주는 강사도 없고 모르는 단어 뜻을 찾아가면서 읽을 수도 없으므로 스스로 독해하는 힘을 키워야만 문제를 제대로 풀 수 있다.

독해를 잘하기 위해서는 먼저 동사를 기준으로 문장을 분석해서 이해한다. 동사의 이미지를 그리면서 문장을 읽으면 뒤에 목적어가 나올지, 보어가 나올지 머릿속에서 예측하면서 빠르게 독해할 수 있다. 동사를 중심으로 문장을 읽고 키워드를 뽑아 요약하며 읽는 연습을 해야 한다. [○○의 ○○] 형태로 간략하게 주제를 요약하면서 읽으면 장황한 설명에 매몰되지 않는다.

글의 패턴

보통 영어 지문에서 글의 주제를 찾을 때 첫 문장이나 마지막 문장에 포커스를 두고 중점적으로 읽으란 말도 글의 구조를 분석해보면 왜 그렇게 되는 것인지 확실히 알 수 있다. 보통 두괄식의 글이 주제를 전달하기에 효과적이기 때문이다. 제시문을 읽어나가면서 두괄식이라는 것을 눈치 채면 중간을 요약해서 빨리 읽고 마지막 부분을 확인해서 정말 두괄식인지 점검하면 된다.

영어에서도 비문학처럼 자주 나오는 논리 구조가 있고 소재의 어떤 측면을 설명하는지 요약하는 단어들도 비슷하다. 글의 개별적인 내용만 이해하는 공부를 하지 말고 다른 제시문을 봤을 때도 적용할 수 있도록, 근본적인 독해력을 키울 수 있는 공부를 하자.

독해 문제 유형 분석

영어 독해 문제 유형은 크게 네 가지로 정해져 있다. 글의 주제(제목, 요지, 목적)를 찾는 유형, 일치와 불일치 여부 파악 유형, 빈칸 완성 유형, 글의 흐름을 파악하는 유형이 나온다. 문제의 유형이 크게 정해져 있으므로 각각의 유형들을 풀 때마다 어떤 방식으로 정답이 도출되는지를 정리하면서 공부를 한다면 더욱 날카로운 기준으로 정답을 고를 수 있다.

1. 주제, 제목, 요지 추론, 문단 요약 유형

지문을 읽고 지문이 말하는 바를 찾는 가장 기본적인 유형이다.
먼저 문제를 스스로 풀어보자.

9. 다음 글의 제목으로 가장 적절한 것은?

❶Mapping technologies are being used in many new applications.
❷Biological researchers are exploring the molecular structure of DNA
("mapping the genome"), geophysicists are mapping the structure of the Earth's
core, and oceanographers are mapping the ocean floor. ❸Computer games
have various imaginary "lands" or levels where rules, hazards, and rewards
change. ❹Computerization now challenges reality with "virtual reality,"
artificial environments that stimulate special situations, which may be useful
in training and entertainment. ❺Mapping techniques are being used also in
the realm of ideas. ❻For example, relationships between ideas can be shown
using what are called concept maps. ❼Starting from a general or "central"
idea, related ideas can be connected, building a web around the main concept.
❽This is not a map by any traditional definition, but the tools and techniques
of cartography are employed to produce it, and in some ways it resembles a
map.

① Computerized Maps vs. Traditional Maps
② Where Does Cartography Begin?
③ Finding ways to DNA Secrets
④ Mapping new Frontiers

문제의 제시문을 분석하면 아래와 같다.

❶번 문장

: 소재의 측면 [○○의○○] 형태로 키워드를 잡으면 '지도 기술의 새로운 분야 적용'으로 잡을 수 있다. 문장 간의 관계를 많이 분석해 보면 알겠지만 보통 '적용'이라는 키워드가 잡히면 어디에 어떻게 적용하는지 '적용 대상'이나 '적용 방법', '적용 예시'가 나오기 쉽다. 그리고 적용에 대해 설명하는 내용이 이어지고 나서는 '적용의 가치', '적용의 의의'로 끝이 맺어지기 쉽다. 이런 식으로 키워드를 잡으면서 다음에 어떤 내용이 이어질지 예측하면서 읽는 연습을 하자.

❷번 문장

: 생물학자, 지구물리학자, 해양 학자를 설명하며 '지도 기술의 적용 예'가 나왔다. 2번 문장이 1번 문장을 설명하므로 주제는 1번 문장이다.

❸번 문장

: 컴퓨터 게임의 특징이 언급되었다. 앞의 주제와 비교했을 때 갑자기 새로운 주제로 바뀌는 것인지 아니면 컴퓨터 관련 내용도 지도 기술의 새로운 분야 적용과 이어지는지 초점을 맞추며 읽으면 된다. 시험에서 주어지는 제시문은 수험생들이 너무 쉽게 독해해버리면 안 되므로 중간중간 파악하기 난해한 문장들이 삽입되어 있다.

그러나 중요한 것은 문장 간의 관계 분석이다. 앞에서 말한 내용과 같은 내용이 이어지는지 다른 내용이 이어지는지 파악하는 것이다.

그래서 [○○의○○] 형태로 키워드를 잡을 때 최대한 앞의 내용과의 연관성을 살펴 요약하는 연습을 하면 머릿속에 내용이 더 잘 들어온다.

❹번 문장

: 컴퓨터화의 도전

❺번 문장

: 지도기술의 사용 – 관념의 영역

❻번 문장

: 지도기술의 사용 – 관념의 영역에 대한 예

❼번 문장

: 지도기술의 사용 – 관념의 영역에 대한 예 설명

❽번 문장

: 지도와의 유사성

전체 문장을 도식화하면 ❶〈❷+(❸+❹)+[❺〈{(❻〈❼)+❽}]으로 표현할 수 있다. 이렇게 문장을 요약하는 연습을 하면서 독해를 하면 독해 속도가 빨라진다. 제시문을 읽을 때 문장들이 저렇게 단어화되어 요약되고 제시문을 읽고 난 후 전체 글의 구조가 머릿속에 남는 사람은 그렇지 않은 사람보다 분명히 영어 점수가 높을 것이다.

영어 지문의 내용이 난해해서 한글로 된 해석을 읽어봐도 내용을 도무지 모르겠는 지문들이 등장할 때도 많다. 위의 지문도 내용이 잘 와닿지 않고 글의 논리 구조가 일목요연하지 않은 제시문이다. 그러나 글의 내용을 모두 논리적으로 이해할 수 없어도 정답을 고를 수 있다. 주제를 찾는 문제를 풀 때 문장을 단어화하고 요약해서 정리할 수 있다면, 글의 내용을 세부적으로 이해하지 못해도 정답을 맞힐 수 있다. 독해력이 낮아서 고민이라면 문장을 단어화하고 글 전체의 구조를 머릿속에 남기는 것을 목표로 연습해야 한다.

주제, 제목, 요지 추론, 문단 요약 유형에서 중요한 것은 세부적인 내용을 담아 너무 길어지는 문장에 매몰되지 않는 것이다. 세부적인 내용에 매몰되지 않기 위해서는 글의 내용을 단어화해서 요약하는 연습을 하는 것이 도움이 된다. 문제를 틀리고 나서 내용 설명 해설지만 확인하고 넘어가면, 개별적인 제시문의 내용만을 알게 되는 것이다. 스스로 문장을 읽고 단어화해서 요약하는 힘이 생겨야 제시문 전체의 내용을 도식화할 수 있고 주제를 찾을 수 있는 독해력이 생긴다.

영어 독해력을 키우겠다고 영어 동화책이나 영어 소설을 계속 읽는 것보다는 이렇게 스스로 분석하는 연습을 하는 것이 더 효과적이다. 생각하는 힘을 키우고 싶다면 스스로 내용을 분석하는 연습을 해야 한다. 그렇게 하면 글을 읽어내는 힘이 키워지고 선지를 골라내는 정교함도 향상된다.

이 유형에서는 글을 읽고 주제를 요약하는 것이 기본이다. 글에서 언급되는 비중이 더 많은 내용의 키워드를 뽑아낼 수 있는지 여부가 문제화 포인트가 되기도 한다. 또 글의 주제보다 너무 포괄적인 단어나 너무 협소한 단어로 선지를 만들어 함정을 내기도 한다. 특히 유형에 상관없이 가장 많이 쓰이는 함정은 지문에 있는 단어와 똑같은 단어를 사용해서 선지에 넣고 틀린 답으로 고르게 하는 것이다.

2. 일치, 불일치 여부 파악 유형

20. 다음 글의 내용과 일치하지 않는 것은?

Carbonate sands, which accumulate over thousands of years from the breakdown of coral and other reef organisms, are the building material for the frameworks of coral reefs. But these sands are sensitive to the chemical make-up of sea water. As oceans absorb carbon dioxide, the acidify-and at a certain point, carbonate sands simply start to dissolve. The world's oceans have absorbed around one-third of human-emitted carbon dioxide. The rate at which the sands dissolve was strongly related to the acidity of the overlying seawater, and was ten times more sensitive than coral growth to ocean acidification. In other words, ocean acidification will impact the dissolution of coral reef sands more than the growth of corals. This probably reflects the corals' ability to modify their environments and partially adjust to ocean acidification, whereas the dissolution of sands is a geochemical process that cannot adapt.

① The frameworks of coral reefs are made of carbonate sands.

② Corals are capable of partially adjusting to ocean acidification.

③ Human-emitted carbon dioxide has contributed to the world's ocean acidification.

④ Ocean acidification affects the growth of coral more than the dissolution of coral reef sands.

일치, 불일치 여부 파악 유형은 본문의 내용과 선지의 내용을 꼼꼼하게 비교하는 문제이다. 앞서 언급했던 문장을 요약하는 방식으로 글을 읽으면, 선지의 내용을 읽었을 때 본문에서 어디를 봐야 하는지 찾아가기 쉽다. 그러나 최근의 제시문들은 글의 논리가 일목요연하게 정리되어 있기보다는 세부적인 내용들이 산발적으로 나열되어 있기 때문에 새로운 중심 소재가 등장할 때마다 동그라미를 치면서 읽은 후 선지와 꼼꼼히 비교하며 푸는 것이 좋다.

문제화 포인트는 지문에 언급된 내용에 대해 동의어로 재진술 된 내용을 찾아낼 수 있는지가 기본이다. 그리고 제시문의 내용에서 원인과 결과, 상관관계가 있거나 변화 등이 진술되는 부분들이 선지로 많이 등장한다. 특히 관용어구나 부사의 단어를 바꿔서 틀리는 지문을 많이 만들어 내기도 하고 비교급이나 부정어 같은 단어를 바꾸어 선지에 함정을 파놓으므로 주의깊게 보자. 예시 문제 역시 4번 선지에서 비교급으로 대상을 바꾸어 함정을 파놓았다.

3. 빈칸 완성 유형

16. 밑줄 친 부분에 들어갈 말로 가장 적절한 것은?

❶All of us inherit something: in some cases, it may be money, property or some object-a family heirloom such as a grandmother's wedding dress or a father's set of tools. ❷But beyond that, all of us inherit something else, something _____, something we may not even be fully aware of. ❸It may be a way of doing a daily task, or the way we solve a particular problem or decide a moral issue for ourselves. ❹It may be a special way of keeping a holiday or a tradition to have a picnic on a certain date. ❺It may be something important or central to our thinking, or something minor that we have long accepted quite casually.

① quite unrelated to our everyday life
② against our moral standards
③ much less concrete and tangible
④ of great monetary value

빈칸 완성 유형의 문제화 포인트는 빈칸이 글의 어디 부분에 속하는지 파악하는 것이다. 앞서 언급한 대로 문장 간의 관계를 잘 파악할 수 있고 문장을 요약하는 실력이 있다면 풀기 수월하다. 빈칸에 넣어야 할 내용이 바로 앞 문장과 관련된 내용일 때도 있고, 바로 뒤 문장과 관련된 내용일 때도 있기 때문에 문맥을 파악할 수 있어야 한다. 또한 빈칸 문제는 인접한 문장 간의 관계만 문제로 나오는 것이 아니라 거리가 멀게 배치되어 있는 주제문의 내용을 넣어야 할 때도 있으니 글의 전체 구조를 파악하면서 읽는 것이 중요하다.

문제의 제시문을 분석하면 아래와 같다.

❶번 문장
: 소재의 측면 [○○의○○] 형태로 키워드를 잡으면 '우리의 유산(우리가 받는 유산)'으로 잡을 수 있다. 문장 간의 관계를 많이 분석해보면 알겠지만 보통 All처럼 전체를 아우르는 표현이 나오면(모두 ~한다, 모든 것들은 ~다) 뒤에 역접으로 이어져 일반화된 진술과 반대되는 논지가 이어지기 쉽다.

❷번 문장
: 앞에서 예상했던 것처럼 역접의 접속사인 But이 나왔고 빈칸이 나왔다. 앞서 예시로 들었던 유산의 특징과 반대되는 것이 들어가야 할 것이다.

❸번 문장, ❹번 문장, ❺번 문장
: it may be로 시작하는 병렬구조로 2번 문장에 대한 예시들이 나왔다.

전체 문장을 도식화하면 (❶)←→{❷〈(❸+❹+❺)〉}으로 표현할 수 있다.

보통 빈칸 완성 문제 유형을 분석할 때 개별 제시문의 세세한 내용을 이해하면서 빈칸에 들어갈 정답으로 맞는 선지를 찾게 된다. 그러나 포인트는 개별 제시문의 세세한 내용을 공부하는 것이 아니다. 문장을 읽으면 문장을 짧게 요약할 수 있는지, 다음 문장을 읽으면 그 문장이 앞의 문장을 설명하는지, 아니면 새로운 내용을 얘기하는지 파악하는 것이 중요하다. 글 전체를 읽었을 때 글의 구조가 머릿속에 남아야 한다.

독해 연습이 충분히 되지 않아 글의 세부적인 내용을 이해하는 것에 그치면 출제자가 파는 함정에 빠지기 쉽다. 특히 난이도가 높은 빈칸 문제는 글을 읽은 후 전체 내용이 머릿속에 도식화되어야 정답을 맞힐 수 있는 경우가 많다. 예를 들어 ❶번 문장이 주제인 글에 ❷번, ❸번 문장을 통해서 반론을 제시한 후 다시 ❹번, ❺번으로 ❶번 문장을 뒷받침하는 글은 다음과 같이 도식화할 수 있다.

[{❶↔(❷〈❸〉)}〈(❹+❺)〉]

글을 읽고 머릿속에 이런 도식화 그림이 잡히지 않는다면 ❹번 문장을 비웠을 때 ❹번이 ❶번을 뒷받침하는 문장이라는 것을 파악하기 쉽지 않다. 세부적으로 제시문을 이해하고 공부하는 것보다 더 나아가 전체 글의 논리 구조를 파악하는 데에 초점을 맞춰야 독해력을 키울 수 있다.

4. 글의 흐름 파악 유형

16. 다음 글의 흐름상 가장 어색한 문장은?

❶When the brain perceives a threat in the immediate surroundings, it initiates a complex string of events in the body. ❷It sends electrical messages to various glands, organs that release chemical hormones into the bloodstream. ❸Blood quickly carries these hormones to other organs that are then prompted to do various things. ❹①The adrenal glands above the kidneys, for example, pump out adrenaline, the body's stress hormone. ❺②Adrenaline travels all over the body doing things such as widening the eyes to be on the lookout for signs of danger, pumping the heart faster to keep blood and extra hormones flowing, and tensing the skeletal muscles so they are ready to lash out at or run from the threat. ❻③The whole process is called the fight-or-flight response, because it prepares the body to either battle or run for its life. ❼④Humans consciously control their glands to regulate the release of various hormones. ❽Once the response is initiated, ignoring it is impossible, because hormones cannot be reasoned with.

글의 흐름을 파악하는 유형은 글의 흐름에 어긋난 문장을 찾아야 하기 때문에 전체 주제를 염두에 두고 푸는 것이 특히 중요하다. 앞 문장이나 뒤 문장과 위화감 없이 자연스럽게 어울리는 내용이어도 전체 주제에서 어긋난 진술이 들어가는 식으로 함정을 파기 때문이다. 전체 주제와 맞는 것인지가 기본적인 문제 포인트다. 다음으로는 연결어, 대명사, 관사, 지시어로 답의 단서를 발견하는 것이 중요하다.

문제의 제시문을 분석하면 아래와 같다.

❶번 문장
: 뇌의 위협에 대한 반응
❷번 문장
: 뇌의 위협에 대한 반응–전기신호
❸번 문장
: 뇌의 위협에 대한 반응–전기신호–혈액의 역할
❹번 문장
: 뇌의 위협에 대한 반응–전기신호–혈액의 역할–부신의 역할
❺번 문장
: 뇌의 위협에 대한 반응–전기신호–혈액의 역할–부신의 역할–아
드레날린의 역할
❻번 문장
: 뇌의 위협에 대한 반응의 명칭
❼번 문장
: 인간의 호르몬 통제
❽번 문장
: 뇌의 위협에 대한 반응의 특징

전체 문장을 도식화하면 {(❶〈❷〈(❸+❹+❺)}+(❻〈❽)으로 표현할 수 있다.

전반부에서는 ❶번 주제에 대한 과정이 나왔고 후반부에서는 그 과정에 대한 명칭과 특징이 서술 됐다. 이렇게 머릿속으로 문장을 요약하고 전체 문장 간의 관계를 도식화하면서 읽다 보면 ❼번 문장을 읽을 때 주어나 소재의 핀트가 어긋나며 새로운 내용이 나왔다는 것을 파악하기 쉽다. 따라서 흐름상 가장 어색한 문장은 ❼번 문장이다.

영어 제시문에 나와 있는 문장에는 지엽적이고 세세한 내용들이 가득하다. 어려운 단어도 섞여서 흐름을 파악하기 어렵다. 이를 대비하기 위해서 독해하는 연습을 할 때 어려운 단어나 세부적인 단어에 치우치지 않고 문장을 요약하는 연습을 해야 한다. 모르는 단어가 나오거나 내용이 난해할지라도 글의 주제를 파악할 수 있어야 한다.

문제의 유형을 파악했다면 유형별로 문제를 만드는 포인트를 스스로 공부를 하면서 쌓아가야 한다. 어떤 것을 주로 문제에서 묻고, 어떻게 함정을 파는지 출제자의 습관들을 낱낱이 파악하며 공부해야 실력이 쌓인다. 그리고 언어 과목에서 무엇보다 중요한 기본 베이스는 독해력이다. 어떻게 독해력을 키울 수 있을까 고민하며 공부하자. 특히 앞에서 언급한 것처럼 문장 간의 관계를 통해서 지문 전체를 분석하는 연습을 하면 한 지문을 다뤄도 주제, 요지, 연결 어구, 문장 삽입, 관계없는 문장 삭제, 순서 배열 등 훨씬 많은 문제를 푸는 효과가 있다.

선생님의 지문 해석이나 문제집의 해설을 수동적으로 보고 듣는 것만으로는 스스로의 독해력을 키우기 어렵다. 독해력을 키울 수 있는 다른 방법이 있다면 어떤 방법이든 상관없다. 혼자서 독해를 하는 기준 및 방법을 정립하고 이를 적용해야 독해력을 키울 수 있다. 영어 독해 공부 시간을 지문의 내용을 이해하는 시간이 아니라 지문을 스스로 분석하는 시간으로 만들어야 더 빠르게 합격할 수 있다.

3전략 적용: 오답 체크 포인트

문제를 틀릴 때마다 어떤 점이 부족해서 틀렸는지 확인하면서 채워가야 점수가 오른다. 부족한 부분은 개념 지식일 수도 있고 문제를 푸는 요령일 수도 있다. 지금 자신에게 부족한 부분이 어떤 것인지 파악하고 부족한 부분을 채우려고 노력할수록 더 빠르게 합격할 수 있다. 자신에게 부족한 부분은 자신만이 파악하고 채울 수 있다.

내가 영어 공부를 할 때 독해가 잘 되지 않는 어려운 문장을 찾아보면 어려운 영어 단어가 쓰였기 때문이라기보다 문법 때문에 해석이 어려웠던 경우가 많았다. 생소한 단어가 문장에 들어 있더라도 문법 구조만 잘 파악했다면 큰 무리 없이 주제를 찾아내고 정답을 고를 수 있는 경우가 많았다. 정말 어렵거나 생소한 단어는 대부분 문맥을 통해서 파악할 수 있거나 작은 글씨로 따로 지문 아래 뜻을 주기 때문에 참고하면 된다.

기출문제를 풀면서 한 문제마다 다음과 같은 사항들을 체크해야 한다. 해석이 어려운 문장을 마주치면 단어를 다 알지 못해도 문맥을 통해 해석을 할 수 있는지, 단어는 다 알았는데 문법 때문에 해석이 안 되었는지, 문장 안에 쓰인 문법과 단어가 어렵지 않았다면 어떤 부분에서 해석이 막혔는지, 해석은 되었는데 문장구조를 분석할 수 없다든지 등을 스스로 파악하면서 취약한 부분을 찾아내야 한다.

나는 어렵게 느껴지는 문장에 익숙해지기 위해서 독해하기 정말 힘들었던 문장은 파랑 형광펜을 쳐놓고 영어 공부를 시작하기 전이나 끝마친 후마다 보았다. 독해가 어렵다고 느껴지는 문장구조는 한 번 분석을 한 뒤에도, 나중에 다시 볼 때 매끄럽게 해석되지 않는 경우가 많기 때문이다. 전치사구이든, 분사구이든, 관계사절이든 특히 해석이 안 되거나 어렵게 느껴지는 문장이 있다.

특히 문장에 관계사가 들어가면 문장이 길어지고 문장 성분을 분석하기가 어려워진다. 관계대명사절인지 접속사절인지 삽입절인지 의문사절인지 파악하기 헷갈리는 문장도 있다. 어렵게 느껴지는 문장의 패턴을 발견하면 제대로 분석한 다음, 나중에 다시 봤을 때도 자연스럽게 독해할 수 있는지까지 꼭 확인해야 한다. 어려웠던 문장이 다음에 봤을 때 자연스럽게 읽혀지면 정말로 독해력을 키우면서 제대로 공부하고 있는 것이다.

최대한 많은 영어 지문을 다루며 배경지식을 늘리는 것도 좋지만 그러기엔 시간이 부족하다. 독해력이 없으면 내용을 아는 지문이어도, 선지에 모르는 단어가 없어도 문제를 틀릴 수 있다. 더 빠르게 합격하기 위해서는 정말 스스로 독해하는 실력을 키우며 공부하고 있는지, 자신의 취약점은 무엇인지 확인해야 한다.

5점을 구한 체크 포인트

다음 문제는 실제 시험 때 실수로 틀릴 뻔했던 문제이다. 선지가 헷갈렸는데 마지막에 답을 고르는 기준을 다시 한 번 생각하며 검토한 후 답을 고쳐서 맞혔던 문제이다.

2017 교육행정 A형 4번

---

4. 다음 글의 밑줄 친 부분 중 문맥상 단어의 쓰임이 적절하지 않은 것은?

Problem solving tends to be better when groups are of diverse backgrounds and abilities. When a group can draw on a rich variety of perspectives and experiences, decision making can be of higher quality than if the perspectives and experiences shared by the group members are ①different. Yet, as was the case with creativity and innovation, the most effective problem solving emerges when a ②balance of diversity exists. Diversity without any shared values and goals is likely to break a group. ③apart; however, shared values and goals may lead to what Irving Janis has termed groupthink. Groupthink describes what happens when groups ④converge on a single answer to a problem and, rather than critically evaluate the solution, they convince themselves and each other that the solution they came up with is the best one.

문제에 대한 분석을 읽기 전에 먼저 문제를 풀어보자.

글의 주제는 문제 해결이 잘되는 조건에 대해 다루고 있다. 나는 첫 문장에서 그룹이 다양한 경험을 가질수록 좋다는 내용을 확인하고 글을 빠르게 읽으면서 2번을 답으로 골랐다. 시험을 보는 긴장된 상황에서 글을 읽고 빠르게 골랐기 때문에 1번을 보며 그룹 멤버가 다를수록 좋다고 생각하고 넘어갔다. 그리고 2번의 balance는 다양성과 반대되는 단어로 읽혀서 빠르게 2번을 골랐다. 문제를 다시 검토하지 않았으면 틀렸을 것이다.

그러나 비교급이 있는 문장에서는 함정을 잘 만드는 출제자의 특성을, 공부하면서 많이 확인했기 때문에 1번 문장을 검토하면서 다시 꼼꼼하게 살펴봤다. 1번에서 비교급을 사용해 '다양성'과 반대되는 문장을 만들어야 하기 때문에 different의 반대말인 similar가 들어가야 적절한 문장이 된다. 평소에 출제자가 문제를 만드는 포인트, 함정을 파는 방법을 늘 염두에 두고 공부했기 때문에 소중한 5점을 지킬 수 있었다.

영어 공부가 막연해서 무엇부터 채워야 할지 고민일 때

영어 공부가 너무 막연하고 어려워 자신의 부족함이 무엇인지조차 파악하기 힘든 공시생들이 있다면 먼저 스스로 기본 단어를 충분히 외우고 있는지 확인해보자. 나는 영어를 공부할 때 초반 1~2개월에는 단어에 집중해서 공부했다. 그래서 기본 단어를 몰라서 문제를 틀리는 경우는 거의 없었다. 기본 단어를 초반에 집중해서 외운다면, 이후에 문법과 독해에 신경 써서 공부할 수 있으니 우선적으로 단어를 정복하는 것이 좋다.

기본 단어가 암기되지 않은 채 문법과 독해를 함께 열심히 분석하면 단어 때문에 공부 시간이 너무 오래 걸린다. 그렇게 되면 내가 단어를 몰라서 틀리는 것인지, 문법을 몰라서 틀리는 것인지, 독해력이 부족해서 틀리는 것인지 나의 취약점을 분석하기 힘들다. 영어는 문제 유형이 확실하게 정해져 있기 때문에 각 유형을 철저하게 분석해서 문제 유형마다 자주 틀리는 약점들과 부족한 부분들을 채워나가면 반드시 실력이 향상될 수 있다.

나는 문제를 풀 때 어떻게 틀리는지, 어디서 잘 틀리는지에 대해 끊임없이 인식하려 애썼다. 단어 때문에 틀릴 때면 스펠링이 비슷한 단어로 착각해서 틀리는지, 그 단어의 다른 뜻을 몰라서 틀리는지, 숙어를 몰라서 틀리는지 등의 이유를 파악해서 다음에는 절대로 다시 틀리지 않도록 정리했다.

제시문의 주제를 잘 파악했는데도 틀릴 때면 선지를 분석하면서 선지에 어떤 함정이 숨어 있는지 분석했다. 특히 본문에 나온 단어가 들어 있는 매력적인 선지를 골라 틀리는 경우가 많은 것을 발견할 수 있었다. 선지의 단어가 제시문의 주제보다 포괄적이어서, 선지를 집중해서 보다가 제시문을 보면 범위가 너무 크다고 생각하지 못하고 정답으로 착각하게 만드는 함정들도 찾아 낼 수 있었다.(제시문의 주제가 '과일의 색깔 변화'이고 선지가 '과일의 특징'을 말한다면 선지는 제시문의 내용을 포괄할 수 있지만 주제를 표현하는 적확한 선지가 아니다.) 문제를 틀릴 때마다 스스로 어떻게 틀리는지 분석하고 다시 그렇게 틀리지 않도록 공부한다면 반드시 성적이 오른다. 사람마다 취약한 부분은 서로 다르기 때문에 틀리지 않게 만드는 자신만의 매뉴얼을 만들어야 한다. 자신의 부족한 점을 파악하고 그것을 채우려 노력할수록 반드시 더 빠르게 합격할 수 있다.

한국사 비밀 전략

1전략 적용: 최근 4년 출제 비중 파악

한국사는 국어, 영어 과목처럼 독해형 문제가 나오지 않는다. 다른 암기과목들처럼 대부분의 문제가 지식이 없으면 풀 수 없는 암기형 문제이다. 그렇다고 해서 1,000페이지가 넘는 전근대사, 근현대사 기본서 2권을 모두 똑같은 비중으로 세세하게 열심히 외우며 공부하기에는 너무 벅차다. 암기해야 할 양이 무한하기 때문이다.

한국사 공부의 기본 방향을 잡기 위해서는 출제 비중을 확인해보아야 한다. 선사시대부터 지금에 이르는 현대까지 일어난 역사적 사건들 중에서 딱 20문제만 뽑아 문제를 낸다면 어느 단원에서 얼마나 나올까? 기본서를 1페이지부터 끝까지 차례대로 공부하기 전에 출제 비중을 먼저 확인하면 출제자와 같은 눈높이에서 단원들을 바라볼 수 있다.

　2021년 9급 공무원 지방직 한국사 시험의 출제 시기 및 내용 비율 은 다음과 같다.

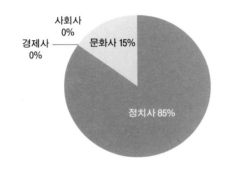

2021 9급 공무원 지방직 한국사 출제 시기 및 내용 비율

전근대사					근현대사		
13					7		
선사~초기국가	고대	고려	조선 전기	조선 후기	개항기	일제 강점기	현대
1	4	5	1	2	3	2	2

　최근 4개년 공무원 지방직, 국가직 한국사 시험의 출제 시기 및 내용 비율은 다음과 같다.

2018 지방직 한국사

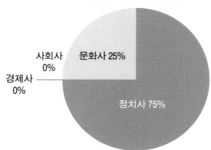

2019 지방직 한국사

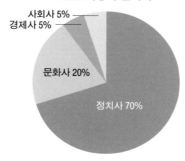

2020, 2021 지방직 한국사

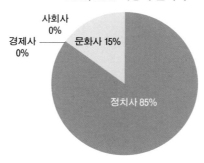

최근 4개년 지방직 출제 시기별 비중

2018 지방직 한국사

전근대사					근현대사		
시대별 11문제+통합형 2문제=13					7		
선사~초기국가	고대	고려	조선 전기	조선 후기	개항기	일제 강점기	현대
1	3	3	1	3	2	4	1

2019 지방직 한국사

전근대사					근현대사		
12					8		
선사~초기국가	고대	고려	조선 전기	조선 후기	개항기	일제 강점기	현대
1	4	2	3	2	3	3	2

2020 지방직 한국사

전근대사					근현대사		
13					7		
선사~초기국가	고대	고려	조선 전기	조선 후기	개항기	일제 강점기	현대
1	3	3	4	2	3	2	2

2021 지방직 한국사

전근대사					근현대사		
13					7		
선사~초기국가	고대	고려	조선 전기	조선 후기	개항기	일제 강점기	현대
1	4	5	1	2	3	2	2

2018 국가직 한국사

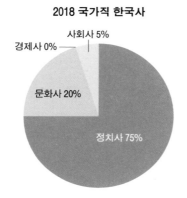

경제사 0%
사회사 5%
문화사 20%
정치사 75%

2019 국가직 한국사

사회사 5%
경제사 15%
문화사 20%
정치사 60%

2020 국가직 한국사

경제사 0%
문화사 10%
사회사 20%
정치사 70%

2021 국가직 한국사

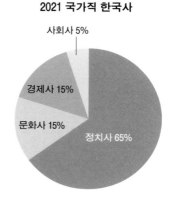

사회사 5%
경제사 15%
문화사 15%
정치사 65%

2018 국가직 한국사

전근대사					근현대사		
시대별 12문제+통합형 1문제=13					7		
선사~초기국가	고대	고려	조선 전기	조선 후기	개항기	일제 강점기	현대
0	4	3	3	2	2	3	2

2019 국가직 한국사

전근대사					근현대사		
시대별 11문제+통합형 2문제=13					7		
선사~초기국가	고대	고려	조선 전기	조선 후기	개항기	일제 강점기	현대
2	2	3	3	1	3	3	1

2020 국가직 한국사

전근대사					근현대사		
시대별 12문제+통합형 1문제=13					7		
선사~초기국가	고대	고려	조선 전기	조선 후기	개항기	일제 강점기	현대
1	3	4	2	2	2	3	2

2021 국가직 한국사

전근대사					근현대사		
시대별 10문제+통합형 2문제=12					8		
선사~초기국가	고대	고려	조선 전기	조선 후기	개항기	일제 강점기	현대
1	3	3	2	1	3	3	2

출제 비중이 조금씩 다르지만 전체적으로 전근대사와 정치사가 가장 출제 비중이 높다. 기본서 분량도 전근대사와 정치사가 가장 많다. 출제 비중을 살펴보는 이유는 분량이 많은 부분이 출제 비중이 높다는 당연한 사실을 확인하는 것이 아니다.

단원별 출제 비중을 살펴보면 각 단원을 공부할 때 '이 단원에서는 3~4문제 정도 나오던데 작년에 여기서 어떤 내용이 나왔으니 이번 시험에 출제가 유력한 것은 무엇일까?' 하며 출제자의 시선으로 생각하는 힘이 생긴다. 이런 식으로 출제 비중을 생각하면서 공부하면 자연스럽게 한 단원에서 빈출되는 내용을 1순위부터 10순위까지 머릿속으로 그릴 수 있게 된다.

한국사는 역사적 사건들을 다루기 때문에 암기해야 할 내용이 특히 많다. 중요한 인물, 사건명, 사건이 일어난 시기, 지역 등 외울 내용들이 무수하다. 그렇기 때문에 각 단원별로 주로 어떤 사건이 중요하게 출제됐는지 출제자의 시선에서 살펴보는 것이 중요하다. 어느 것이 주요하게 출제되고 있는지에 대한 기준 없이 모든 것을 샅샅이 외우는 공부를 해나가면 암기했던 내용들이 파편처럼 쪼개져 머릿속에서 빠르게 휘발되어 버린다.

하나부터 백까지 모든 내용을 같은 비중으로 집중해서 암기하면 머릿속에 뚜렷하게 남는 것이 없어진다. 우리가 한 번에 외울 수 있는 양에는 한계가 있기 때문이다. 따라서 일단 먼저 암기해야 할 내용부터 확실하게 정복해서 공부하는 것을 목표로 삼아야 한다. 그 외에 기억하지 못하고 머릿속에서 빠져나가는 내용들은 스트레스 받지 말고 내버려둔다.

처음부터 다 외울 수 없다는 사실을 인정하면 편하다. 대신 출제 비중이 큰 부분은 특히 열심히 보고 기억하려 애써야 한다. 그 부분부터 시간을 내어 외운다. 처음부터 모든 내용을 외우려 하는 것보다 머릿속에 우선순위 내용에 대한 뼈대를 잡고 공부하면서 살을 붙여 나가는 것이 훨씬 효율적인 공부 방법이다.

예를 들어서 각 단원의 정치사, 경제사, 사회사, 문화사를 공부할 때 뼈대로 먼저 잡아야 할 부분은 정치사이다. 경제사, 사회사, 문화사에서도 외울 부분이 빼곡하지만 시험에 나오는 비중은 정치사가 가장 크다. 정치가 경제, 사회, 문화에 막대한 영향을 미치기 때문이다. 공부 초반에는 정치사에 대한 이해와 암기에 더 집중해서 공부한다.

집중해서 외운 정치적 특징을 바탕으로 경제, 사회, 문화에 대한 내용을 연관시켜 공부하면 훨씬 더 내용을 기억하기 쉽다. 처음부터 모든 내용을 세세하게 외울 수 없다. 정복해야 할 내용부터 우선순위를 세우고 확실하게 암기하는 것이 중요하다.

물론 앞으로 얼마든지 출제 비중이 변할 수 있다. 갑자기 정치사의 문제가 절반이 되지 않고 다른 파트의 문제가 많이 나올 수도 있다. 갑자기 책 어느 구석에 있는 지엽적인 내용이 문제들로 나올 수도 있다. 그러나 중요한 것은 갑자기 시험이 그렇게 출제된다고 하더라도 대비할 수 있는 방법이 없다는 것이다.

처음부터 모든 것을 같은 비중으로 샅샅이 외워가는 것은 효율적인 공부 방법이 될 수 없다. 기존에 출제됐던 중요한 내용을 우선적으로 암기하는 작업을 마친 후에 다른 내용으로 살을 붙여나가야 더 시간을 효율적으로 쓸 수 있다. 그러면 우선순위 내용을 바라보지 못하는 사람보다 더 빠르게 합격할 수 있다.

시간을 버린 시행착오: 필기노트를 다 외우면 100점?

나는 처음에 한국사 필기노트(압축 노트)를 달달 외우는 것에 집착했다. 1,000페이지가 넘는 방대한 기본서를 꼼꼼하게 요약하여 정리한 책이 필기노트이기 때문에, 정말로 필기노트만 다 외우면 무조건 100점을 받을 수 있을 것 같았기 때문이다. 그래서 필기노트를 1페이지부터 꼼꼼하게 외우기 시작했다. 모든 내용을 다 외우기 위해서 두문자도 많이 만들어 외우고, 쉽게 잘 만든 두문자를 검색해서 열심히 외웠다.

전체 내용을 꼼꼼하게 외우는 데 집착했기 때문에 처음부터 세밀하게 모든 내용을 100의 집중도로 외웠다. 필기노트에 있는 내용들을 모두 외우기 위해 자투리 시간도 활용하여 하루에 3~4쪽씩 외우는 것을 목표로 잡았다. 잘 외워지지 않는 부분은 손으로 써가면서 외우거나 포스트잇에 적어 화장실에 붙여 놓는 등 온갖 방법들을 다 동원했다.

그러나 내용을 다 외웠어도 조금만 시간이 지나면 외웠던 내용들을 모두 까먹었다. 하루에 필기노트 3~4쪽 분량을 차례대로 외우고 차례대로 까먹기를 반복하다 보니 어떻게 한국사를 정복해야 할지 앞길이 막막했다. 외울 분량이 너무 많아서 새벽 3~4시까지 공부하는 날이 잦았지만 공부가 진척되지 않는 느낌이었다.

　문제는 필기노트만 다 외우면 100점을 받을 수 있을 것이라는 생각으로 모든 것을 같은 비중으로 세세하게 외우는 것을 목표로 잡은 것이었다. 기본 암기가 되어 있지 않으면 문제를 풀 수 없다고 생각했기 때문에 모든 내용을 세세하게 외우는 것을 목표로 잡았다. 그러나 어떤 사람이라도 한 번에 방대한 양의 내용을 세세하게 외울 수 없다. 세세하게 내용을 외웠다고 할지라도 시간이 지나면 까먹기 때문이다. 또 지엽적인 내용까지 같은 집중력으로 세세하게 외우면 머리에 과부하가 일어나 시대별 나라의 내용이 뒤죽박죽 섞여버린다.

　모든 내용을 외우는 것을 목표로 잡지 말고 출제 비중이 높은 시대별 정치사의 흐름부터 밑그림으로 확실히 그려야 한다. 정치사의 특징 위에 사회사, 경제사, 문화사 순으로 색칠해나간다는 느낌으로 채워가야 한다. 필기노트를 다 외우면 분명히 100점을 맞을 수 있을 것이다. 그러나 모든 내용을 세세하게 다 외우기 위해서는 시간이 몇 년이 걸릴지 모른다.

　나는 필기노트의 모든 내용을 세세하게 암기하는 것을 목표로 잡았기 때문에 엄청난 시간을 소비했다. 중요한 것부터 먼저 확실히 외우기를 바란다. 나처럼 필기노트의 내용을 토씨 하나 틀리지 않고 세세히 외우지 못해도 100점을 받을 수 있다. 더 빠르게 합격하는 방법은 우선순위부터 암기하며 채워나가는 것이다.

247

한국사	전한길	1. 기본 강의: 필기노트 개념 강의, 필기노트 압축 강의
		2. 문제집: 〈전한길 한국사 기출문제집〉, 〈전한길 한국사 5.0 최종점검 유형편〉은 조금 보다가 사용 안 함.
		3. 모의고사: 〈전한길 한국사 실전동형 모의고사〉 (+〈고종훈 한국사 동형모의고사〉)
	문동균	1. 기본 강의: 핵심 기출 지문 총정리

인강 커리큘럼 및 공부한 교재는 위와 같다. 먼저 한국사 기본 인
강은 전한길 선생님을 선택해서 들었다. 전한길 선생님은 외워야 하
는 분량이 방대한 한국사를 두문자 암기처럼 외우기 쉬운 방법을 활
용해서 가르쳐주기로 유명했기 때문이다. 먼저 한국사 전체 내용을
배우기 위해 전한길 2.0 올인원 기본 강의(필기노트 개념 강의)를 들었
다. 그리고 기본 강의를 한 번 정리하기 위해 필기노트 압축 강의를
들었다.

기본 강의를 들으면서 나름대로 한국사 흐름을 이해하고 내용들
을 암기하려고 했었지만 쉽지 않았다. 다음 강의를 들으면 전에 들었
던 강의 내용이 모두 증발되어 막막하고 좌절감이 들었다. 기억에 남
는 것은 한국 사람이라면 누구나 알 만한 구석기, 신석기 내용뿐이었
다. 구석기, 신석기, 청동기 시대의 내용이 부분적으로 기억나는 것
을 제외하고는 대부분 처음 보는 내용처럼 생소했다. 내용을 외우면
외울수록 까먹고, 암기한 내용들은 뒤죽박죽 섞여버렸기에 한국사가

가장 큰 고민이었다.

필기노트 개념 강의와 압축 강의를 듣고 나서 기출문제집을 풀기 시작했다. 혼자서 기출을 풀어보면서 문제로 나오는 내용을 체크하고 암기해나갔다. 기출문제집에 해설이 자세하게 되어 있었기 때문에 따로 해설 강의를 들을 필요가 없다고 생각되어 해설 강의는 듣지 않았다. 대신 한 달 안에 기출문제집을 1회독하는 것을 목표로 잡았다. 한국사 내용에 대한 제대로 된 암기 없이 기출문제를 푸니 틀리는 문제가 대부분이었다. 그래서 기출문제를 풀 부분에 대한 내용을 암기 후 문제를 풀었다. 내용 숙지 여부를 파악하는 확인 작업으로 기출문제를 풀었다.

한국사 내용을 아무리 열심히 외워도 외울 양이 너무 많았다. 암기한 내용을 잊어버리는 속도도 빨라서 정말 고생을 많이 했다. 한국사의 흐름을 잡는 것조차 이해가 아닌 암기로 느껴졌기에 무언가 대책을 세워야 했다. 그래서 다른 선생님의 강의도 들어보기로 했다. 다른 선생님의 설명을 들어보면 내용이 비교가 되어 기억이 더 잘 날 것 같았다. 특히 외우기 힘들었던 내용에 대한 강의 몇 개를 선생님별로 비교하며 들어보았다. 스토리 형식으로 알려주는 선생님의 강의도 들어보고 아주 자세하게 설명해주시기로 유명한 선생님의 강의도 들어보았다.

공부를 할 때 선생님의 특징을 살펴보며 자신에게 잘 맞는 선생님의 강의를 선택하는 것도 중요하다. 자신에게 부족한 점이 생긴다면 그것을 해결하기 위해 어떤 방법을 찾을 수 있을지, 어디서 도움을

합격 마인드

5단계 전략

필수과목 전략

D-DAY 전략

면접 전략

받을 수 있을지도 찾아보고 개선해나가야 한다.

　나의 부족한 점을 개선하기 위해 새로 들어본 강의 중 문동균 선생님의 강의가 나와 정말 잘 맞았다. 문동균 선생님의 핵심 기출 지문 총정리 강의가 국사의 흐름을 잡는 데에 정말 큰 도움이 되었다. 고려시대 전체를 순서대로 통째로 외우고 잊어버리는 걸 반복하느라 고생했는데, 문동균 선생님은 고려시대를 보는 새로운 눈을 뜨게 해주었다. 고려시대 집권세력을 하나의 직선 위에서 구별하고 그 틀 안에 왕을 넣어 입체적으로 설명하는 방식은 평면적으로만 암기했던 나에게 충격적으로 다가왔다.

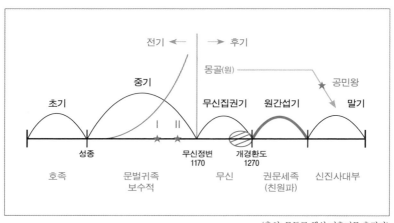

중세의 시대 구분

(출처: 문동균 핵심 기출지문 총정리)

　문동균 선생님은 판서를 할 때 내용을 도식화해서 설명해주는 것으로 유명하다. 핵지총을 들으면서 판서 내용을 책에 옮겨 적느라 힘들었는데, 다시 돌아가 공부하게 된다면 문동균 선생님의 판서노트를 사고 싶을 정도로 선생님의 판서는 한국사를 정리하는 데에 정말 효과적이다. 문동균 선생님의 핵지총 강의를 들으면서 자잘하게 외웠던 암기 조각들이 하나의 흐름으로 머릿속에 정리됐다.

모의고사는 기존에 들었던 전한길 선생님의 모의고사와 고종훈 선생님의 모의고사 책을 사서 풀었다. 고종훈 선생님의 모의고사 교재가 매우 유명해서 풀어보고 싶었다. 시험장에 들어가기 전까지 모의고사의 모든 문제를 다 풀고 들어가지는 못했고 반반씩 나누어 풀고 시험장에 들어갔다. 선생님별로 문제를 만드는 유형에 차이가 조금씩 있기 때문에 여러 유형을 접해볼 수 있어서 좋았다. 모의고사를 전부 다 풀지는 못했지만, 푼 문제는 맞힌 문제여도 선지를 꼼꼼하게 분석했다.

모의고사를 다 못 풀었다고 해서 스트레스를 받지 않으려 노력했다. 샀던 교재를 끝까지 모두 푸는 것이 목표가 아니기 때문이다. 지금 풀고 있는 문제를 분석하면서 취약한 부분을 발견해 제대로 보완하는 것이 목표였다. 확실히 아는 내용은 빠르게 지나가고, 부족하거나 잘 정리가 되지 않은 부분은 제대로 암기하며 공부했다. 단권화는 전한길 선생님의 필기노트에 했다. 필기노트를 계속 회독하면서 기출문제집과 핵지총, 모의고사에서 틀리는 내용을 체크하고 추가했다.

2전략 적용: [기본개념 암기+문제 유형 파악] 세트 접근

한국사의 문제 유형은 크게 사료가 중요하게 주어지는 문제, 시기 배열이 중요한 문제, 사건의 원인이나 결과를 묻는 문제, 지역이나 사진을 고르는 문제 등이 있다. 방대한 한국사를 암기하기 위해서는 기본서나 압축 노트를 순서대로 읽으면서 암기하는 것이 아니라, 어떻게 내용이 문제로 출제되는지 확인하며 암기해야 한다.

기출문제 지문으로 시간대비 고효율 암기하기

1,000페이지가 넘는 한국사 기본서의 양은 매우 방대하다. 기본서를 압축하여 정리한 압축, 필기노트 교재에도 암기해야 하는 내용이 많다. 압축, 필기노트에 있는 내용을 완벽하게 외우면 좋겠지만 모든 내용을 외우는 데에는 시간이 너무 오래 걸린다. 압축 노트를 보면 빽빽하게 글씨가 적혀 있다. 검은 것은 글씨고 하얀 것은 종이라는 생각으로 몽롱해진다.

한국사를 어떤 방법으로 외워나가야 더 빠르게 합격할 수 있을까? 다른 공시생들이 지엽적인 내용까지 모두 외워 100점을 받는 것을 목표로 할 때 나는 우선순위로 외워야 할 부분들부터 확실하게 외우는 것을 목표로 삼았다. 시험문제는 사지선다 객관식 유형이기 때문에 내가 지엽적인 지문 1개를 몰라도 정말 확실하게 알아야 할 지문 3개를 제대로 알고 있다면 답을 맞힐 수 있다.

어렵고 지엽적인 내용이 너무 많이 나와서 틀린다면, 나 말고 대부분의 공시생들도 틀릴 것이다. 이렇게 생각하고 우선순위로 먼저 외워나갈 부분을 찾았다. 더 빠르게 합격하는 전략은 지엽적인 내용들에 대한 암기를 포기하는 것이 아니라, 우선순위로 외울 부분을 확실하게 외운 상태에서 후순위로 지엽적인 내용을 붙이는 것이다.

내게 주어진 수험 기간은 5개월이었기 때문에 가장 효율적인 암기 방식을 찾아야 했다. 짧은 기간 동안 외워야 할 양이 너무 많다보니 외운 만큼 까먹었다. 두문자를 만들어서 외우고, 쓰면서도 외우고, 중얼거리면서도 외우고, 자투리 시간에도 외우고, 이동 시간에 이어폰으로 강의를 반복해서 듣기도 하고, 여러 방법을 다 썼지만 한국사 암기의 휘발성은 엄청났다.

한국사를 새벽까지 공부하면서 고통을 받다가 문동균 선생님의 한국사 핵심 기출 지문 총정리 강의를 알게 되었고 이 교재는 한줄기 빛이 되었다. 핵지총 교재를 보면 문제로 자주 나오는 주제와 선지를 확인할 수 있다. 그래서 태정태세문단세 노래를 부르며 모든 왕의 내용을 평면적으로 암기하는 것에서 더 나아가, 빈출 주제 및 빈출 선지를 중심으로 출제 포인트를 확인하며 공부할 수 있었다.

예를 들어서 핵지총에서 왕에 대한 문제를 살펴보면 어떤 왕이 더 문제로 자주 출제되었는지 한눈에 파악할 수 있다. 어느 왕이나 사건에 대해 꼭 나오는 대표 선지도 한눈에 확인하기 쉽다. 또한 기출 지문에서 어떤 부분을 변형하여 틀리게 만드는지를 미리 확인할 수 있기 때문에 실제 기출문제를 풀 때 더 빠르게 틀린 부분을 알아챌 수 있다. 주제별로 선지에서 함정을 내는 포인트를 확인할 수 있어 기출

문제집을 풀 때 더 날카로운 기준으로 문제를 풀 수 있다.

핵지총은 내가 추구한 공부 전략들을 모두 만족하는 정말 잘 만든 교재라고 생각한다. 출제 비중도 확인할 수 있고, 내용이 문제화되는 유형도 확인할 수 있고, 실수를 하게 만드는 함정 포인트도 확인할 수 있기 때문이다. 다만 핵지총에는 문제에 제시문으로 나오는 사료나 지도가 없다. 핵지총은 선지를 분석하는 용도로 쓰고 따로 제시문으로 나오는 자료들도 꼭 정리해야 한다.

각자 맞는 수업이 다 다르겠지만 혹시 한국사 정리가 너무 힘들어서 고통 받고 있다면 문동균 선생님의 강의를 꼭 들어보길 추천한다. 선생님의 수업 후기를 보면 정말 나처럼 '머릿속의 퍼즐 조각이 맞춰진다'는 표현이 많다.

다음과 같이 기본서 내용과 핵지총의 내용을 비교해보고, 어떻게 외우는 것이 더 효율적인지 생각해보자.

한국사 기본서나 압축, 필기노트에 나와 있는 성종에 대해 외워야 할 내용은 다음과 같다.

[10C 말 고려 성종(981~997)]
통치 조직 정비: 2성 6부, 중추원, 삼사, 도병마사, 식목도감 설치, 지방에 경학박사와 의학박사 파견, 최고교육기관인 국자감 설치, 향교 설치, 과거제 정비, 도서관으로 개경에 비서성과 서경에 수서원을 둠, 중앙 문관에게 문산계, 지방호족인 향리와 노병 등에게는 무산계 부여하여 호족들 서열화
최승로(6두품 출신 유학자)의 시무 28조 수용: 유교정치 실현(불교 탄압은 아니지만 유교와 불교 융합), 중앙집권 강화를 위해 12목에 최초로 지방관을 파견, 지방

세력을 견제하기 위해 향리제도 마련, 불교 행사인 연등회와 팔관회 폐지, 공신 자제 등용, 노비환천법

애민정책: 전국 군현에 설치하고 춘대추납한 의창, 개경과 서경 12목에 설치한 물가 조절기관인 상평창을 둠.

이 외에도 분사제도를 정비, 철전으로 된 건원중보 화폐 발행, 문신월과법(관료들의 실력 향상을 위해 중앙 문신에게는 매월 시 3수와 부1편, 지방 문신에게는 1년에 시 30수와 부 1편)

(출처: 〈전한길 한국사 필기노트〉)

➜ 위와 같이 기본서나 압축, 필기노트에 나와 있는 내용들을 차례대로 외우면 우선순위가 없기 때문에 아무리 두문자로 열심히 외웠어도 외운 내용들이 섞이고 헷갈리기 쉽다.

핵지총에는 다음과 같이 성종에 대한 대표 기출 지문으로 자주 출제되는 내용이 정리되어 있다.

국자감을 정비하고 지방에 경학박사와 의학박사를 파견하였다. (○)-14년 경찰 1차

지방교육을 위해 경학박사를 파견하였다. (○)-15년 국가 9급

최승로는 시무 28조를 건의하는 등 유교정치 이념의 토대를 닦았다. (○)-16년 서울 9급

유교사상을 치국의 근본으로 삼아 시무 28조의 개혁안을 올렸다. (○)-15년 지방 9급

유교 이념과는 별도로 연등회, 팔관회 행사를 장려하였다 (×)-15년 국가 9급

연등회와 팔관회 등의 불교 행사를 적극 장려하였다. (×)-13년 서울 7급

→ 선지들을 살펴보면 성종에 대해 출제 비중이 높은 내용은 유교로 정치의 틀을 닦은 내용임을 알 수 있다. 틀린 선지로 나왔던 '유교이념과는 별도로 연등회, 팔관회 행사를 장려하였다'라는 지문을 통해서 출제자는 성종에 대해 우선순위로 알아야 하는 유교 정치에 대한 내용을 제대로 공부했는지를 출제 포인트로 묻고 있다.

2015년 국가직 9급, 2013년 서울시 7급에서도 유교 이념과 별도로 연등회, 팔관회와 같은 불교 행사를 적극 장려했는지를 틀린 지문으로 냈었다. 아래와 같이 2019년 서울시 한국사 A형 7번에도 '연등회를 축소하고 팔관회를 폐지하여 국가적인 불교행사를 억제하였다'라는 성종에 대한 대표적인 지문이 정답으로 출제되었다.

2019년 서울시 한국사 A형 7번

7. 〈보기〉의 (가), (나)와 같은 건의를 받은 국왕에 대한 설명으로 가장 옳은 것은?

〈보기〉
(가) 우리 태조께서는 나라를 통일한 뒤에 외관을 두고자 하였으나, 대개 초창기이므로 일이 번거로워 겨를이 없었습니다. 이제 가만히 보건대, 향호가 매양공무를 빙자하여 백성을 침해하여 횡포를 부리어 백성이 견디지 못하니, 청컨대외관을 두도록 하십시오.
(나) 겸손한 마음을 가지고 항상 조심하고 두려워하며 신하를 예로써 대우할 때신하는 충성으로써 임금을 섬기는 것입니다.

① 호족과의 혼인정책을 적극적으로 추진하였다.
② 노비안검법을 실시하여 호족의 경제력을 약화시켰다.

③ 양현고를 설치하고 보문각과 청연각을 세워 유학을 진흥시켰다.
④ 연등회를 축소하고 팔관회를 폐지하여 국가적인 불교행사를 억제하였다.

한국사 기본서와 압축 노트를 토대로 모든 내용들을 암기하는 것에 초점을 맞추면, 정작 외웠던 내용이 문제로 출제되어도 쉽게 정답을 떠올리지 못한다. 출제 포인트를 제쳐둔 채 모든 내용에 대한 암기에만 집중했기 때문이다. 우리가 기본서의 내용을 공부하는 이유는 출제되는 문제를 맞히기 위함이다. 출제되는 문제를 맞히기 위해서는 지금 외우고 있는 내용이 어떻게 문제로 만들어지는지를 확인하면서 내용을 암기해야 더 효율적으로 공부할 수 있다.

3전략 적용: 오답 체크 포인트

공부를 하면서 문제를 틀릴 때마다 어떤 점이 부족해서 틀렸는지 확인하면서 채워가야 점수가 오른다. 부족한 부분은 개념 지식일 수도 있고 문제를 푸는 요령일 수도 있다. 공부할 때 부족한 부분을 어떻게 채웠는지 문제를 예시로 구체적으로 분석해보겠다.

5점을 구한 체크 포인트
다음 문제는 실제 시험 때 실수로 틀릴 뻔했던 문제이다. 선지가 헷갈렸는데 마지막에 답을 고르는 기준을 다시 한 번 생각하며 검토

257

한 후 답을 고쳐서 맞혔던 문제이다. 검토 과정을 살펴보면서 자신의 실제 시험에서 5점을 구할 수 있는 체크 포인트를 만들어보자.

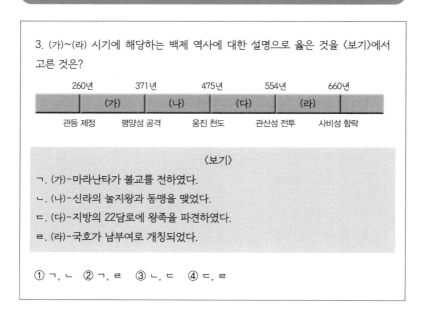

2017 한국사 교육행정 A형 3번

3. (가)~(라) 시기에 해당하는 백제 역사에 대한 설명으로 옳은 것을 〈보기〉에서 고른 것은?

260년	371년	475년	554년	660년
(가)	(나)	(다)	(라)	
관등 제정	평양성 공격	웅진 천도	관산성 전투	사비성 함락

〈보기〉
ㄱ. (가)-마라난타가 불교를 전하였다.
ㄴ. (나)-신라의 눌지왕과 동맹을 맺었다.
ㄷ. (다)-지방의 22담로에 왕족을 파견하였다.
ㄹ. (라)-국호가 남부여로 개칭되었다.

① ㄱ, ㄴ　② ㄱ, ㄹ　③ ㄴ, ㄷ　④ ㄷ, ㄹ

➡ 시험 때는 초긴장 상태이기 때문에 확실히 외웠던 것도 순간적으로 헷갈릴 수 있다. 특히 외웠던 내용과 비슷하거나 중복되는 내용이 있을 때 헷갈릴 가능성이 크다. 문제풀이를 본격적으로 시작한 공시생들은 공감할 것이다. 한국사의 양은 매우 방대하기 때문에 분명히 암기를 했어도 비슷한 내용들이 머릿속에서 섞여버려 문제를 틀리는 경우가 많이 발생한다.

이것을 단순한 실수, 원래 아는 내용이었다며 가볍게 넘기면 시험에서도 반드시 비슷하게 틀린다. 틀리는 부분들을 기억하고 차곡차곡 분석하다 보면, 같은 실수를 소름 끼치게 반복하는 것을 인지할 수 있다. 더 빠르게 합격하고 싶다면 내가 잘 틀리는 부분에 신경을 곤두세워야 한다.

ㄴ선지를 보면 백제가 신라의 눌지왕과 동맹을 맺은 시기를 물어본다. 백제는 신라와 두 번 동맹을 맺었다. 한 번은 비유왕 때 눌지왕과 맺은 나제 동맹이고 다른 한 번은 동성왕 때 소지왕과 맺은 결혼 동맹이다.

ㄴ선지를 봤을 때 순간적으로 눌지왕의 시기와 소지왕의 시기가 헷갈렸다. 하지만 평소에 공부할 때 중복되는 내용을 주의하면서 외웠기 때문에 기억을 더듬어 답을 고를 수 있었다. 공부를 하면서 중복되거나 비슷한 내용을 발견한다면 헷갈리지 않도록 미리 대비해서 정리해두어야 한다. 출제자는 공시생들이 착각해서 틀리기 쉬운 비슷한 내용들을 잘 알고 있다.

2017 한국사 교육행정 A형 9번

---

9. 다음 인물에 대한 설명으로 옳은 것은?

그는 성리학의 정치 이론서인 대학연의가 간결하지 못한 점을 비판하고, 군주가

성학(聖學)을 이해하는 데 신하의 역할을 중시하는 입장을 담은 책을 저술하였다. 이 책은 통설, 수기, 정가, 위정, 성현도통 등으로 구성되어 있으며, 이후 사상계에 널리 영향을 미쳤다.

① 주자의 중요한 서찰을 뽑아 주자서절요를 편찬하였다.
② 주자의 학설을 절대적 가치로 내세우며 예송 논쟁에 앞장섰다.
③ 성리학적 사회 질서의 보급을 위해 아동용인 동몽선습을 저술하였다.
④ 수취 제도의 개혁안을 비롯한 개역 방안을 담은 동호문답을 저술하였다.

➡ 공부했던 내용들 중에서 비슷하거나 중복되는 내용이 있을 때 헷갈릴 가능성이 크다고 앞서 언급했다. 내용뿐만 아니라 글자가 비슷해도 순간적으로 헷갈려 실수할 가능성이 높아진다. 9번 문제의 보기에서 제시하는 인물은 이이인데 이이가 쓴 저서에는 동호문답과 격몽요결이 있다. 보통 암기를 할 때는 '동', '격' 이런 식으로 두문자를 따서 암기하거나 특징적인 글자 '동', '몽'을 떼어 암기한다. 그렇기 때문에 3번 선지에 나온 '동몽선습'을 보고 순간적으로 맞는 선지로 착각해 답으로 고를 뻔했다.

정말로 이렇게 어이없게 틀릴 수 있다. 자신이 아예 몰라서 틀리는 내용 말고, 안다고 생각했는데 틀렸던 내용들을 모조리 살펴보면 분명히 어이없게 틀린 문제들이 있다. 그런 부분부터 채우는 것이 어디서 나올지 모를 지엽적인 내용을 세세히 암기하는 것보다 더 빠르게 점수를 올리는 길이다.

비슷한 글자가 들어가는 단어는 헷갈리기 쉬우니 헷갈리기 쉬울 만한 내용들이 나오면 체크하고, 평소에 헷갈렸던 내용은 꼭 따로 정리해두며 외워야 한다. 시험을 볼 때 외웠던 내용이 헷갈릴 경우, 선지나 제시문을 보지 않고 시험지 빈 공간에 암기한 내용을 떠올리며 적어보는 것이 도움이 된다.

그리고 선지를 고를 땐 정답인 것 같은 선지가 1~3번에 배치되어도 나머지 선지를 안 읽고 바로 넘어가지 말자. 순간적으로 내용을 헷갈린 채로 오답을 고를 수 있기 때문이다. 정답을 아는 문제라면 정답이 아닌 다른 선지도 체크해보는 데에 10초밖에 걸리지 않는다. 나머지 선지도 빠르게 체크해보는 습관을 들이면 아깝게 5점을 잃는 실수를 하지 않을 수 있다.

2017 한국사 교육행정 A형 10번

10. 다음 정책을 추진한 왕의 재위 기간에 있었던 사실로 옳은 것은?

왕은 왕권을 안정시키고 중앙 집권 체제를 강화하였으며, 경국대전 편찬 사업에 착수하였다. 또한 국가 재정을 안정시키기 위해 과전을 현직 관료에게만 지급하는 직전법을 실시하였다.

① 정책 연구 기관인 집현전과 경연이 폐지되었다.
② 훈구 세력을 견제하기 위해 사림이 등용되었다.
③ 이종무가 왜구의 근거지인 쓰시마 섬을 토벌하였다.
④ 학문 연구 및 언론 기능을 지닌 홍문관이 설치되었다.

→ 제시문에서 경국대전이라는 키워드만 빠르게 보고 성종으로 착각하여 오답을 골랐다. 그런데 다시 한 번 제시문을 끝까지 읽고 검토하는 과정에서 성종이 아니라 세조를 묻는 문제라는 것을 확인할 수 있었다. 경국대전 외에 직전법이라는 키워드까지 나왔기 때문에 이 제시문은 세조를 묻는 제시문이다.

앞에 언급한 두 문제처럼 이 문제도 비슷하거나 중복되는 내용이 겹친 문제라고 할 수 있다. '경국대전'을 완수하기까지 시기가 길기 때문에 여러 왕이 겹쳐 있다. 기존의 기출문제를 잘 분석한 사람이라면 이렇게 함정을 내기도 한다는 것을 알고 있을 것이다.

특히 제시문이 주어지는 경우, 제시문을 빠르게 읽느라 1개의 키워드만 보고 오답을 고르는 실수를 하지 말아야 한다. 제시문에 혹시 다른 키워드가 들어 있지는 않은지 뒤까지 꼼꼼히 살펴보아야 한다. 출제자는 제시문 안에 2개의 키워드를 숨겨 1개의 키워드만 파악하고 정답을 고르면 틀리게 만드는 함정을 판다.

평소 공부를 할 때에 제시문을 주고 답을 고르는 문제의 유형에서 함정을 어떻게 내는지 파악한 적이 있었다. 위 문제처럼 제시문에 나와 있는 키워드를 하나만 보고 빠르게 정답을 골랐을 때 틀리게 만드는 함정이 있었다. 나머지 키워드를 뒤에 배치하면, 앞에만 빠르게 보고 문제를 풀었을 때 틀린다. 그래서 검토할 때 혹시 제시문에 키워드가 정말 하나였는지 다시 확인해봤고 함정을 찾을 수 있었다.

18. 다음 사건 이후에 일어난 일로 옳은 것은?

개경을 떠나 피난 중인 왕이 안성현을 안성군으로 승격시켰다. 홍건적이 양광도를 침입하자 수원은 항복하였는데, 작은 고을인 안성만이 홀로 싸워 승리함으로써 홍건적이 남쪽으로 내려오지 못하게 하였기 때문이다.

① 화약 무기를 사용해 진포해전에서 승리하였다.
② 처인성 전투에서 적의 장수 살리타를 사살하였다.
③ 기철 일파를 제거하고 쌍성총관부의 관할 지역을 수복하였다.
④ 적의 침략을 물리치기 위한 염원에서 팔만대장경을 만들었다.

➡ 2020년 지방직 시험을 보고 위 문제를 '사건 이후'에 일어난 일로 고르지 않고 '사건이 일어난 때'로 골라서 문제를 틀렸다는 구독자의 댓글이 달렸다. 답글로 3명이 똑같은 실수로 틀렸다고 댓글을 달았고 해당 댓글에 '좋아요'를 한 사람은 10명이었다. 정말로 시험에서 어이없이 틀릴 수 있다! 합격하는 사람이든 불합격하는 사람이든 분명히 1개 이상 실수를 하기가 쉽다. 부족한 부분을 확인하고 실수를 잡는 공부를 해야만 더 빠르게 합격할 수 있다.

국가직에서 한국사만 점수가 안 나와서 많이 우울했었습니다ㅠㅜ 공시청님 방법대로 유형 파악해서 공부하니까 점수가 서서히 올랐어요. 감사드립니다♡♡

위기 극복 전략

집공 스트레스, 시간 낭비로 괴로운 순간

집에서 공부하면 괴로워질 때가 많다. 집공을 하면 집중하기가 쉽지 않기 때문이다. 집에서 공부를 하면 공부 계획을 다 지키기 어렵다. 잠깐 핸드폰을 만지면 10분이 금방 간다. 잠깐 쉬려고 침대에 누우면 다시 일어나기 쉽지 않다. 공부를 하려고 했는데 시간을 낭비하게 되면 스트레스를 많이 받는다.

잠깐 쉬다가 20분을 날리면 금방 또 1시간을 날리고 자책감에 하루가 괴롭다. 남들은 열심히 공부하고 있을 텐데 나는 하루를 제대로 보내지 못했다는 생각에 괴롭고 의지가 약한 내가 못나 보인다. 몇

264

십분 시간을 조금만 낭비하게 되어도 시간을 낭비해버렸다는 생각에 남은 다른 시간들까지도 망쳐버리기 쉽다.

나도 시간을 낭비할 때마다 스스로를 '바보 멍청이'라고 욕하고 괴로워했다. 잠깐 낭비한 시간 때문에 남은 시간들도 허투루 쓰게 되는 것이 바보 같아서 자책을 반복했다. 자책을 할수록 더 괴로워서 생각을 조금 바꿔보기로 했다.

시간을 낭비했을 때 '시간을 버렸다'가 아니라 '시간을 잡는다'라고 생각하면, 좀 의욕이 생긴다. 시간은 내가 원래 가진 게 아니라, 공기 중에 둥둥 떠다니는 거라서 '시간을 잡아서' 의미 있게 사용해야 시간을 가질 수 있다고 생각하는 것이다.

어떻게 보면 시간은 무한하게 흘러갈 뿐이고 내가 시간을 잡아서 사용하는 순간들만 의미 있어지는 것이다. 내가 지금 1시간을 날렸건 5시간을 날렸건 상관없다. 심지어 내가 한 달을 놀았다고 해서 지금 흘러가고 있는 시간에 영향을 미치는 건 없다. 앞으로 내가 잡아서 사용하는 시간만 의미 있기 때문이다.

나는 원래 1시간을 날리면 하루를 통째로 망쳐버리는 기분파이다. 그런데 이렇게 생각한 후로는 하루에 10시간을 날려버려도 다시 작게 시작할 수 있었다. 딱 10분 정도라도 잡아서 의미 있게 사용할 수 있게 됐다. 시간을 잡는다고 생각하면 전날을 망쳐버려도 다음 날까지 짜증나는 기분이 이어지지 않아서 좋다. '시간을 버렸다'가 아니라 '시간을 잡는다'고 생각하며 수험 기간 동안 최대한 많은 시간을 잡을 수 있길 바란다.

공시를 포기하고 싶은 순간

공무원 시험공부를 하다 보면 포기하고 싶은 순간들이 찾아온다. 나도 시험을 앞두고 포기하고 싶었던 적이 많았다. 포기하고 싶을 때마다 괴로워하면서 노트에 글을 적었다.

D-31
집중이 잘 안 된다.
놀고 싶다.
딴짓 하고 싶다.
졸리다.
어깨가 아프다.
힘들다.
과중해서 숨이 막힌다.
자꾸 틀리면 너무 화가 난다.
문제를 대충 풀고 있다.
현실도피로 졸리면 자고 싶다.

D-19
하나님 실수할까 봐 겁이 납니다.
어려울까 봐.
열심히 한 부분이 발휘되지 않을까 봐
헛될까 봐
욕심 부렸는데 안 될까 봐 겁이 납니다.
두렵습니다.

D-15
내가 자꾸 시간 남으면 노는 건

너무 지치고 힘들고 마음이 외로워서
그냥 입 다물고 외로워도 버티자.
다른 거 하고 싶어도 버티자.
그냥 시간이 후회되고 짜증나고
막막해도 입 다물고 버티자.
두려워도 버티자….

미래 생각 말고
이 악물고 지금 시간 소중히 하자.
오늘 지금 이 순간만 생각하면서 버티자.

공시를 포기하고 싶은 마음이 들 때 당신에게 꼭 해주고 싶은 두 가지 이야기가 있다. 이 말들은 내가 공부하면서 너무나 듣고 싶었던 말이기도 하다.

첫 번째는 바로 "당신은 반드시 합격할 수 있다"는 말이다. 지금 이 글을 읽고 있는 당신은 반드시 합격할 수 있다. 나는 공부하면서 이 말이 너무 듣고 싶었다. "너는 반드시 합격할 거야"라는 말. 저 말을 누가 매일매일 해주면, 지금 내가 아무리 괴로워도 버틸 수 있을 것 같았다.

책상 앞에서 어제 외운 내용들을 다 까먹고 틀린 문제를 계속 틀리고 앉아 있어도 누가 "너는 반드시 합격할 거야"라고 진심을 다해서 계속 말해주면, 좌절하지 않고 계속 공부를 할 수 있는 힘이 솟을 것 같았다.

그래서 과거의 나처럼 괴로워하고 있을 당신에게 아무 조건 없이 이 믿음을 퍼부어주고 싶다. 당신은 반드시 합격할 것이다. 합격했을 때의 기분을 머릿속에 그려보라. 반드시 당신은 합격할 것이다.

그리고 두 번째로 해주고 싶은 이야기는 스스로 "나는 반드시 합격할 수 있다"고 믿어야 한다는 것이다. "나는 반드시 합격할 거야"라고 자신이 믿지 않으면, 다른 사람이 옆에서 아무리 "너는 합격할 거야"라고 말해도 스스로 부정하게 된다. "나는 반드시 합격할 거야"라고 스스로를 굳게 믿고 자신에게 말해주자.

"나는 반드시 합격할 거야"라고 거울을 보고 말하면 된다. 믿음이 흔들리는 순간이 올지라도 합격할 사람처럼 행동하면 된다. "합격하는 사람들은 힘들어도 이렇게 했을 거야", "문제가 생겨도 어떤 방법을 찾아서 해결했을 거야"라고 하면서 정말 반드시 합격할 사람처럼 공부하라.

지금 이 말들은 허무맹랑하게 달콤한 희망만을 주려고 하는 이야기가 아니다. 지금 공시를 하기로 '선택'을 했고 그래서 얼마의 기간 동안 열심히 공부하기로 '다짐'을 한 당신에게 합격할 수 있는 가능성을 가장 높일 수 있는 방법을 말해주는 것이다.

시험에 불합격할 것 같은 이유를 찾고 거기에 집중할수록 공부가 안 된다. 지금 내가 공부하기로 다짐한 시험일까지의 기간 동안은 진심으로 스스로를 믿어야 온전히 공부에 집중할 수 있다. 불합격할 것 같다는 생각은 이 기간이 끝난 뒤에 해도 된다.

시험 결과 뒤에 다시 어떤 선택과 다짐을 하게 될지는 아무도 모른다. 하지만 당신이 스스로 공부하기로 다짐한 기간 동안 스스로를 믿으면서 달려가야 시간을 아낄 수 있다.

그렇게 해야 좌절할 때마다, 문제가 생길 때마다 극복할 수 있다. 나의 수험 기간은 '나는 열심히 공부해서 합격할 거야'라고 다짐하고 믿다가도 지치거나 게을러져서 '아 힘들다 나는 안 되겠다'고 스스로 배신하고 괴로워하고 또다시 마음잡고 버티고 갈등하는 과정의 연속이었다.

누구나 그럴 것이다. 100명 중 99명은 시험이 가까워질수록 시간이 부족한 느낌에 괴로울 것이다. "모든 게 완벽하게 준비됐어"라고 말하는 사람은 거의 없을 것이다. 당신이 아무리 열심히 하겠다고 다짐하고 노력했어도 시간이 지나면 무조건 흔들릴 것이다. 자신을 의심하면 할수록 훨씬 더 시간을 낭비하고 괴로울 것이다.

스스로를 약하게 만드는 의심은 하지 말고 "나는 반드시 합격할 수 있다"고 스스로를 믿어라. 당신은 반드시 합격할 것이다. 아무리 최면을 걸어봐도 "불합격하면 어쩌지?"라는 의심이 몰려올 때는 합격할 수 있다고 믿어야 시간을 더 효율적으로 쓰고 덜 괴로워할 수 있다는 생각으로 집중했으면 좋겠다.

"할 수 있다고 생각하는 사람은
할 수 없다고 생각하는 사람을 이긴다!"

Chapter 4

D-DAY
맞춤 전략

시간의 시각화

"내가 미쳤나봐~ 집중이 안 돼.ㅜㅜ"

당신이 시험 2주 전부터 혼자서 계속 중얼거리게 될 말이다. 지금부터 시험 2주 전의 상황을 생생히 보여주겠다. 시험 2주 전부터 점점 더 공부가 손에 잡히지 않는다. 한 시간에 몇 번씩 핸드폰을 만지게 된다. 공부 분량에 대한 압박감 때문에 책만 하염없이 넘겨보게된다. 딱 1년만 더 공부하면 내년 시험은 정말 잘 볼 것 같아서 올해 시험은 포기하고 싶다.

오만가지 잡생각으로 공부가 안 되어 우울하다. 시험이 가까워질수록 집중이 안 되면서 초조함과 불안감만 커진다. 시간을 대충 쓰면 쓸수록 더 괴롭다. 딴짓을 해도 즐겁지 않고 죄책감, 자괴감만 커져간다.

이러한 상황에서 '시간을 시각화' 하는 방법을 이용한다면 다시 초심으로 돌아가 공부하는 데 도움이 된다. 시간을 시각화하면 남아 있는 시간을 눈으로 확인하고 만질 수 있다. 시험에 대한 중압감, 불안감, 회피하고 싶은 마음들로부터 시선을 옮겨주기 때문에 시험까지 남아 있는 시간들을 집중력 있게 사용할 수 있다.

'시간을 시각화'하기 위해서는 A4 용지 1장이 필요하다. 먼저 A4 용지 1장을 [그림 1]처럼 가로 3줄, 세로 4줄이 나오게 접는다. 그러면 12칸이 나온다. 거기에 D-14부터 D-3일 동안의 요일들을 적으면 된다. 뒷장에는 A4 1장의 반을 사용해서 D-2, D-1을 적는다.

이제 이 한 칸씩을 다 채워나가면 바로 시험 날이다. A4용지 1장의 네모 칸들만 버티면 힘들었던 수험 기간이 끝난다. 지금 당장 공부하기 너무 싫어도 딱 이 1장 동안의 시간만큼만 버티고 열심히 공부하자. 이 1장의 시간이 지나면 그때는 정말 마음껏 놀 수 있다. 마음껏 쉴 수 있다. 이 네모 칸을 채울 때 계획을 엄청 빡빡하게 짜거나 예쁘게 꾸미거나 형식에 맞춰서 채울 필요는 없다.

그냥 오늘 하루 어떻게 실수해서 문제를 틀렸는지 한두 줄 써도 되고 '다음엔 어떻게 문제를 풀 것이다'라는 생각을 써도 된다. 혹은 오늘 공부한 범위 중 시험 때까지 꼭 기억해야 할 것 같은 내용을 써도 된다. 마음을 다잡으려는 다짐을 하나 반복해서 써도 된다. 중요한 것은 하루의 시간을 하나의 네모 칸으로 시각화함으로써 중압감과 불안감에 하루를 허투루 흘려보내지 않는 것이다. A4 1장의 종이에 담긴 마지막 수험 기간을 만져보면서 네모 한 칸의 하루하루에만 집중하자.

어제보다 더 실력을 높이는 것을 목표로 네모 한 칸의 하루를 사용하자. 지금부터 이 한 칸씩의 시간들을 낭비하지 않으면 하루에 100명씩 제칠 수 있다고 믿으면 된다. 열심히 공부했던 공시생들도 시험 2주 전부터 무너지기 시작하기 때문이다. 지금부터는 정말 자신과의 싸움이다. 하루에 100명씩 2주 동안 1,400명을 제칠 수 있다고 믿고 마지막 하루하루를 낭비하지 않는다면 반드시 더 빠르게 합격할 수 있다.

[그림 1] 시간의 시각화

D-14	D-13	D-12	D-11
D-10	D-9	D-8	D-7
D-6	D-5	D-4	D-3

D-2	D-1

D-2주

모의고사 55점 vs 시험 100점?

'모의고사 푸는 날=멘탈이 털리는 날'이다. 모의고사에는 난이도가 높은 문제들이 많다. 연습을 좀 어렵게 해야 실전에서는 조금 더 수월하기 때문이다. 점수는 당연히 탈탈 털린다. 어려운 문제뿐만 아니라, 아는 문제도 틀리고, 정말 말도 안 되는 실수로도 틀린다.

시험이 2주가 남지 않은 시점에서는 멘탈이 털릴지라도 모의고사를 풀면서 실전 연습을 하는 것이 중요하다. 과목마다 따로 모의고사를 푸는 것이 아니라, 시험 시간과 똑같이 전 과목 모의고사를 꼭 한 번이라도 풀어봐야 한다.

모의고사를 실제 시험처럼 풀면 심장이 정말 빠르게 뛴다. 정신도 없고 얼굴에 열이 올라오는 게 느껴진다. 연습을 해도 이런데 연습을 하지 않고 실전에 들어가면 그 심장 떨림과 압박감을 담담하게 버텨 낼 수 있을까?

나는 시험 2주 전부터 두 번 정도 진짜 시험을 보는 것처럼 모의고사를 풀었다. 시험 당일에는 9시 20분에 입실해서 10시부터 100분 동안 시험을 본다. 나도 시험 2주 전 초반에 1번, 1주 전 초반에 1번 10시부터 5과목 모의고사를 다 펴놓고 실제 시험처럼 문제를 풀었다. 마킹하는 시간 10분을 제외하고 90분 동안 시간을 재며 문제를 풀어 보면서 시험 당일에 시간을 잘 운영할 수 있도록 감각을 키웠다.

문제를 풀다가 헷갈리는 문제를 잠깐 고민하면 1~2분이 금방 지나간다. 30초에 문제 하나를 푼다고 생각할 때 1~2분은 2~4문제를 풀 수 있는 시간이다. 헷갈리는 1문제 때문에 2분을 날리면 다른 문제 4문제를 못 풀어 20점을 날릴 수도 있다. 시간관리 연습을 꼭 해야 한다.

90분에 대한 시간 감각을 익히고 나머지 10분에는 마킹하는 예행 연습도 하기를 추천한다. 나는 마킹은 10분만 시간을 남기고 바로 하면 된다고 생각하면서 OMR 카드 마킹 연습은 하지 않았다. 그래서 실제 시험장에서 마킹 때문에 마음고생을 심하게 했다. OMR 카드에 10분 동안 100문제를 마킹하는 연습을 해보아야 한다. 실수로 마킹을 잘못했을 때 OMR 카드를 교체해도 되는지 시간을 가늠해볼 수 있기 때문이다. 1분에 몇 문제 정도 여유롭게 마킹할 수 있는지 시간에 대한 느낌을 익혀야 안전하게 답안지 마킹을 끝낼 수 있다.

나는 실제 시험에서는 영어 100점을 받았는데 시험 전 못 봤던 모의고사에서는 55점도 받아봤다. 모의고사 점수가 실제 시험점수가 아니란 것을 명심해야 한다. 모의고사 점수 때문에 좌절하면서 시간만 날리지 않아도 합격의 가능성은 높아진다. 모의고사를 푼 공시생들 모두 멘탈이 털리고 있기 때문이다.

모의고사를 본 뒤에 해야 할 것은 절망이 아니라 대비다. 실제 시험을 더 잘 볼 수 있도록 자신을 업그레이드하자. 머릿속에서 전체 범위 목차를 떠올리고 형광펜을 칠하는 느낌으로 시험을 대비하자. 모의고사를 풀면 책 1권에서 딱 20문제가 뽑혔기 때문에 생각처럼 머릿속에 필요한 내용이 쏙쏙 떠오르지 않는다.

그래서 전체 범위를 머릿속에 떠올려보는 훈련을 해야 한다. 내가 그동안 외웠던 지식들을 전체 범위로 떠올린 후 출제자들이 문제를 내고 싶어서 근질근질 대기하고 있는 포인트들에 형광펜을 칠하는 느낌으로 머릿속에서 떠올린다. 이런 연습을 하면 실제 시험에서도 문제를 더 정확하게 빨리 풀 수 있다.

내가 산 과목별 모의고사 한 권을 다 푸는 것이 목적이 아니다. 모의고사는 실전 연습을 하려고 푸는 것이지 양치기식으로 많은 문제를 푸는 것을 우선순위로 두면 안 된다. 나는 시간이 없어서 못 풀고 간 모의고사도 많았다. 시험 전에 5과목 모의고사를 한 번에 시간 재고 푸는 실전 연습을 두 번 이상 하기를 추천한다. 나머지 모의고사들은 각 과목 공부하는 시간에 쪼개 넣어 15분 안으로 빠르게 풀어보는 식으로 연습을 해도 된다.

마지막으로 다시 한 번 말하지만 모의고사 점수에 멘탈이 털리지 않도록 정말 주의해야 한다.

"아 내가 멍청이인가?"

"이걸 틀려?"

"제정신으로 푼 건가?"

이런 말이 나올 정도로 정말 귀신 쓰인 것처럼 문제를 틀리는 것이 당연하다. 당연하니까 너무 괴로워하지 않았으면 좋겠다. 모의고사에 털리고 있는 당신의 멘탈을 응원한다.

어제 처음 5과목 모고 보고 영어 반타작 나서 멘탈 탈탈 털렸는데 진짜 힘 엄청 얻어갑니다 ㅠ 담주에 시험 잘 보고 꼭 후기 남길게요!

이 영상 공감합니다. 작년 합격자인데 모의고사의 목적은 훈련입니다. 저도 시간 내에 5과목 푸는 연습, 주요 과목 60분 안에 푸는 연습을 계속했습니다. 본인의 속도. 본인에 맞는 문풀스타일 등등을 체화해서 시험장에서 그대로 실현하는 게 중요합니다. 버릴 문제, 뒤로 미룰 문제 등등 다 모고로 연습하는 겁니다. 저는 시험장에서 연습했던 스타일 그대로 했고 신기하게 시간도 똑같이 걸렸습니다. 실수를 안 하겠다는 각오로 연습하세요! 점수는 시험 직전까지 60점 나올 때도 있었습니다. 일희일비하지 마세요. 모고 점수가 시험 점수가 아닙니다.

무작정하면 불합격하는 이유

시험 최종 마무리를 어떻게 해야 할까? 시험 최종 마무리 회독법으로 가장 유명한 것은 8421회독법이다. 8421회독법은 시험 15일 전부터 전체 시험 범위를 8일, 4일, 2일, 1일 동안 각각 1회씩 회독하는 것이다. (8+4+2+1=15) 그러면 시험 전 15일의 시간 동안 전체 시험 범위를 4회독 할 수 있게 된다.

그런데 8421회독법을 무작정 따라 하면 위험하다. 먼저 8421을 하는 목적을 정확히 파악해야 한다. 단권화한 교재를 8일, 4일, 2일, 1일로 나눠서 시험 전날까지 한 번에 다 보려고 하는 이유는 시험 전날까지 전체 내용을 모두 훑어봐야 기억이 생생하기 때문이다.

우리의 뇌는 완벽하지 않다. 알았던 내용도 금방 잊어버리고 며칠 전에 봤던 내용도 오늘이 되면 헷갈리게 된다. 몇 개월에서 몇 년의 수험 기간 동안 공부를 했어도 공부했던 모든 내용을 시험 당일 완벽하게 기억하기 어렵다. 그래서 시험 전날에 전체 범위를 한 번에 다 보고 가는 것이 중요하다. 바로 전날 본 내용은 시험에 나왔을 때 헷갈리지 않고 빠르게 맞힐 수 있다.

8421회독을 할 때 주의사항이 있다. 전체 범위를 다 보겠다는 마음으로 그냥 내용만 빠르게 읽으면서 책을 넘기면 안 된다. 다 공부했던 내용을 수동적으로 글씨만 빠르게 읽으면서 넘어가는 것은 정말 쉽다. 이렇게 대충 전체 범위를 읽어버리면 시험에 관련 내용이 나왔을 때 스스로 암기했던 지식을 잘 떠올릴 수 없다.

전체 범위를 훑는 마지막 마무리 회독을 할 때는 문제 포인트와 틀렸던 문제를 떠올리면서 회독해야 한다. 앞에서 언급했던 이중 회독법을 마무리 회독 때도 적용하는 것이다. 마무리 회독을 하기 위해서는 문제 포인트를 정리하는 최종 단권화 작업이 필요하다. 시험 하루 전날 기본서나 압축 노트, 기출문제집을 모두 다 볼 시간이 없다.

이제는 기출문제집을 버려야 한다. 기출에서 정말 중요한 문제와 선지만 골라내어 시험 전날까지 보기로 정한 기본서나 압축 노트에 옮긴다. 기출문제집을 정리할 때는 모든 문제를 다시 한 번 더 풀어 볼 시간이 없으므로 문제를 골라 풀어야 한다. 예를 들어서 한 단원에 기출문제 100개가 있다면 중복되는 내용의 문제를 모두 풀지 않는다. 홀수 번호의 문제 중에서 대표 문제 몇 개를 고르고, 자주 틀렸던 문제는 더 추가하는 식으로 문제의 개수를 조정하면서 기출문제집을 빠르게 회독한다.

특히 자주 틀리는 문제는 단권화 교재에 꼭 정리해야 한다. 마무리 단계이기 때문에 너무 지엽적인 문제의 내용을 정리하는 것에 매달리지 말자. 정말 나올 만한 내용인데 자꾸 틀려서 화가 나는 문제의 지문과 선지를 단권화 교재에 적는다. 이렇게 정리한 내용들만 시험 하루 전날 다 보고 가도 합격할 수 있는 확률이 크게 올라간다.

나는 시험 2주를 남겨놓고 8421회독을 변형해서 적용했다. 회독을 시작할 시간이 없어서 8일 동안은 내가 부족한 부분을 채우는 데에 더 집중했다. 모의고사나 기출을 다시 풀어도 공부가 덜 된 내용은 계속해서 틀렸기 때문이다. 공부가 부족한 부분을 제대로 외우거나 관련 문제를 모두 풀면서 내 것으로 확실히 소화하려 노력했다. 4일, 2일, 1일 동안에는 전체 범위를 모두 보려고 노력했다. 그러나 전체 범위를 저렇게 며칠로 나눠서 회독하는 것은 정말 어렵다. 특히 마지막 하루 만에 모든 범위를 보는 것이 힘들었다. 외울 양이 너무 많았던 한국사는 하루 전날에 다 보지 못해서 시험 당일 오전 1시간 동안 나머지를 다 봤다.

8421회독의 형식을 달리 해도 충분히 합격할 수 있으니 회독의 형식에 너무 스트레스 받지 않아도 된다. 내가 했던 것처럼 4+2+1이 아니라 5+3+1도 상관없다. 마무리 회독에서 제일 중요한 것은 출제 가능성이 높은 정말 중요한 내용들 위주로(1전략) 문제 포인트를 떠올리며 정리하고(2전략) 공부가 부족하고 잘 틀리는 부분들을 채우는 것이다.(3전략)

283

D-9일

최소 10점을 올려줄
시뮬레이션

이걸 지금 보다니... 시간 배분 이번에 실패했어요.알 거 같은 문제들이어서
집착하다가 선택 과목들 시간 없어서 찍은 게 너무 허탈해서 펑펑 울고 재시와 포기
중 고민 중인데 힘드네요...

감사인사 드립니다. 시험 앞두고 압박감에 시달리다가 우연히 보게 되었어요.
덕분에 이미지 트레이닝하며 시험 봐서 460점을 맞았습니다. 얼굴도 모르는
사이지만 그저 감사하단 말씀 드리고 싶습니다.

실제로 시험을 볼 때 어떤 기분일까? 시험을 볼 때 어떤 기분일지 정말 생생하게 상상하고 들어가야 시험장에서 멘붕에 빠지지 않는다. 나는 100문제 중에 4문제를 틀렸다. 그렇다면 내가 맞혔던 96문제가 다 쉽게 느껴졌을까? 4문제를 틀렸던 내가 어떤 기분으로 시험 문제를 풀었는지 느낌을 공유하겠다.

처음에 국어 시험지부터 풀었다.

[2번 문제]

두 번째 문제 선지에서 기본서나 기출에서 보지 못했던 예시가 나왔다. 갑자기 마음의 동요가 오면서 외웠던 것들도 살짝 헷갈리기 시작한다.

[3번 문제]

다음 문제에서도 책에서는 언급된 적 없었던 보기가 나왔다. 다른 선지를 이용해서 답을 고르려 하는데 이미 외운 예시들도 갑자기 헷갈린다.

[5번 문제]

그러다가 하나하나 따져봐야 되는 조금 더 복잡하고 익숙하지 않은 유형의 문제가 나왔다. 문제에 글씨도 너무 많아서 잘 안 읽히고 하나하나 차근차근 따져보는데 초조하다. 머릿속에 내용이 잘 들어오지 않는다.

[8번 문제]

아예 처음 보는 내용의 문제였다. 잘 모르는 내용이라 계속 고민하

285

다가 시간을 좀 더 많이 썼다. 그러나 이 문제는 결국 틀렸다.

[17번 문제]

갑자기 한자가 많이 나오는 문제가 등장했다. 한자들을 보니 당황스러운 기분이 들었다. 이게 다 무슨 뜻이었지 하면서 갑자기 아무 생각이 나지 않는다. 멍하면서 머리가 복잡해진다.

[18~20번]

독해 지문을 보는데 지문이 너무 길었다. 한 페이지 가득한 지문을 보니 잘 읽히지 않았다.

마음속으로 '와 망했다!', '이거 정신 차리고 못 읽으면 진짜 망하겠다' 이런 생각이 들면서 심장이 점점 빠르게 뛴다. 불안함에 집중이 잘 안 되는 느낌이 들면서 심장이 쿵쾅거리는 게 느껴진다.

이 글을 생생하게 상상하면서 읽었다면 손에 땀이 날 것이다. 처음 푼 국어만 해도 20문제 중에 7문제 정도를 오락가락했다. 멘붕에 빠지려는 자아와 정신을 차리려는 자아의 줄다리기 느낌이었다.

국어만 그랬을까? 영어, 한국사 등 다른 과목에서도 비슷했다. 쉬운 내용인데 잘못 알아차린 문제, 아는 내용인데 헷갈린 문제, 아예 모르겠는 문제, 어려운 문제들이 섞여 있었다.

실제로 시험을 보면 분명히 멘붕이 올 것이다. 시험문제를 풀다가 망했다는 느낌이 한 번은 들 것이다. 그럴 때 한 가지만 기억하길 바란다. 다른 공시생들도 지금 다 멘붕 상태로 문제를 풀고 있다는 것을.

내가 처음 보는 문제 나왔을 때?

이 문제는 남들도 다 처음 본다. 일단 답을 고르고 빠르게 넘어가자. 맞힐 수 있는 것부터 다 풀어놓고 다시 와서 보면 답이 보인다. 처음 보는 내용이 하나둘 껴 있어도 이미 알고 있는 지식으로 답을 골라 낼 수 있다.

너무 헷갈리거나 어려운 문제가 나왔을 때?

내가 헷갈려서 틀리면 남들도 틀리기 쉬운 문제다. 일단 답을 고르고 빠르게 넘어가자. 틀릴 문제에 쓴 3분은 아는 문제 6개를 풀어서 30점을 더 얻을 수 있는 시간이다.

시험을 볼 때 멘붕을 겪었지만 결과적으로 나는 100문제 중 4문제를 틀렸다. 처음 보거나 헷갈리는 내용이 나왔어도 정신을 차리려고 애썼기 때문이다. 처음 보거나 헷갈리는 내용도 내가 이미 공부한 내용을 이용해 맞힐 수 있었다. 정말 모르는 문제는 너무 많은 시간을 투입하지 않고 넘어가려고 애썼다.

시험이 바로 코앞으로 다가온 이 시점에서는 시간 관리하는 연습을 가장 중점적으로 해야 한다. 정해진 시간 안에 일단 답을 고르고 넘어갔다가 남는 시간에 다시 돌아와서 푸는 연습을 해야 한다. 이렇게 시간을 조절하는 연습을 하면서 시험 당일을 시뮬레이션하면 반드시 더 좋은 점수를 얻을 수 있다.

나도 시험을 볼 때 100문제 중에서 20문제 가까이 헷갈린다고 느꼈다. 그래도 시험을 볼 때 스스로를 달래면서 정신을 집중하면 합격할 수 있다. 시험 당일 멘붕에 빠지려는 자신을 도와줄 수 있는 건 자신뿐이다. 지금부터 꼭 시험 시뮬레이션 연습을 하길 바란다.

지금 내 기분 롤러코스터

"도망칠까? 버틸까?"

시험이 다가올수록 마음이 오락가락한다. '아 진짜 시간이 너무 모자란데 포기할까?' 하다가도 '아니야, 지금부터라도 남은 시간 열심히 하면 합격할 수 있어~!' 하고 하루에도 몇 번씩 마음이 바뀐다. 지극히 정상이다.

합격자들 또한 시험을 보기 전에 신나지 않았다. "아싸~ 이제 곧 시험이다!"라고 쾌재를 부르거나 "나는 바로 합격이지!"라고 자신만만하지 않았다. "시험 더 빨리 보고 싶다!"라며 설레지도 않았다. 시간이 모자라고 부족한 느낌, 역부족인 것 같은 느낌이 드는 게 정상이다.

288

지금이 가장 지치는 시기다. 롤러코스터를 타는 것처럼 마음이 오락가락하는 시기가 맞다. 시험이 얼마 안 남았으니까 마지막으로 정말 더 열심히 하자고 다짐했다가도 공부할 양이 너무 많아 역부족이라고 느껴진다. 틀렸던 문제도 계속 틀리다 보면 하루에도 몇 번씩 포기하고 싶은 마음이 솟구친다.

지금 이 '감정의 롤러코스터' 시기를 버텨야 한다. 이 시기에 가장 중요한 것은 절대 도망가면 안 된다는 것이다. 이 롤러코스터를 버텨야 합격할 수 있다. 지금부터 딱 8일 뒤에 시험을 보고 나서 마음껏 놀자.

시험이 끝나면 핸드폰도 24시간 하면서 밤새 놀 수 있다. 잠도 마음껏 잘 수 있고 맛있는 것도 마음껏 먹을 수 있다. 하고 싶은 것들을 다 할 수 있는 시간이 기다리고 있다. 그러나 지금 놀면 괴롭기만 하다. 딴짓을 하는 시간이 길어질수록 포기하고 싶은 마음이 커진다. 지금 이 시기에는 모든 공시생들이 집중하기 힘들어 한다. 포기하고 싶은 감정을 느끼며 오락가락하고 있다.

그러니까 지금부터 우리는 딱 8일 동안만 집중하는 연기를 한다고 생각하면서 감정의 롤러코스터를 버텨보자. 공부를 처음 시작할 때의 초심으로 돌아간 척 연기하는 것이다. 처음 시험공부를 할 때의 초심을 떠올려보자. 새 책을 펴고 공부 계획을 짜면서 의지와 집중력을 불태웠던 때를 떠올리자.

연기가 잘되든 안 되든 상관없다. 지금 이 시기는 어떻게든 책상 앞에서 멀어지지 않는 것이 중요하다. 책에 시선을 맞추는 것조차 괴롭기 때문이다.

"불합격하면 어떡하지?"

"시험이 어려우면 어떡하지?"

"집중 안 되는데 어떡하지?"

"시간 날렸는데 어떡하지?"

이렇게 집중을 방해하는 생각들은 제발 잠시만 멈추자. 남은 시간 동안 감정의 롤러코스터를 버텨낸다면, 시험 뒤에 진짜 놀이동산에 가서 신나게 롤러코스터를 탈 수 있다.

> 공시청님 영상 보고 멘탈 잡고 이번에 지방직 9급 일행 전체 6개 틀리고 응시 지역 수석 합격했어요. 시험 직전 중요한 건 멘탈 관리인 거 같아요. 공시청님은 공시계의 바이블이시니까 믿고 따르셔도 됩니다! 감사합니다!

D-7일

시험 당일,
당신에게서 온 메시지

영화 〈인터스텔라〉에서는 주인공이 미래에서 과거로 돌아와 비극적 결말을 되돌리기 위해 딸에게 메시지를 보낸다. 절대 하면 안 되는 행동에 대한 메시지를 전하기 위해 소리치며 절규한다. 공무원 시험 후기를 찾아보면 불합격자들이 전하는 메시지를 찾을 수 있다. 열심히 공부했던 수험 기간 전체를 어이없게 날려버릴 수 있는 요인에 대해 알아야 한다.

미래에서 온 당신이 불합격이라는 비극적인 결말을 되돌리기 위해 보낸 메시지라고 생각하고 주의하자. 미래에서 온 당신이 절규하며 제일 많이 보내온 메시지는 '시간'에 관련된 내용이다.

"문제를 풀 때 제발 정해진 시간 내에 풀어."

"지금부터 습관을 들이지 않으면 시험 때도 똑같이 문제들을 잡고 있어."

"지금부터 제발 문제를 풀 때 30초가 얼마나 짧은지 시간을 재면서 풀고 시간 감각을 익혀!!!"

"헷갈리는 문제를 다시 풀 때도 절대로 1분을 넘기지 말고 넘어가는 연습을 해."

"어려운 문제에 집착했던 시간에 아는 문제들을 다 풀었으면 충분히 합격할 수 있었던 점수야.ㅜㅜㅜ"

두 번째 메시지는 '잠'에 대한 내용이다.

"제발 빨리 자…."

"전날 충분히 못자서 시험 때 글씨를 읽어도 머리에 하나도 안 들어 왔어…."

"며칠 전부터 억지로 빨리 자든 무슨 방법을 써서라도 시험 전날 잠을 잘 잘 수 있게 해."

"매일 2~3시에 자다가 갑자기 일찍 자려고 하니까 잠이 안 왔어."

"시험 전날이라 너무 긴장되서 잠을 더 못 잤어."

"잡생각이 너무 많이 들어서 잠을 2~3시간밖에 못 잤어."

"커피를 마셨는데도 국어 지문을 읽을 때 하나도 안 읽혔어."

"맑은 정신으로 문제를 풀었으면 다 맞힐 수 있는 내용이었어."

세 번째 메시지는 '음식'에 관한 내용이다.

"먹지 마…."

"스트레스 때문에 맵고 짠 걸 먹었더니 시험 때 배가 너무 아팠어."

"더워서 에어컨을 계속 너무 세게 틀었더니 요즘에 소화가 계속 안 됐거든…."

"체한 것처럼 더부룩하고 배가 계속 아프니까 문제를 푸는 데 집중이 안됐어."

"그동안 열심히 공부했는데 몸이 아프니까 실력 발휘도 못하고 시험을 망쳤어."

"컨디션 조절만 잘 했어도 합격할 수 있었던 시험이었어.ㅜㅜㅜ"

지금까지 고통을 참으면서 아무리 열심히 공부했어도 상관없다. 시험 당일 몇 가지 요인으로 수험 기간 전체를 헛되게 날려버릴 수 있다. 충분히 합격할 수 있었을 실력이었는데도 불구하고 불합격을 하게 된다면 정말 슬프고 가슴 아플 것이다. 당신에게서 온 메시지를 잘 듣고 미래를 합격이라는 결과로 바꾸자.

D-6일

멘탈 짱이 이긴다

시험이 다가올 때의 유튜브 댓글을 살펴보면 많은 공시생들이 울고 있다.

> 고마워요, 공시청님. D-6일인데 많은 중압감과 엄청난 공부량 때문에 안 그래도 울고 있었습니다.
> 이 시점에 이 영상 보니 힘이 돼요. 시험까지 흔들릴 때마다 보고 또 봐서 멘탈 잡을게요. 감사합니다.

오늘 집중이 안 돼서 쉬고 있었는데 정신차려서 내일부터 다시 열심히 하겠습니다!!
6일 남은 시간 힘내겠습니다. 힘!!!

어제 점수가 잘 나오지 않아서
너무 복받쳐서 울었는데
오늘 이런 소재를 ㅎㅎㅎ
다시 한 번 힘!!!

저는 이번 지방직 시험이 아닌데도
벌써부터 매일 울고불고 난리를 치네요...
멘탈 관리에 큰 도움받고 있어요.
늘 감사합니다!!!

와...진짜 하루하루 지옥 같은데 하루가 끝나가는 날 공시청님 영상 매일 챙겨보며
없는 멘탈 끌어모아서 다음 날 공부합니다.ㅜㅜ 감사합니다.

지금 이 시점에 미친 듯이 많은 공부량에 허덕이는 게 저뿐만은 아니죠ㅠㅠㅠ 아
진짜 힘내야지!!!!! 오늘 인강 다 보고 잘 수 있다!!!!! 나는야 멘탈 짱!!!!

시험 막바지 시점에 엄청난 공부량에 허덕이게 되면 자연스레 눈물이 나온다. 이때의 심정을 상상할 수 있겠는가? 공시생의 댓글처럼 정말 '울고불고 난리'를 치게 된다. 책상 앞에 앉아 있는 게 고통스럽고 정말 하루하루가 지옥 같다. 시험이 얼마 남지 않은 것을 알면서도 하루하루 멘탈을 잡기가 쉽지 않다.

시험 일주일 전, 이 말을 기억하라. '멘탈 짱이 이긴다!' 지금 최종 마무리하는 단계에서 공부했던 모든 양을 다 봐야 된다는 생각에 압도될 필요 없다. 지금이 수험 기간 중에서 스트레스가 제일 높은 시기다. 이 시험에서 1등을 할 합격자, 2등을 할 합격자 모두 마찬가지다. 모두가 책상 앞에 앉아 눈물을 훔치고 있다.

중압감을 조금만 내려놓자. 전 과목을 100점 맞지 않아도 합격할 수 있다. 불합격할 사람보다 딱 한 문제만 더 맞히면 합격할 수 있다. 지금부터 '멘탈 짱'이 이기는 거다. 지금 딱 일주일 남은 시간 동안 다른 공시생들이 중압감에 무기력해질 때 한 문제만 더 맞혀서 합격하는 걸 목표로 공부하자. 불합격에 대한 불안감, 공부량에 대한 중압감에서 시선을 돌려 이렇게 주문을 외우자. "지금부터 멘탈 짱이 이긴다. 나는 딱 1문제만 더 맞혀서 합격한다!" 결승선이 저기 보인다.

합격 후기를 남긴 구독자의 댓글을 보면 하나같이 정말 힘들었다고 말한다. 그럼에도 불구하고 합격한 사람들은 끝까지 멘탈을 잡은 사람들이다. 흐르는 눈물을 닦으며 괴로워도 계속 공부했던 사람들이다. 멘탈 짱이 되어 합격의 문을 닫고 들어가길 진심으로 응원한다.

D-5일

지엽적인 문제 때문에
스트레스 받을 때

D-5일, 시험이 정말 코앞으로 다가왔다. 지금 당신은 지엽적인 암기 내용들 때문에 굉장히 스트레스를 받고 있을 것이다.

지엽적인 내용까지 모두 달달 외울 수만 있다면 좋겠지만 지금 시점에서는 마음을 내려놓고 인정하자. 모든 것을 다 외우고 시험장에 들어갈 수 없다는 것을.

최종 마무리하는 이 시점에서는 더 이상 지엽적인 문제, 지엽적인 내용을 더 꼼꼼히 보려고 발버둥치면 안 된다. 그래도 지엽적인 내용이 시험에 나올까 봐 두려워 마음이 놓이지 않는가? 그렇다면 지금 이 시점에 지엽적인 내용에 집중해서 시간을 쏟아도 되는 사람을 알려주겠다.

1. 선생님들이 시험에 무조건 나온다고 강조했던 중요한 내용들을 다 완벽하게 외운 사람
2. 요즘 문제를 풀 때 알고 있던 내용은 하나도 안 틀리는 사람
3. 실수로 틀리는 문제가 없는 사람

이 3가지 조건을 만족하는 사람들만 지금 이 시점에서 지엽적인 내용을 열심히 공부해도 된다. 실제로 시험에서 더 많이 틀리는 문제는 지엽적인 문제가 아니기 때문이다. 정말 중요하다고 배웠던 내용들이나 내가 잘 안다고 생각했던 내용들에서 틀린다. 정말로 실수로 틀린 문제들 때문에 불합격하게 된다.

> 진짜 모고 풀 때 알던 개념도 뭐...였지....? 하면서 멍해지더라구여ㅜㅜ 지엽적인 거 할 시간도 없을 듯.

위의 댓글처럼 안다고 생각한 내용도, 분명히 외웠던 내용도 계속 틀린다. 시험이 내일모렌데 외웠던 내용들도 계속 까먹는다. 실전 모의고사를 풀어본 사람이나 실제로 시험을 봤던 재시생들은 지금 이 얘기에 깊이 공감할 것이다. 시험장에서 문제를 보면 알던 내용도 답이 바로 떠오르지 않는 경우가 많다.

지엽적인 내용보다 시험에 출제될 가능성이 높은 주제에 집중하자. 예를 들어 한 과목 예상 빈출 주제가 100개라고 해보자. 그렇다면 실제로 시험에 나오는 20문제는 빈출 주제 100개에 대부분 포함된

다. 그럼에도 불구하고 틀리는 이유는 출제 가능성이 높은 빈출 주제들이 정말 나올 거라고 생각하지 않기 때문이다. 대부분의 공시생들은 빈출 주제의 순위를 떠올리며 조바심 나게 대비하고 있지 않다.

그런데 지엽적인 문제를 대비해서 꼼꼼이 공부해도 내가 암기한 내용이 문제로 출제될 확률이 높을까? 정말 문제가 지엽적으로 나오면 1타 선생님들도 문제를 이렇게 내는 건 너무한다고 욕한다. 최종 마무리 회독을 하는 지금은 지엽적인 내용들 때문에 양이 너무 많다고 자포자기하지 말자. "어? 지엽적인 내용이네? 그래, 이런 내용도 있었구나" 하고 눈으로 빠르게 훑으면서 넘어가자.

지금까지 열심히 공부했는데도 생소하게 느껴지는 지엽적인 내용들은 다른 공시생들도 똑같이 잘 모르는 내용이다. 지엽적인 문제를 대비하는 방법은 시간 관리이다. 시험에서 정말 지엽적인 문제가 나오면 30초 내에 찍고 넘어가는 것이 합격 확률을 높여준다. 다른 수험생도 전부 지엽적인 문제에 멘탈이 털리고 시간 조절을 실패해서 아는 문제들까지 놓쳐버리기 때문이다.

긴장돼서 죽겠다

이제 딱 4일 뒤면 시험이다. 지금 많이 떨리고 긴장되는가? 당연하다. 열심히 노력한 만큼, 간절하게 준비한 만큼 긴장될 것이다. 혼자서 공부하느라 지금까지 얼마나 외로웠을지 그 마음 다 안다. "나는 왜 이럴까" 하면서 얼마나 많이 자책했을지 다 안다. 독서실에서 혼자 눈물을 훔치고 엉엉 울지도 못하고 공부했던 마음 다 안다. 정말 고생했다.

지금까지 했던 노력들이 딱 100분의 시험으로 결정될 텐데 이 힘들었던 과정들을 다시 반복해야 될지도 모른다는 생각에 많이 힘들 것이다. 당신이 지금까지 정말 간절하게 준비했던 만큼 긴장이 될 수밖에 없다.

그러나 정말로 시험을 잘 보고 싶다는 간절함은 너무 큰 긴장감이 되어 당신을 숨막히게 할 수 있다. 이제는 긴장을 조금 풀고 마음을 내려놓는 다짐을 해야 한다. 나도 시험이 다가올수록 너무 긴장되서 마음을 내려놓는 기도를 했다.

> 하나님, 제 마음을 겸손하게 해주세요.
> 저보다 열심히 한 사람이 있다면
> 제가 너무 모자라는 실력이었다면
> 너무 욕심 부리지 않도록 마음을 편안하게 해주세요.
> 남은 시간 소중히 보내서
> 부족한 부분을 최선을 다해 채우고
> 나머지는 모두 하나님의 뜻에 맡기겠습니다.

시험이 4일 남은 지금 당신이 할 수 있는 것은 남은 시간들을 끝까지 소중히 보내는 것이다. 지금까지 공부한 것들 잘 정리하고 실수하지 않도록 대비하면서 말이다. 차분하게 준비했던 것들만 잘 쏟아내고 오면 반드시 좋은 결과가 있을 것이다.

"시험이 어려우면 어쩌지?"

"모르는 게 나오면 어쩌지?"

"불합격하면 어쩌지?"

이런 걱정에 대한 답들은 당신의 손 밖에 있는 문제들이다. 나머지는 하늘에 맡기면 된다. 손 밖에 있는 것들은 놓아주면서 긴장의 무게와 중압감을 조금이나마 덜어낼 수 있는 다짐을 종이에 쓰자. 불안한 마음이 들 때마다 그 다짐을 읽으면 마음이 좀 가라앉는다. 담담한 마지막 마무리를 응원한다.

> 공시청님 덕분에 끝까지 공부할 수 있었어요. 시험 날까지 완벽한 수험생은 단한 명도 없다는 말이 참 와닿아서 정신승리 네 글자랑 같이 책상 앞에 적어두고 공부했어요. 덕분에 지방직 점수가 제 전 모든 시험, 모든 모고 통틀어서 제일 높게 나왔어요. 정말 감사합니다.

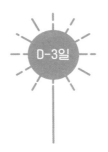

D-3일

시험 전 1분 멘탈 관리

시험이 3일 남은 시점, 극도로 집중이 안되고 불안할 것이다. 나는 당신이 지금 얼마나 공부하기 싫은지 알고 있다. 나도 막판으로 갈수록 공부하는 게 정말 괴로웠다. 잊지 말아야 할 것은 합격할 사람과 불합격할 사람 모두 그렇다는 것이다.

다들 지금 멘탈이 흔들려서 찔끔찔끔 나오는 눈물을 닦고 있다. 아직 시험을 한 번도 보지 않은 사람은 시험이 3일이 남지 않은 시점에도 '아 진짜 포기할까?'라는 생각이 든다는 것을 상상할 수 없을 것이다. 모두가 힘들어 하는 상황에서 할 수 있는 1분 멘탈 관리 방법을 알려주겠다.

1분만 내가 시험장에서 문제를 풀고 있는 장면을 상상하자.

당신은 지금 시험장 교실의 딱딱한 의자에 앉아 있다.
책상 위에 시험문제집을 펼친다.

국어 20문제를 푸는데 10문제는 아는 문제가 나왔다.
5문제는 좀 헷갈리는데 그래도 정답을 맞힐 수 있을 것 같다.
나머지 5문제만 맞히면 100점을 받을 수 있을 것 같다.
5문제를 차분하게 풀어보려는데
"아 뭐였더라?" 맞힐 수 있는 문제 같은데 기억이 좀 흐릿하다.
국어 기본서의 몇 단원, 어디 위치에 있던 내용인 것까지 기억나는데
내용이 흐릿하게 떠오른다.

옆에서 다리 떠는 소리가 들린다.
저 사람도 나랑 비슷하게 헷갈려 하는 것 같다.
"아 막판에 내가 헷갈렸던 부분 좀만 더 볼 걸" 하는 생각이 든다.

어떤 선지가 맞는지 헷갈려서 답을 고르기 힘들다.
딱 1분만 그 페이지를 펴서 보면 문제를 맞힐 수 있을 것 같다.

기억이 나지 않아 눈을 꽉 감았다 뜨니 시험 3일 전으로 돌아와 있었다.

지금부터 공부하기 싫고 포기하고 싶을 때마다 딱 1분만 이렇게 시험 장면을 이미지로 그려보자. 지금 이 감정이 생생하면 할수록 남은 시간이 합격, 불합격 당락을 가르는 귀한 시간이란 게 느껴질 것이다.

이렇게 시험 장면을 생생하게 그리면 내가 지금 부족한 게 무엇인지 생각하게 된다.

"아 이게 중요한데 계속 헷갈렸지."

"이거 계속 틀리는 문제였지."

"문제 대충 풀어서 또 틀렸구나."

이렇게 내 약점들이 떠오른다. 이제 남은 시간은 시험장을 상상하면서 약점을 채우는 시간이다. 나도 시험이 다가올수록 부담감과 스트레스가 너무 커져서 포기하고 싶었지만, 머릿속에서 계속 시험 당일을 상상하면서 공부했기 때문에 합격할 수 있었다.

지금 이 시간이 사실 시험 날 내가 커닝하고 싶은 내용을 보려고 미래에서 날아온 시간이라고 생각하자. 시험 날의 긴장감을 지금부터 유지하면서 공부하면 막판 뒤집기를 할 수 있다.

집중 안될 때마다, 아침에 눈 떠서 공부하기 전에도, 저녁에 자기 전에도 3일 뒤 내가 시험 보는 장면을 머릿속에서 플레이하자. 시험 날의 긴장감을 느끼면서 공부하면 지금 이 시간을 합격하는 데 필요한 것을 채우는 귀중한 시간으로 쓸 수 있다.

합격으로 이끄는
시험 당일 이미지 트레이닝

시험을 보기 전에 시험 당일을 미리 생생하게 상상하면 불안감과 긴장감을 줄일 수 있다. 불안할 때마다 여러 번 반복해서 상상하면 차분하게 마인드 컨트롤을 할 수 있다. 아래처럼 높은 점수를 받은 구독자도 내 영상이 도움이 되었다며 추천했다.

> 저 어제 이거 듣고 잤는데 도움 많이받았습니당. 100 90 100 90 90으로 합격할 수 있을 거 같아요.ㅠㅠ. 감사합니다.

눈을 감고 상상하세요, 반복해서 상상하세요.

아침에 눈을 뜹니다.

잠을 잘 잤든 한숨도 못 잤든 상관없습니다.

오늘 딱 100분만 집중해서 시험을 잘 볼 거니까요.

시험장에 조금 일찍 여유 있게 도착했습니다.

고사장 교실에 들어와서 크게 심호흡을 합니다.

지금 이 긴장감은 시험에 집중할 때 도움을 줄 수 있는 완벽한 긴장감입니다.

시험 날 아침에 보려고 준비했던 내용들을 펼쳐봅니다.

지금 이 내용들이 시험에 나올 겁니다.

내가 헷갈릴 뻔했던 문제들에 대한 답을 바로 생각나게 해줄 거예요.

책을 읽으면서 머릿속이 정리되고 시험에 집중할 수 있는 최상의 컨디션이 됩니다.

감독관이 시험지를 나눠주고 시험이 시작됐습니다.

아는 문제, 헷갈리는 문제, 어려운 문제들이 섞여 있습니다.

잘 모르는 문제들은 일단 답을 고르고 빠르게 넘어갑니다.

아는 문제부터 모두 풀고 잘 모르는 문제들을 다시 보니 답이 보이기 시작합니다.

정말 잘 모르는 문제가 있어도 상관없습니다.

모두 틀리라고 내는 문제니까요.

아니면 복수정답으로 인정되거나 이의신청이 들어올 문제입니다.

내가 아는 내용을 실수만 하지 않고 모두 맞히면, 나는 합격할 수 있습니다.

갑자기 옆에서 다리 떠는 소리가 크게 나고, 콧물을 훌쩍이는 소리,

시험지를 시끄럽게 넘기는 소리가 들립니다.

긴장감에 숨쉬기가 불편하고 너무 집중을 했더니 몸이 뜨거워지기도 합니다.

시험지가 잘 안 읽히는 멘붕의 순간이 오기도 합니다.

예상치 못한 돌발 상황이 오기도 합니다.

그러나 상관없습니다.
많은 합격자들도 이런 순간들을 차분하게 참고, 이겨내서 합격했으니까요.
딱 1초만 천장을 보고 크게 심호흡을 합니다.
마음이 조금 진정되면서 정신이 맑아집니다.

합격과 불합격을 갈랐던 점수는 딱 한 문제.
마지막까지 포기하지 않았기 때문에 나는 합격할 수 있었습니다.

시험 준비물 챙기기

시험 당일 오전에는 정신이 없으므로 시험 당일이 되기 전에 미리 준비물을 챙겨 놓아야 한다. 먼저 자신이 응시한 시험의 공고문을 꼭 출력해서 유의사항을 살펴보길 바란다. 시험 공고문에는 유의 사항이 자세하게 나와 있다.

특히 신분증, 응시표는 필수 준비물이니 빠뜨리지 말고 챙겨야 한다. 컴퓨터용 사인펜은 중간에 흐리게 나올 수도 있으므로 여분을 챙겨가자. 나는 시험지에 문제를 풀 때 눈에 잘 띄도록 초록색 펜을 사용했다. 컴퓨터용 사인펜 외에 문제를 풀 때 사용할 펜이나 샤프도 함께 챙기면 된다.

지역에 따라 수정테이프 사용이 불가한 시험장도 있으니 꼭 공고를 확인해보아야 한다. 수정테이프를 쓸 수 있는 시험장에서도 별도로 제공이 안 되거나 빌릴 수 없기도 하니 잊지 말고 일단 챙겨두자.

시험장 교실마다 앞에 벽시계가 비치된 곳도 있고 그렇지 않은 곳도 있을 수 있다. 시계가 비치되어 있어도 시간이 정확하지 않을 수 있다. 그러니 반드시 아날로그 손목시계를 챙겨 가야 한다. 스톱워치는 소리가 날 수도 있어서 사용하지 못하게 하는 감독관이 더 많다고 하니 아날로그 손목시계를 필수적으로 챙기자.

추가적으로 물도 챙기면 좋다. 시험장에 도착해서 목이 마를 수도 있다. 또 긴장을 하면 입이 바짝 마르게 된다. 대신 물을 너무 많이 마시지 말고 시험 보기 전에 꼭 화장실을 미리 가야 한다. 초콜릿도 챙겨가면 좋다. 시험 보기 전에 당이 떨어질 수 있으니 미리 초콜릿을 먹으면 된다. 초콜릿을 책상에 까놓고 시험을 보면서 먹는 경우도 있는데 감독관마다 허락 여부가 다르니 미리 물어보자.

긴장을 해서 손에 땀이 너무 많이 나는 사람이라면 땀을 닦을 수 있는 휴지를 챙겨가는 것도 좋다. 땀 때문에 시험지가 젖을 수도 있고 OMR 카드의 마킹이 번질 수도 있다. 이 외에도 주위 소음에 민감한 사람이라면 귀마개를 챙겨가서 사용이 가능한지 감독관에게 물어보면 된다.

시험 전날 밤에 챙기면 실수로 몇 개 빠뜨릴 수 있으니 미리 신분증, 응시표, 컴퓨터용 사인펜, 여분의 펜, 수정테이프, 아날로그 손목시계, 물, 초콜릿, 휴지, 이어플러그 등을 한 번에 넣어두면 좋다.

합격자도 실수로
20점을 날렸습니다

시험이 딱 하루 남았다. 가장 당부하고 싶은 말이 있다. 실수를 줄이면 정말 합격할 수 있다는 말을 꼭 해주고 싶다. 100분이라는 짧은 시간 속에서 100문제를 풀면 어쩔 수 없이 실수하게 된다.

공무원 동기들에게 시험에서 실수한 문제가 몇 개였는지 물어봤을 때, 실수로 틀린 문제가 없다고 답하는 동기들이 없었다. 3~4문제 실수했다고 말하는 동기들이 대부분이다. 3~4문제면 15~20점을 날리는 것이다. 시험이 끝난 뒤에 다시 풀면 맞힐 수 있는 문제들이 발목을 잡는다.

마지막으로 내가 평소에 많이 했던 실수들을 떠올리면서 시험문제를 꼼꼼히 푸는 것이 정말 중요하다. 내가 평소에 어떤 어떤 실수

310

를 많이 했는지 마지막으로 잘 살펴보고 시험장에 들어가야 한다. 실수를 안 하면 좋겠지만 실수를 하게 될 가능성이 정말 크다. 그러므로 최대한 실수를 줄이려는 마음으로 차분하게 문제의 함정들을 검토하자.

시험 전날까지 공부가 아직 모자란 기분이 들어도 상관없다. 붙을 것 같은 확신이 없어도 괜찮다. 실수만 하지 않고 아는 것만 다 맞히면 합격할 수 있다고 믿으면 된다. 마지막 차분한 마무리를 응원한다. 힘~!

> 공시청님 감사합니다. 그동안 공시청님 영상 보면서 멘탈 많이 잡았습니다ㅠㅠ 그리고 공시청님이 알려주신 팁들 최대한 머릿속에 집어넣고 문제 풀면서 정신이 흐트러질 때 계속 심호흡하면서 실수만 줄이자!!라는 마음가짐으로 임했습니다. ㅠㅠ 덕분에 합격 안정권 점수 받았어요. 취준 2년 하다가 도저히 희망이 안 보여서 돌린 건데 드디어 저도 빛을 보네요...!! 감사합니다, 정말...ㅠㅠ

Chapter 5

면접 준비
필수 전략

마음
가짐

필기 점수 턱걸이라도
포기하지 말자

필기 점수로만 합격이 결정나는 것이 아니다. 최종 합격을 하기 위해서는 면접의 관문까지 잘 통과해야 한다. 필기 성적이 좋든 나쁘든 최선을 다해 면접을 준비하자. 필기 성적이 좋은 공시생이라도 너무 방심한 채 면접을 보면 합격을 장담할 수 없다. 면접에서 미흡을 받으면 필기 성적이 좋더라도 불합격할 수 있기 때문이다.

필기 합격 안정권의 점수여도 너무 안심하지 말고 기본은 준비해 가야 한다. 만의 하나 아주 근소한 차이로 면접에서 탈락하게 된다면 그동안 합격을 위해 열심히 준비한 수험 기간은 물거품이 되어버리고 만다. 반대로 필기 성적이 안 좋은 공시생이라도 최선을 다해 면접을 준비하면 합격이라는 행운이 올 수 있다.

합격 마인드

5단계 전략

필수과목 전략

D-DAY 전략

면접 전략

315

내가 시험을 볼 당시 경기도 북부 교육행정 선발 예정인원은 당초 60명이었지만 최종 합격자는 예정인원보다 7명이 추가된 67명이었다. 필기 합격에서 조금 모자란 점수여서, 면접은 성적순이라는 말만 생각하며 자포자기하고 면접 준비를 제대로 하지 않았다면 최종 합격의 기회를 잡을 수 있었을까?

면접을 볼 수 있는 점수를 받았다면 면접에 탈락할 수도 있다는 불안감에 빠지지 말자. 면접으로 뒤집을 수 있을 확률은 희박하다며 미리부터 면접 탈락의 슬픔에 빠져 포기한다면 합격의 행운도 따르지 않는다. 필기 성적이 안정권이었는데 불합격하는 이변이 생기기도 하고, 불합격권이었는데 합격하는 행운이 오기도 한다. 필기시험을 위해 성실하게 노력한 것처럼 면접에서도 마지막까지 최선을 다해야 한다.

효율적
준비

면접 기출 자료는
꼭 필요하다

면접 기출 자료집은 꼭 필요하다. 혼자서 면접 문제와 관련된 자료를 찾고 모범 답안을 정리하는 작업에는 적지 않은 시간이 걸리기 때문이다. 인터넷에서 무료로 구할 수 있는 면접 기출 자료집을 찾거나 면접 기출문제집 책을 사는 것을 추천한다.

나는 교행 직렬의 면접 강의로 유명한 스티마 선생님의 인터넷 강의를 듣고 관련 교재로 면접을 준비했다. 면접 기출 교재에서 최근 몇 년 동안 나왔던 질문들과 그에 대한 모범 답안을 확인할 수 있다. 시의성 있는 면접 질문들과 정책 내용들도 교재에 잘 정리되어 있기 때문에 짧은 시간 동안 면접을 효율적으로 준비하는 데에 굉장히 도움이 된다.

혼자서 면접 질문을 보면서 답변을 생각했을 때는 몰랐지만 강의를 들으며 답변을 다시 생각했을 때 나 혼자 생각한 답변이 종종 편협했다는 생각을 했다. 면접 질문에 대해 정답이 정해져 있는 것은 아니지만, 답변의 방향성이 정해져 있는 질문도 있기 때문에 나의 생각과 모범 답안을 비교해보는 것도 필요하다.

실제로 면접 때 받았던 질문은 아래와 같다.

1. 교육협동조합이 무엇인지 알고 있는가?
추가 질문: 협동조합을 통해서 학생이 경제에 참여하는 것이 긍정적인가?
2. 행정정보공개가 무엇인지 알고 있는가?
추가 질문: 공개하지 않아도 되는 정보가 무엇인가?
3. 내년에 인상되는 최저임금 가격이 얼마인가?
추가 질문: 최저임금 인상의 긍정적, 부정적 효과는?
추가 질문: 대답한 부정적 효과를 위한 해결 방안?
4. 공무원의 역량 중 중요하다고 생각하는 것은 무엇인가?

2번을 제외한 나머지 질문들은 모두 면접 교재에서 내용을 확인했었고 면접 강의를 통해 대략적인 대답 방향을 배웠기 때문에 크게 막히는 부분 없이 무난하게 면접을 볼 수 있었다. 면접 강의와 교재가 비싸다고 느껴지기도 했지만 몇 년간의 기출문제와 알아야 할 내용들이 정리되어 있기 때문에 유용했다.

면접 기출 교재를 통해 알아야 할 내용들을 빠지지 않고 봤다는 생각에 심적으로 불안함을 덜 수 있었다. 그러니 면접을 준비하기에 시간이 없거나 긴장이 많이 되는 공시생이라면 면접 교재나 강의로 면접을 준비하는 것을 추천한다.

공무원 관련 카페의 게시판들을 검색해서 실제 면접 후기를 찾는 것도 도움이 된다. 실제 후기를 찾아보면 면접장의 분위기와 긴장감을 간접 체험할 수 있다. 실제 면접을 본 사람의 후기를 읽으면서 내가 면접을 보는 상상을 해보고 어떤 답변을 말할지 거울 앞에서 연습해보자. 그렇게 연습을 하면 긴장감이 생생하게 느껴져 실제 면접 준비에 도움이 된다.

리허설

면접 스터디를
꼭 해야 할까?

오랜 시간 혼자서 공부를 하게 되면 말하는 시간보다 말을 하지 않는 시간이 더 많다. 그래서 갑자기 여러 사람들 앞에서 이야기를 하게 되면, 시선 처리가 어색해지기도 하고 말하려는 내용을 조리 있게 전달하기가 어려울 수도 있다. 면접관들 앞에서 머릿속이 하얘지거나 횡설수설할까 봐 고민된다면 면접 스터디를 해서 미리 사람들 앞에서 말을 하는 연습을 해보는 것을 추천한다.

가능하면 최소 한두 번이라도 면접 스터디를 꼭 하는 것을 추천한다. 면접 스터디가 아니더라도 가족이나 친구들 앞에서 실제 면접 리허설을 해보자. 혼자서 답변을 생각하고 연습하는 것과 사람들 앞에서 랜덤으로 질문을 받고 대답을 하는 것은 큰 차이가 있기 때문이

320

다. 면접 질문에 대한 답변을 잘 정리해서 말할 수 있다고 생각이 되어도, 막상 나를 쳐다보는 사람들 앞에서 말을 하면 머릿속에 있는 내용이 잘 정리되지 않는다. 더군다나 면접관 앞에서 말을 하게 되면 훨씬 떨리고 긴장이 되어 말을 버벅거리기 쉽다.

면접 스터디를 하면서 사람들 앞에서 말을 해보는 연습을 하면 실제 면접에서 긴장이 덜 된다. 그리고 다른 사람들이 답변하는 모습을 보면서 장점을 배울 수 있기 때문에 도움이 된다. 다른 사람들이 나를 보고 말해주는 피드백을 통해서 단점을 고칠 수도 있다. 면접 스터디를 핑계 삼아 사람들과 놀면서 시간을 낭비하지만 않는다면 면접 스터디를 하는 것이 많이 도움 되니 가능하면 면접 스터디를 하는 것이 좋다.

면접 스터디는 9꿈사 같은 공무원 카페에서 구할 수 있다. 너무 늦게 찾으면 인원이 마감되어 참여하지 못할 수도 있으니 미리 찾아 놓는 게 좋다. 스터디 인원은 6명을 초과하지 않는 것이 좋은 것 같다. 인원이 너무 많아지면 스터디를 하는 시간이 너무 오래 걸리고 자신이 피드백을 받을 수 있는 기회가 적기 때문이다.

스터디를 하기 전에 면접 기출 자료를 살펴보면서 미리 답변을 준비해가는 것이 효율적이다. 스터디 시간에는 실제 면접 연습을 하면서 피드백을 받고 어떻게 답변하는 것이 좋을지 논의하면 된다.

팁: 면접에서 모르는 문제가 나오면 어떻게 하나요?

면접 기출 자료와 스터디를 통해서 열심히 면접을 준비했는데도 불구하고 답을 모르는 질문을 받을 수도 있다. 그럴 때는 솔직하게 모른다고 대답하는 것이 낫다. 잘 모르는데도 아는 척을 하면 금방 티가 난다. 혹은 무리하게 대답을 지어내면 횡설수설하게 되어 차라리 하지 않았으면 더 좋았을 답을 하기 쉽다.

모르는 질문을 받으면 잘 모르겠다고 솔직하게 대답하면 된다. "면접관님, 제가 면접을 일주일에 몇 시간씩 정말 열심히 준비했는데 이 대답은 준비하지 못했습니다. 지금은 제가 잘 모르지만 면접이 끝나면 확인해서 꼭 숙지하겠습니다"라고 진정성 있게 답하자.

질문 하나를 대답하지 못했다고 해서 바로 면접에서 탈락하는 것이 아니다. 보통 면접에서는 질문에 답하는 태도를 훨씬 많이 본다. 그러니 설령 모르는 질문이 나왔더라도 당황해서 아는 척 말을 지어내지 말고 진실하게 답하면 된다.

실전
대비

사람들 앞에서 말하는 게 떨릴 때

사람들 앞에서 말을 하게 되면, 특히 면접관이 앞에 앉아 있으면 면접 30분 전부터 심장이 쿵쾅쿵쾅 뛰기 시작한다. 손에 땀이 나고 긴장되어 입이 마른다. 실제로 면접관을 마주하면 의지랑 상관없이 목소리가 떨린다. 면접을 보는 것이 너무 긴장될 때 어떻게 해야 할까?

첫 번째, 먼저 떨리는 것을 당연하다고 인식한다. 여러 사람들이 자신을 보면서 판단하는 상황인데 나는 그들에게 잘 보여야 한다면 당연히 떨린다. 이 떨림을 당연하게 인식하자. "아 떨리네", "아 어쩌지", "아 미치겠네…" 하고 긴장을 극대화하지 말자.

"그래 당연하지! 다른 면접자도 이렇게 떨겠지" 하면서 떨리는 마음을 당연하다고 인식하자. 이 떨림은 내가 없애야 하는 대상이 아니

합격 마인드

5단계 전략

필수과목 전략

D-DAY 전략

면접 전략

323

라는 것을 인식하는 게 중요하다. "오~ 좀 떨리네" 하면서 좀 더 기분 좋은 느낌의 단어로 바꿔보자.

"오 좀 떨리네~!", "오 좀 설레는 건가?", "오 이건 기분 좋은 긴장감이다~!" 이렇게 생각하면 경직된 몸이 조금 풀린다. 내가 다른 곳에서 면접관을 한 경험이 있는데 그때 나도 떨렸다. 내 옆의 면접관도 첫 면접자한테 질문할 때 긴장했다. 떨리는 감정은 당연한 것이다.

두 번째, "저 사람은 좋은 사람이다~", "따뜻한 사람이다!" 생각하는 것이다. 나는 스피치에 관심이 많아서 대학생 때 스피치 수업을 들었다. 그때 유명했던 스피치 교수님이 사람들 앞에서 발표하는 게 많이 떨리는 상황에 대한 팁을 줬다. 우리가 떨고 겁나는 이유는 앞의 사람이 심판관처럼 나를 안 좋게 평가할까 봐 혹은 공격할까 봐 생각해서 그런 것이다.

그러므로 앞의 사람이 좋은 사람이다 생각하면 훨씬 도움이 된다고 했다. 내가 무슨 말을 하든 잘 들으러 온 거다, 엄청 좋은 사람이다 생각하면 된다고 방법을 알려주셨다. 그래서 나도 사람들 앞에서 떨릴 때마다, "지금 나를 보고 있는 사람은 따뜻한 마음씨를 가진 사람이다, 나도 따뜻한 마음을 가진 사람이고 우리는 좋은 기운을 나누러 왔다!"라고 생각했다. 이렇게 생각하니 긴장되고 무서운 마음이 줄어들고 안심이 되었다. 덕분에 훨씬 편하게 사람들 앞에서 말할 수 있게 되었다.

세 번째, 자신의 목소리를 들으면서 말하자. 사람들 앞에서 말하게 되면 긴장해서 다다다 빠르게 말하게 된다. 특히 면접장에서 질문을 받으면 말하는 데에 급급하느라 자신이 무슨 말을 하는지도 모르게 답변할 때가 있다. 사람들 앞에서 말할 때는 먼저 숨을 깊게 쉬어야 된다.

긴장해서 가슴에 들숨으로 숨을 아주 조금만 넣고 말하게 되면 숨이 모자라서 목소리가 더 떨리고 긴장이 점점 심하게 된다. 말을 시작하기 전에 먼저 복식호흡으로 숨을 가다듬고 있자. 그리고 말을 하게 되면 배까지 숨을 충분히 넣고 말을 시작하자.

말을 뱉는 데만 급급하지 않고 '내가 뭐라고 말하고 있는지 들으면서 말한다'는 생각으로 내 목소리에 집중해서 말하면 다른 사람이 듣기 좋은 속도로 말을 할 수 있다. 이 세 가지의 팁으로 마인드 컨트롤을 하면서 면접을 준비하면 훨씬 더 줄어든 긴장감으로 면접을 볼 수 있다.

합격에 대한 약속

이 책을 여기까지 읽고 있는 당신은 이제 합격의 지름길 위에 서 있다. 마지막으로 한 가지 당부하고 싶다. 이 책을 한 번 읽고 덮지 말기 바란다. 책상 위에 놓고 틈날 때마다 보기 바란다. 더 이상 다른 합격 수기와 공부 방법을 찾느라 애쓰지 마라. 합격하기 위해 필요한 방법이 모두 들어 있는 책이다. 내 공부 방법을 따라한 수많은 합격생들로부터 내용을 검증받은 책이다.

공시생인 당신에게 줄 수 있는 최고의 선물은 '합격에 대한 믿음'이다. 합격할 수 있다고 믿는 사람은 분명 더 빠르게 합격할 수 있다. 자신의 합격을 의심하는 사람은 걱정과 불안으로 시간을 낭비하기 때문이다. 합격할 수 있다고 믿는 사람은 어떻게든 합격할 수밖에 없는 방법을 더 찾아낸다.

이 책을 끝내기 전에 다시 한 번 당신에게 약속한다. 당신은 정말 더 빠르게 합격할 수 있다. 합격할 수밖에 없는 방법으로 공부를 할 수 있기 때문이다. 이 책을 반복해서 읽고 체화하면 된다. 이 책에 언급된 내용들을 눈으로만 읽지 말고 따라 할 부분들을 종이에 적기 바란다. 그리고 주기적으로 책을 살펴보며 따라할 방법들을 추가하라.

합격하고 싶어서 이 책을 펼친 당신이 제발 내 말을 믿기 바란다. 더 빠르게 합격할 수 있는 방법은 분명히 있다. 이제 그 방법을 체화하는 것은 당신의 몫이다. 당신에게 맞춰 더 날카롭게 다듬고 적용하는 것은 당신만이 할 수 있다. 더 빠르게 합격할 수 있는 방법으로 공부하겠다고 지금 결단하라.

물론 지금 아무리 결단해도 수험생활 동안 수도 없이 흔들리게 될 것이다. 시험일까지 매일같이 열심히 공부하는 것은 쉽지 않은 일이기 때문이다. 스스로를 탓하지 말고, 자연스러운 과정으로 받아들였으면 좋겠다. 집중력이 흐려져도 다시 정신을 차리면 된다. 슬럼프에 괴로워도 다시 마음을 다잡으면 된다. 이 책이 그 과정을 위로하고 곁에서 힘이 되어줄 수 있길 진심으로 바란다.

궁금한 점이 있으면 내 유튜브 채널 '공시청'에 댓글을 남겨주기 바란다. 공부 방법이나 동기부여 영상을 올리면서 응원하겠다. 이 책이 도움이 되었다면 gsc201931@gmail.com으로 합격 수기를 보내주면 좋겠다. 고생했다고, 정말 축하한다고 말해주고 싶다. 당신의 수험생활을 진심으로 응원한다.

힘~!

공무원 시험,
가장 빠르게
합격하는
5단계 전략

초판 1쇄 인쇄 2021년 10월 15일 **초판 1쇄 발행** 2021년 10월 22일

지은이 이정아(공시청)
펴낸이 이승현

편집1 본부장 배민수
에세이1 팀장 한수미
편집 양예주
디자인 조은덕

펴낸곳 ㈜위즈덤하우스 **출판등록** 2000년 5월 23일 제13-1071호
주소 서울특별시 마포구 양화로 19 합정오피스빌딩 17층
전화 02) 2179-5600 **홈페이지** www.wisdomhouse.co.kr

ISBN 979-11-6812-035-8 13350